FRIEDERIKE SCHMÖE
Wer mordet
schon in Franken?

BÄRBEISSIG FRÄNKISCH Suspense und Sightseeing: Charly, Eva und Dirk feiern ihr Abitur mit einer Tour durch das Fichtelgebirge. Am Ende sind sie alle tot, sie wurden in einer Gewitternacht in ihrem Zelt im Paradiestal geradezu hingerichtet. Ihre Lehrerin glaubt nicht an ein Eifersuchtsdrama und ermittelt selbst … – Die Story, die Journalistin Liv Sundberg der alten Sidonie aus Bad Brückenau entlockt, passt so gar nicht zu der Beschaulichkeit des mondänen Kurortes. Doch Sidonie ist die Einzige, die eine alte Mordserie in der Rhön aufklären kann, und Liv die Erste, die davon erfährt … – Privatdetektivin Katinka Palfy und Reporter Dante Wischnewski gehen einem Mord im Nürnberger Henkershaus nach. Ausgerechnet in dem alten Brückenhaus, wo um 1600 der Henker Franz Schmid lebte, liegt eine zerstückelte Leiche … Elf rasante Storys nehmen die Leser mit auf eine Reise durch das malerische Frankenland, in dem es für Krimifans und Reiselustige neben Leichen und Fluchtautos auch manch Sehenswertes zu bestaunen gibt.

Geboren und aufgewachsen in Coburg, wurde Friederike Schmöe früh zur Büchernärrin – eine Leidenschaft, der die Universitätsdozentin heute beruflich frönt. In ihrer Schreibwerkstatt in der Weltkulturerbestadt Bamberg verfasst sie seit 2000 Kriminalromane und Kurzgeschichten; sie gibt Kreativitätskurse für Kinder und Erwachsene und veranstaltet Literaturevents, auf denen sie in Begleitung von Musikern aus ihren Werken liest. Ihr literarisches Universum umfasst u.a. die Krimireihe um die Bamberger Privatdetektivin Katinka Palfy und eine Krimiserie mit der Münchner Ghostwriterin Kea Laverde als Hauptfigur. Der 2009 erschienene erste Band wurde von »Brigitte« unter den »besten Taschenbüchern für den Urlaub« empfohlen.
www.friederikeschmoee.de

Bisherige Veröffentlichungen im Gmeiner-Verlag:

Ein Toter, der nicht sterben darf (2014)	Bisduvergisst (2010)
	Fliehganzleis (2009)
Du bist fort und ich lebe (2013)	Schweigfeinstill (2009)
Still und starr ruht der Tod (2012)	Spinnefeind (2008)
Rosenfolter (2012)	Pfeilgift (2008)
Wasdunkelbleibt (2011)	Januskopf (2007)
Lasst uns froh und grausig sein (2011)	Schockstarre (2007)
	Käfersterben (2006)
Wernievergibt (2011)	Fratzenmond (2006)
Wieweitdugehst (2010)	Kirchweihmord (2005)
Süßer der Punsch nie tötet (2010)	Maskenspiel (2005)

FRIEDERIKE SCHMÖE

Wer mordet schon in Franken?

11 Krimis und 125 Freizeittipps

Original

GMEINER

*Personen und Handlung sind frei erfunden.
Ähnlichkeiten mit lebenden oder toten Personen
sind rein zufällig und nicht beabsichtigt.*

Besuchen Sie uns im Internet:
www.gmeiner-verlag.de

© 2014 – Gmeiner-Verlag GmbH
Im Ehnried 5, 88605 Meßkirch
Telefon 07575 / 2095-0
info@gmeiner-verlag.de
Alle Rechte vorbehalten
2. Auflage 2014

Lektorat: Claudia Senghaas, Kirchardt
Herstellung: Julia Franze
Umschlaggestaltung: U.O.R.G. Lutz Eberle, Stuttgart
unter Verwendung eines Fotos von: © Thomas Söllner – Fotolia.com
und © Polizeihistorischer Verein Stuttgart e.V.
Druck: GGP Media GmbH, Pößneck
Printed in Germany
ISBN 978-3-8392-1507-4

TÖDLICHES TAO
– COBURG UND COBURGER LAND MIT OBERMAINTAL –

»Mein Mann wurde tot in einem Hotelzimmer in Coburg gefunden.« Die schick gekleidete Dame, die zu Privatdetektivin Katinka Palfy in die Detektei gekommen war, schien sich mehr vor den Flusen auf dem Besuchersessel zu ekeln als vor dem unschönen Ableben ihres Gatten.

Katinka setzte gerade an, ihr Mitgefühl zu bekunden, doch ihre neue Klientin kam ihr zuvor.

»Tja, nichts zu machen. Ich brauche professionelle Hilfe, und die Coburger Polizei hat Sie empfohlen.« Wilma Koch blickte prüfend auf ihre rot lackierten Fingernägel.

»Mich – empfohlen?«

»Allerdings. Hauptkommissar Wolf Schilling, ein sehr kultivierter Mensch. Er geht von Selbstmord aus. Aber ich kann mich mit dem Gedanken nicht abfinden. Harald war kein Typ, der einen so feigen Abgang macht.«

Hauptkommissar Wolf Schilling! Kultiviert konnte man ihn nennen; oder besser einen feinen Pinkel. Katinka lehnte sich zurück. Vor Jahren hatte sie mit ihm – oder eher gegen ihn? – einen Fall in Coburg gelöst. Irgendwas mit einer Werbeagentur. Hardo Uttenreuther, ihr Lebensgefährte und seines Zeichens Polizist wie Schilling, war im Lauf des mysteriösen Falles auf der Veste Coburg [1] angeschossen worden und hatte nur dank einer Notoperation überlebt. Katinka dachte nicht gern an jene Nacht, in der Hardos Leben am seidenen Faden hing. Aus der Not heraus hatte sie damals mit Schilling ein effektives Team gebildet. Aber dass er sie empfahl?

»Ihr Mann«, fasste Katinka zusammen, was Wilma ihr berichtet hatte, »hat sich also aus Göttingen, wo Sie wohnen, nach Coburg begeben, um dort zu ... meditieren?«

»Er war in einem labilen Zustand. Geschäftlich geht nichts mehr. Wir haben eine Software-Firma. Aber die Kunden sind weggebrochen, die vielen Kleinunternehmer, die wir früher bedient haben, können sich uns gar nicht mehr leisten und basteln sich lieber selbst ein paar halb gare Internetseiten.« Wilma entnahm ihrer Krokohandtasche ein Taschentuch und tupfte sich die Augen. Es kam Katinka so vor, als würde sie erst jetzt, auf dem schmuddeligen Sessel in der Detektei, so richtig begreifen, dass ihr Leben sich von einer Minute auf die andere brutal geändert hatte.

»Ihr Mann ist mit dieser Entwicklung nicht zurechtgekommen?«

»Wir haben in den guten Jahren Geld auf die Seite gelegt. Verhungert wären wir nicht so schnell.«

Zweifelnd musterte Katinka die schicke Aufmachung ihrer Klientin. Einen gewissen Abstrich bei den Luxusgütern würde sie bestimmt machen müssen.

»Aber er konnte es seelisch einfach nicht verkraften, so dermaßen abzusacken. Nichts zu tun zu haben. Harald ist – war – ein Workoholic. Verstehen Sie?«

»Sie haben also keine Schulden?«

»Natürlich nicht!« Die Antwort kam wie aus der Pistole geschossen.

»Könnte Ihr Mann Schulden haben, von denen Sie nichts wissen?«

»Ich mache seit Jahren die Buchhaltung für die Firma. Wir sind in den schwarzen Zahlen. Den einzigen Programmierer, der fest angestellt war, haben wir entlassen. Die letzten Aufträge wurden auf Honorarbasis an Freiberufler vergeben.

Sofern Harald nicht alles selbst gemacht hat.« Sie seufzte tief und presste erneut das Taschentuch auf ihre Augen. Als sie sich gefasst hatte, fuhr sie fort: »Der Punkt ist, dass Harald sich plötzlich für Meditation und autogenes Training und solche Sachen interessiert hat. Das fand ich seltsam, weil er mit Esoterik eigentlich nichts am Hut hatte. Er glaubte nur an das, was er sehen konnte. Solange die Geschäfte gut liefen, gab es auch keinen Grund, sich mit dem Tao oder dem I Ging oder was weiß ich zu beschäftigen. Aber in den letzten Monaten interessierte sich Harald plötzlich für fernöstliche Lebensweisheiten. Er las stapelweise Selbsthilfebücher. Das war auch der Grund, warum er nach Coburg fuhr. Er brauche eine Auszeit, sagte er, wolle aber gleichzeitig den Autor eines dieser Ratgeber kennenlernen: Bodo Sawatzki.«

»Nie gehört.«

Wilma Koch schnaubte. »Verpasst haben Sie nichts.« Sie kramte ein Buch mit einem Umschlag in Grün und Pink aus ihrer Handtasche und schleuderte es auf Katinkas Schreibtisch. »Hier. Das ist Haralds Exemplar. Er schleppte es permanent mit sich herum. Die Polizei fand es in seinem Hotelzimmer.« Sie kniff die Lippen zusammen und starrte aus dem Fenster hinaus in die enge Gasse, in der die Sommerhitze zwischen den Häusern klebte. »Ich bin der Meinung, dass er nicht Selbstmord begangen haben kann. Er war einfach nicht der Typ dafür.«

Katinka nahm das Buch in die Hand und las den Titel: ›Das Tao deines Neuanfangs‹.

*

Während Katinka nach Coburg fuhr, notierte sie sich im Geist die wichtigsten Fragen an Hauptkommissar Schilling. Sie musste unbedingt wissen, ob die Polizei die letzten Lebenstage von Harald Koch rekonstruiert hatte. Die Sonne glänzte auf den Weizenfeldern, die sich im sanften Wind wiegten. Im Juli wirkte die Natur wie aus dem Reisekatalog. Zwar durchschnitt die Autobahn seit einigen Jahren diesen Teil Oberfrankens, der Gottesgarten [2] genannt wurde, was Katinkas Meinung nach alles sagte. Doch der Schönheit der Landschaft tat nicht einmal das graue Asphaltband wirklichen Abbruch. Rechts erhob sich der Staffelberg [3], der Katinka an einen alten Fall erinnerte, wie so vieles hier in der Gegend. Ein paar Kilometer weiter sah man die Basilika Vierzehnheiligen [4] liegen, umgeben von dunklem Wald, bestrahlt von der Sonne. Der Sandstein leuchtete warm. Genau gegenüber thronte das Kloster Banz [5] auf seinem Hügel. Katinka fand, es wäre genau der richtige Zeitpunkt für eine Wanderung im kühlen Wald. Womöglich klärte sich das Geheimnis um Harald Kochs Tod sehr schnell auf. Dann würde sie einen Tag blaumachen, soviel stand fest.

*

Hauptkommissar Wolf Schilling begrüßte Katinka in seinem Büro. Er trug einen leichten cremefarbenen Sommeranzug und weiße Schuhe. Sein Geschmack war also immer noch reichlich überkandidelt.

»Nur herein, nur herein, Frau Palfy. Ich hoffe, Sie haben nichts dagegen, dass ich ein bisschen Werbung für Sie gemacht habe?«

Katinka schloss die Tür hinter sich. »Im Gegenteil.«

»Setzen Sie sich. Wollen Sie wissen, was wir haben?« Ohne ihre Antwort abzuwarten, fuhr er fort: »Harald Koch hat sich vor fünf Tagen im Hotel garni Schwarz in der Webergasse eingemietet. Sozusagen mitten im Zentrum, aber ruhig gelegen, nur sechs Zimmer. Das Haus wird privat betrieben, das Ehepaar Schwarz macht alles allein. Keine Angestellten, keine Videokamera, kein Nichts.« Er blickte Katinka vielsagend an. »Frau Schwarz beschreibt Koch als sehr ruhig und zuvorkommend. Er war einer von den Gästen, die nach dem Sightseeing früh am Abend ins Hotel zurückkommen und nicht noch einmal ausfliegen. Sie legt sich bald schlafen, gegen zehn, und stets war Koch schon in sein Zimmer gegangen. Auch an jenem Abend, als er starb.«

»Kam nach Koch noch jemand?«

»Wir haben das rekonstruiert. Im Augenblick läuft ja das Schlossplatzfest 6, und das Hotel war ausgebucht. Aber alle anderen Gäste gaben an, erst nach Mitternacht zurückgekommen zu sein. Wir haben alle überprüft. Sie haben durch die Bank ein Alibi. Kein Wunder, wenn sie mit x anderen auf dem Schlossplatz feiern! Niemand von ihnen kannte Harald Koch. Um ehrlich zu sein, Frau Palfy, die Selbstmord-These ist plausibel! Da waren keine Spuren von Gewaltanwendung. Der Mann hat sich den Knoten selbst geknüpft und sich an dem Balken aufgehängt, den die Hoteleigentümer vor Jahren beim Renovieren freigelegt haben. Wobei«, Schilling wühlte in einem Papierstapel, »lediglich eine Sache auffällt: Koch hatte eine gehörige Menge Rohypnol im Blut. Sie wissen, was das ist?«

»Eine K.o.-Droge.«

»Sozusagen. Ein Mediziner hätte es anders ausgedrückt. Ein Schlaf- und Beruhigungsmittel. Wir gehen davon aus, dass er es brauchte, um schlafen zu können. Dummerweise allerdings muss er vorher Alkohol getrunken haben. Er hatte 1,6 Promille im Blut. Beides zusammen knockt einen Menschen dann wirklich aus. Und Koch war ein Fliegengewicht: 65 Kilo bei einer Größe von 1,74.«

»Todeszeitpunkt?«

»Circa vier Uhr morgens.«

»Sonst hat der Rechtsmediziner nichts gefunden?«

»Absolut nichts. Der Mann war gesund wie ein Lämmchen. Im Hotelzimmer waren keine Überbleibsel von Drinks oder Medikamenten zu finden. Die Kante hat er sich anderswo gegeben.«

»Was wissen Sie über seine letzten Lebenstage?«

»Nichts. Er frühstückte regelmäßig morgens um acht, verließ das Hotel gegen zehn und kam abends gegen acht zurück. Es gibt ein paar Belege in seiner Brieftasche, meistens Restaurants, in denen er essen gegangen ist, und einen Tankbeleg.« Schilling nahm den Papierstapel in die Hände und stieß ihn einige Male auf Kante. »Frau Schwarz bemerkte an besagtem Morgen, dass die Hintertür des Hotels, die in den Innenhof führt, nur einmal abgeschlossen war. Sie selbst dreht den Schlüssel immer zweimal um.«

»Das ist nicht viel als Hinweis. Genaugenommen gar nichts.«

»Da haben Sie recht!« Sorgfältig packte Schilling die Unterlagen in eine Mappe.

*

»Hat Ihr Mann Schlafmittel verschrieben bekommen?«, fragte Katinka. Sie stand auf den Arkaden beim Hofgarten und blickte hinunter auf das Treiben auf dem Schlossplatz. Die Gourmets pendelten bereits zwischen Weizenbier, Prosecco, Fischbrötchen und Spanferkel. Die Zelte und Sitzgruppen wucherten zwischen Landestheater und Ehrenburg [7] wie weiße Pilze. Trotz des Tumults strahlte das herzogliche Ensemble unten auf dem Platz etwas Feierliches aus. Der Duft nach Gebratenem machte Katinka einen umwerfenden Appetit.

»Ich habe es der Polizei schon gesagt!«, regte Wilma Koch sich auf. »Er hat keine Medikamente genommen. Nicht ein einziges. Er ist auch nie zum Arzt gegangen.«

Katinka glaubte, ein kurzes Zögern in Wilmas Stimme zu hören.

»Womöglich hat er Ihnen nichts davon erzählt?«

»Ausgeschlossen.«

Es war nicht anders als üblich: Hinterbliebene, insbesondere von Suizidopfern, mussten sich erst ganz langsam an die Erkenntnis herantasten, dass sie den Menschen, den sie verloren hatten, eben nicht so genau gekannt hatten, wie sie sich das einredeten.

»Wie sieht es mit Alkohol aus?«

»Er liebte Wein. Rotwein. Abends machten wir uns schon mal eine Flasche auf. Er genoss das.« Wilma legte eine Pause ein. Katinka hörte, wie sie sich schnäuzte. »Aber wir tranken nicht, um uns zu betäuben. Verstehen Sie?«

»Ich melde mich wieder.« Katinka legte auf und marschierte die Treppen hinunter auf den Schlossplatz. Zeit für ein Brötchen mit Bismarckhering musste sein. Eine Musikkapelle blies sich warm. Dixieland. Ein schmissiger Rhythmus.

*

Frau Schwarz, die Hotelwirtin, rutschte unruhig auf ihrem Stuhl hinter dem Rezeptionstresen herum.

»Verstehen Sie doch! Das ist eine Katastrophe für uns. Ein echtes Desaster! Wir sind nur ein kleines Haus. Von den Einnahmen kann man kaum leben, wir sind angewiesen auf die großen Events wie das Sambafest [8] oder das Schlossplatzfest. Coburg liegt eben immer noch ein bisschen am Ende der Welt.«

»Ich kann Ihr Problem nachvollziehen, Frau Schwarz. Dennoch: Meine Klientin ist überzeugt, dass ihr Mann nicht Selbstmord begangen hat.«

»Die Polizei hat mich auch gefragt, ob ich mir vorstellen könnte, dass da jemand nachgeholfen hat. Aber woher soll ich das wissen? Ich habe niemanden gesehen, niemanden gehört. Ich stehe morgens um fünf Uhr auf, um das Frühstück für meine Gäste zu richten, deswegen schlafe ich mit Ohropax. Außerdem, wenn ich es recht überlege, dann war der Herr Koch schon so ein Typ, von dem man sich vorstellt, dass er mit seinen Problemen nicht mehr zurechtkommt.«

»Inwiefern?«

»Er war immer allein, sprach mit keinem, auch nicht im Frühstücksraum, er sagte nicht mal ›Guten Morgen‹, nickte nur, freundlich wirkte er, das allerdings, aber geredet hat er mit niemandem. Las auch keine Zeitung. Hatte immer nur ein Buch dabei und darin vertiefte er sich, sobald ich ihm den Kaffee serviert hatte.«

»Hat er getrunken?«

»So wirkte er nicht. Und er kam ja früh nach Hause. Er war bestimmt nicht in Coburg, um die große Sause auf dem Schlossplatz mitzumachen. Ich nehme an, er hatte hier beruflich zu tun. Trug eine Aktentasche mit sich herum. Einen PC besaß er allerdings nicht. Hat mich gar nicht nach dem WLAN-Code gefragt. Danach erkundigen sich die Gäste immer als Erstes. Also, er war wirklich nett! Es machte ihm auch gar nichts aus, in dem Einzelzimmer im Erdgeschoss zu schlafen, obwohl es zur Straße geht.« Frau Schwarz schürzte die Lippen. »Nicht alle Gäste sind so zuvorkommend. Ich schlug ihm vor, sich doch mal was Schönes in der Umgebung anzuschauen. Vielleicht das Naturkundemuseum **9**, das ist wirklich einen Besuch wert! Ich gehe ab und zu hin. Ich mag die völkerkundliche Abteilung, die wurde von unseren Coburger Herzögen gegründet!« Stolz richtete sie sich auf, als wolle sie damit andeuten, selbst die Linie der Adeligen fortzusetzen.

»Was für ein Buch?«

»Ach, das hatte so einen bunten Umschlag. Und war ziemlich dick. Wie es hieß, weiß ich nicht. Vielleicht ein Fachbuch?«

*

Bodo Sawatzki erklärte sich bereit, mit Katinka zu sprechen. Er sei im Vorstand des Coburger Kunstvereins **10**, sagte er, und wäre dort, um etwas zu besprechen, aber er könnte sich freimachen, wenigstens für ein paar Minuten, sie könnten sich gleich an Ort und Stelle treffen.

Katinka querte also wieder die Feinschmeckerparty und stieg erneut die Stufen in den Hofgarten hinauf. Die Veste Coburg saß auf ihrem Berg in der Sonne, glänzend wie ein Juwel. Katinka hatte die Festung ganz anders in Erinnerung. Als Hardo dort beinahe sein Leben gelassen hatte, war Winter gewesen, Nebel und Frost.

Sie fand den Kleinen Rosengarten **11** sofort. Ein Jongleur übte auf einem schmalen Rasenstück, Springbrunnen plätscherten, und vom nahen Kindergarten drang übermütiges Geschrei herüber. Am oberen Ende des kleinen Parks stand ein modernes weißes Gebäude. Das musste der Kunstverein sein.

»Nicht so eilig!«, rief jemand.

Katinka blinzelte in der Sonne, um den Mann mit der sonoren Stimme ausfindig zu machen. Er saß auf einer Bank im Schatten. Schräg hinter ihm spielte ein steinerner Gott Pan auf seiner Flöte.

»Grüß Gott!« Katinka trat zu ihm. Er war ein massiger Typ mit einem breiten, freundlichen Gesicht, trug Jeans und ein gelbes Hemd, das seine gebräunte Haut betonte.

»Sie sind vermutlich die Privatdetektivin.« Er streckte ihr seine Hand entgegen, eine richtige Pranke. »Bodo Sawatzki.«

»Katinka Palfy.«

»Und Sie wollen mich zu dem armen Schlucker befragen?«

»Kannten Sie Harald Koch?« Katinka setzte sich neben den Hünen.

»Er wollte mich unbedingt kennenlernen. Das passiert selbst einem ziemlich bekannten Autor wie mir nicht allzu häufig.«

»Sie schreiben Ratgeberliteratur, nicht wahr?«

»Genau. Meine Frau und ich machen das gemeinsam. Meistens jedenfalls. Wir leben unsere Ehe quasi nicht nur für uns, sondern wir erkunden auch, wie man als Paar Konflikte lösen kann, und teilen unsere Wege den Lesern mit. Bisher haben wir sechs Bücher zum großen Thema ›Paarkonflikte‹ geschrieben. Sind Sie verheiratet?«

»Nein. Hatte Harald Koch ein Eheproblem?«

»Das weiß ich nicht. Er kontaktierte mich per Mail und wollte wissen, ob ich Anfang Juli Zeit für ein Gespräch hätte. Er interessierte sich sehr für mein neuestes Buch: ›Das Tao deines Neuanfangs‹.«

»Worum geht es da?«

»In der Lebensmitte denken viele Menschen darüber nach, sich noch einmal neu zu orientieren. Man nennt diese Phase vielfach abschätzig Midlife-Crisis. Aber ich sehe die Unzufriedenheit und die Zweifel, die bei vielen hochkommen, als Chance: Das Leben heutzutage ist lang, man bekommt noch einmal die Möglichkeit, neue Wege einzuschlagen.«

»Freie Liebe und Flipflops statt Pumps?«

Sawatzki lachte. »So ungefähr. Gerade Männer wollen aus der Verantwortung raus, die sie sich aufgehalst haben. Sie dürsten nach neuen Erfahrungen, die ihnen beweisen, dass das Leben noch nicht gelaufen ist.«

»Deswegen die vielen Ehescheidungen!«

»Seien Sie doch nicht so despektierlich!« Der bisher freundliche, fast kameradschaftliche Ton des Mannes erstarb. »Zwischen 40 und 50 stehen die Zeichen auf Neuanfang. Es muss ja nicht bedeuten, dass ein Mann seine Familie verlässt und mit einer viel jüngeren Frau etwas anfängt. Man kann auch darauf hinarbeiten, der bestehenden Beziehung wieder mehr Leben einzuhauchen.«

»Wollte Harald Koch Sie deshalb kennenlernen? Um einen Rat zu bekommen?«

»Hinweise und Anregungen enthält mein Buch. Er war neugierig auf mich als Person. Wie ich es geschafft habe, die Krise mehr oder weniger unbeschadet zu überwinden. Übrigens ganz entscheidend mit der Hilfe von Sieglinde. Meiner Frau.«

»Welchen Eindruck machte Koch auf Sie?«

»Sie meinen, ob er suizidgefährdet war? Wissen Sie, Frau Palfy, wenn man das sehen könnte, ließen sich viele Katastrophen vermeiden.« In seinen gönnerhaften Ton schlich sich so etwas wie Genervtheit ein.

»Dennoch müssen Sie sich doch ein Bild von ihm gemacht haben! Meine Klientin glaubt nicht an Selbstmord. Sie hält ihren Mann für stark genug, um eine Krise zu überstehen.«

»Sie haben recht.« Sawatzkis Stimme wurde wieder samtweich. »Nicht jeder, der in einer Krise steckt, geht an ihr zugrunde. Die allermeisten gehen gestärkt daraus hervor. Das analysiere ich in meinem Buch.«

Katinka sah dem Jongleur zu, der seine Keulen einpackte und davonschlenderte.

»Hat Ihnen Harald Koch irgendetwas über sich erzählt, was auf Feindschaften hindeutet?«

»Sie meinen, jemand wollte ihn ermorden?« Sawatzki riss die Augen auf.

»Nun ja, wenn er nicht Suizid begangen hat, dann hat ihn jemand anders aufgehängt.«

»Aber dann hätte er sich doch gewehrt, nehme ich an?«

»Er war ziemlich ausgeknockt. Alkohol und eine anständige Portion Chemie.«

»Ach!« Sawatzki räusperte sich. »Ich muss weiter, Frau Palfy. Nein, Koch hat nichts durchblicken lassen, was auf Selbstmordabsichten hindeutete. Wir haben eine knappe Stunde geplaudert, viel kann da ja nicht zur Sprache kommen, nicht wahr? Und schließlich spricht man nicht sofort über derart intime Dinge.« Er erhob sich und streckte Katinka seine Hand hin. »War nett, Sie kennenzulernen. Haben Sie eigentlich schon das Grabungsmuseum Kirchhof 12 angesehen? Sie sind doch Archäologin, oder? Lohnt sich!« Mit einem Augenzwinkern drehte er sich um und eilte zum Kunstverein hinüber.

Katinka atmete durch. Dass sie einmal Archäologie studiert hatte, bevor sie Privatermittlerin geworden war, erschien ihr wie eine Information aus einer Lichtjahre entfernten Welt. Allerdings eine sehr wertvolle Information. Denn sie besagte, dass Sawatzki sich über sie kundig gemacht hatte.

*

Der Nachmittag glühte vor Hitze, doch hinter der Veste ballten sich Wolken in einem unschönen Grau zusammen. Katinka stand neben einer Fressbude auf dem Schlossplatz und verleibte sich gerade ein Schnitzelsandwich ein, als jemand sie anrempelte.

»He!« Beinahe wäre ihr das Brötchen aus der Hand gerutscht.

»'tschuldigung!« Die Frau, die sie gestoßen hatte, war ungefähr einen halben Kopf kleiner als Katinka. Sie hielt einen Pappteller mit einem Matjeshering darauf in der Hand.

»Sie sind Detektivin?«

»Nein. Primadonna.«

Die Frau lachte.

»Nichts für ungut. Lauschen ist nicht gerade die feine Art. Aber seien Sie vorsichtig mit Sawatzki. Fragen Sie mal seine Frau, was die zu seinen Büchern meint.« Die Frau zückte einen Kuli, kritzelte eine Telefonnummer auf ihre Serviette und steckte sie Katinka zu. »Tschau!«

*

Die Nummer erwies sich als Handyanschluss von Sieglinde Sawatzki. Die Gattin des Ratgeberautors zierte sich, erklärte sich aber bereit, mit Katinka zu sprechen, als diese erläuterte, sie nehme an, Harald Koch sei ermordet worden. Sie trafen sich vor den Arkaden und spazierten dann in gemächlichem Tempo in den Hofgarten hinauf. Frau Sawatzki war eine sehr schlanke, energische Person. Man hätte sie kernig nennen können. Ihr unnatürlich sonnenbraunes Gesicht allerdings sah verlebt aus, richtig abgearbeitet. Auch ihre Stimme klang resigniert.

»Bodo hat mir von dem Mann erzählt.« Sie eilten den

Berg hinauf, Sieglinde Sawatzki voran. Sie folgten zuerst einem breiten Weg, der am Naturkundemuseum vorbeiführte, dann bogen sie in einen schmaleren ein.

»Haben Sie Harald Koch auch getroffen?« Katinka musste sich bemühen, Schritt zu halten. Es war heiß, die grauen Wolken, die sie vorhin schon gesehen hatte, wälzten sich immer weiter über die Stadt.

»Nein.«

»Schade. Ich hatte gehofft, Sie hätten ihn kennengelernt, damit ich mir ein besseres Bild machen kann. Denn Suizid ist in seinem Fall nicht sehr wahrscheinlich!«

»Sie meinen, er wurde ermordet?«, fragte Sieglinde sichtlich schockiert.

»Das ist nicht sicher«, antwortete Katinka. Warum hatte die Frau auf dem Schlossplatz ihr Sieglindes Handynummer zugesteckt? Und warum hastete die Buchautorengattin den Festungsberg hinauf, als gelte es das Leben? Wenigstens wuchsen hier oben hohe Bäume und warfen angenehmen Schatten. Sie setzten sich auf eine Bank. Zur Veste führten steile Stufen hinauf, und direkt vor ihnen fiel der Hang abrupt ab. »Ist es üblich, dass Leser bei Ihrem Mann vorstellig werden, um ihn kennenzulernen?«

»Total unüblich. Per Mail melden sich etliche. Dankbare Leute, die ihm sagen, wie sehr seine Bücher ihnen geholfen haben. Aber persönlich zeigt sich kaum jemand.«

»Sind das Menschen, die eine Krise überwunden haben?«

»Genau. Meistens Frauen. Es lebe die Krise!« Sieglinde lachte.

Meistens Frauen, dachte Katinka. Der Paarberater hat sicher eine enorm hohe Zahl weiblicher Fans.

»Beantwortet Ihr Mann alle diese Anfragen?«

»*Ich* beantworte sie. Bodo hasst das Internet. Es ist einfach nicht sein Medium. Er unterhält zwar eine Facebook-Seite, aber ich pflege sie.«

Katinka musste lächeln. »Das heißt, Sie beantworten die Mails als Frau Sawatzki oder als …«

»Nein, als Herr Sawatzki.«

»Die Leute, denen Sie antworten, glauben also, Sie wären Ihr Mann?«

»Genau.« Sieglinde kniff den Mund zusammen. Von der Seite sah ihr von Falten durchzogenes braunes Gesicht aus wie eine übergroße Rosine.

Fliegen umschwirrten Katinka. Sie scheuchte sie weg und klatschte eine Mücke tot, die sich auf ihrem nackten Arm niedergelassen hatte. Bodo Sawatzki bekam Fanpost von Frauen, die er aber nicht beantwortete, sondern seine Frau machte das für ihn. Bedeutete das, dass die Fanpost an ihm vorbeiging? Oder unterhielt er ohne das Wissen seiner Frau ein weiteres E-Mail-Postfach, um persönlich die Kontaktpflege zu seinen Leserinnen zu betreiben? Zu ausgewählten Leserinnen womöglich?

»Schreiben Sie an seinen Büchern mit?«

»Bitte?« Sieglinde riss den Kopf herum, als hätte Katinka sie aus weiter Ferne herbeigerufen. »Ich tippe sie. *Tippte*. Bei ›Tao deines Neuanfangs‹ habe ich allerdings dankend verzichtet. Für die Schreiberei hat er sich eine Sekretärin genommen.«

»Warum?«

Sie zuckte die Schultern. »Ich habe ein Problem mit der Halswirbelsäule. Stundenlang am Computer zu sitzen, kommt für mich nicht mehr infrage.«

»Gibt es momentan ein aktuelles Buchprojekt?«

»Nein. Aber warum fragen Sie danach? Ich denke, Sie interessieren sich für Harald Koch?«

»Wie hat Koch denn Kontakt zu Ihrem Mann aufgenommen?«

Die Frau wandte den Blick ab. »Ich habe keine Ahnung.«

Also doch, dachte Katinka. Sawatzki hat noch ein extra Postfach. Oder Sieglinde lügt und sie kennt Koch.

*

Katinka war froh, wieder in der Stadt zu sein. Die Stille oben im Hofgarten war ihr richtig unheimlich vorgekommen, vor allem an der Seite von Sieglinde Sawatzki. Müde von der Schwüle des Tages und den ungeklärten Fragen, setzte sie sich in eine Eisdiele am Marktplatz. Gerade wollte sie ihre Auftraggeberin anrufen, um sie über den Fortgang der Ermittlungen in Kenntnis zu setzen, als sich jemand an ihren Tisch setzte. Die Frau, die ihr Sieglindes Handynummer zugesteckt hatte.

»Moment!« Katinka hielt ihr Handy noch in der Hand und einer spontanen Eingebung folgend aktivierte sie die Kamerafunktion, während sie sagte: »Ich muss diese SMS gerade noch abschicken.« Sie drückte auf ›Aufnahme‹ und speicherte das Foto der Unbekannten. »So. Jetzt habe ich Zeit. Verraten Sie mir, wer Sie sind und warum Sie mir folgen und mich mit Informationen bestücken?«

»Ich bin Bodos Sekretärin gewesen. Nur für das eine Buch. ›Das Tao deines Neuanfangs‹.« Sie winkte dem Kellner und bestellte zwei Espressi. Katinka widersprach nicht. »Nachdem die ersten Rezensionen rausgekommen sind, hat er anfragende Journalisten immer an mich verwiesen. Ich verwalte auch die ganzen Informationen und Materialien, die die Pressestelle des Verlages zusammengestellt hat.«

»Und?«

Die Espressi kamen. Katinka stürzte ihren in einem

Schluck hinunter. Allein der köstliche Duft vermittelte ihr das Gefühl, sofort fitter und ausgeschlafener zu sein.

»Eines Tages erhielt ich eine Anfrage von einem gewissen Harald Koch. Er wollte Sawatzki kennenlernen. Aber Sawatzki hatte keine Lust, ihn zu treffen. Er rief mich an, bat mich, an seiner Stelle mit dem Mann zu reden. Was ich auch gemacht habe.«

»Aber …?«

»Koch hat sich nicht abwimmeln lassen. Er war sehr freundlich, wollte aber unbedingt mit dem Autor persönlich sprechen.«

»Woher rührte sein Interesse an Sawatzki?« Gierig blickte Katinka auf den noch unberührten Espresso ihrer Gesprächspartnerin. »Ich meine, über die Inhalte des Buches waren Sie doch sicher genauso informiert wie der Autor selbst.«

»Vermutlich besser.« Sie lachte auf. »Meiner Meinung nach hat Sawatzki lediglich die Hauptthesen seiner anderen Bücher verrührt, ein paar Beispiele dazugestellt und permanent die Ausdrücke ›Tao‹, ›neuer Weg‹, ›Neuanfang‹ und so weiter verwendet. Er hat diktiert, ich habe das Zeug stilistisch überarbeitet. Änderungsvorschläge hat er ohne Weiteres akzeptiert. Er ist keiner von diesen Autoren, die um jedes Komma kämpfen.«

»Sie machen also öfter solche Schreibarbeiten?«

»Das ist mein Brotjob.« Endlich nahm sie ihr Tässchen und trank.

Katinka bestellte einen zweiten Espresso. »Wie ging es dann weiter? Konnten Sie Harald Koch abwimmeln?«

»Er bekam die Privatadresse der Sawatzkis raus und schlug dort auf. Sawatzki rief mich an und machte mich zur Schnecke. Unterstellte, dass ich die Adresse verraten hätte. Dabei steht er im Telefonbuch!«

»Und dann?«

Die Frau zuckte die Achseln. »Seitdem schwärzt mich Sawatzki bei allen möglichen Leuten an. Schwer für mich, ein neues Projekt zu finden. Wer eine Privatsekretärin sucht, legt Wert auf Diskretion.«

»Aber Sie waren ja gar nicht indiskret.«

»Natürlich nicht! Aber Sieglinde weiß mehr.«

Der zweite Espresso kam. Katinka trank ihn genüsslich aus. Zwischen Bodo und Sieglinde Sawatzki stand es anscheinend nicht zum Besten.

*

Frau Schwarz betrachtete das Foto, das Katinka von Sawatzkis Privatsekretärin geschossen hatte.

»Nein, diese Frau habe ich hier noch nie gesehen. Aber einmal, ich glaube, das war am Abend, bevor Herr Koch starb, da brachte ihn eine Frau hierher. Er stieg aus dem Auto, sie fuhr weiter.«

»Konnten Sie erkennen, wer die Frau war?«, fragte sie ohne viel Hoffnung.

»Ich kenne sie nicht. Als Koch ausstieg, fiel das Licht im Wageninneren der Frau ins Gesicht.« Frau Schwarz suchte nach Worten. »Sie sah aus wie aus Holz geschnitzt.«

Sieglinde Sawatzki!, schoss es Katinka durch den Kopf.

*

Katinka erkundigte sich in einer Buchhandlung in der Fußgängerzone nach den Titeln, die unter dem Autorennamen Bodo Sawatzki verkauft wurden. Laut der Buchhändlerin wurden sie stark nachgefragt. Insbesondere von Frauen in den mittleren Jahren. Die Klappentexte der Bände zeigten ein Autorenfoto, auf dem Sawatzki mit seiner Frau abgelichtet war. Sieglinde wirkte viel jünger, richtig lebenslustig. Anscheinend hatten die beiden sich einmal gut verstanden, aber mittlerweile funktionierte etwas in ihrer Beziehung nicht mehr. Entweder hatte sich der hünenhafte Bodo mit der sonoren Stimme mit anderen Frauen eingelassen, oder Sieglinde hatte Affären, vielleicht sogar mit Harald Koch. Katinka fuhr mit ihrem Beetle Cabrio in die Bergstraße, wo Sawatzkis laut Telefonbuch wohnten. Die Schwüle machte ihr zu schaffen. Sie hatte keine Lust, noch einmal den steilen Berg zu Fuß zu erklimmen. In der Ferne grollte Donner.

Die Sawatzkis wohnten in einer schicken, im Jugendstil errichteten Villa, die ein bisschen tiefer lag als die Straße und von einem Garten mit hohen Bäumen umgeben war. Das Geschäft mit der Beratungsliteratur schien ausgezeichnet zu laufen. In der Düsternis des sich ankündigenden Gewitters allerdings wirkte das Anwesen abweisend. Katinka schloss das Verdeck, stieg aus und klingelte.

Sieglinde öffnete. »Sie schon wieder?«

»Pardon. Es ist wichtig. Darf ich reinkommen?«

»Ich wüsste nicht, was wir noch zu besprechen hätten.« Energisch stemmte Sieglinde die Hände in die Hüften.

»Ein wirklich interessantes Thema wäre Ihre Affäre mit Harald Koch«, entgegnete Katinka zuckersüß. »Bestimmt würde es auch Ihrem Mann zum Nachdenken Anlass geben.«

Sieglindes unnatürlich braunes Gesicht wurde bleich. Eine fahle, schmutzig gelbe Farbe. Was hatte Harald Koch an dieser Frau gefunden?

»Kommen Sie rein.«

Katinka folgte ihr in ein Wohnzimmer voller weißer Polster, die auf dem ebenfalls weißen Teppichboden verstreut lagen.

»Kaffee? Es ist gerade welcher fertig.«

»Gern.« Katinka fühlte sich trotz der beiden Espressi immer noch abgekämpft. Es musste am Wetter liegen. Wenn das Gewitter erst mal losbrach, würde es ihr besser gehen.

Sieglinde kam mit einem Tablett wieder, auf dem eine Tasse mit Kaffee, ein Milchkännchen und ein Zuckerstreuer standen.

»Danke.« Katinka gab ein wenig Milch in die Tasse. Der Kaffee tat gut.

»Setzen Sie sich.« Sieglinde machte eine auffordernde Handbewegung.

»Ich stehe lieber.« Katinka wischte sich den Schweiß von der Stirn. »Es geht mir nicht um Ihre Ehe oder die moralische Frage nach der Rechtmäßigkeit des Ehebruchs. Doch der Tod von Harald Koch ist in einem anderen Licht zu sehen, wenn ...«

»Wenn was?« Sieglinde kam drohend auf Katinka zu. »Glauben Sie, ich habe ihn umgebracht?«

Allmählich näherkommende Donnerschläge unterstrichen ihren wütenden Unterton.

»Ich glaube nichts, ich stelle Fragen, sammle Indizien und kombiniere.« Sie kann es nicht gewesen sein, dachte Katinka. Sie konnte Koch zwar mit Alkohol und Medikamenten betäuben, dazu hatte sie sowohl die Mittel als auch die Möglichkeit, aber ihn an dem Balken in seinem Zimmer aufknüpfen, das hätte sie nicht geschafft.

»Dann viel Spaß. Buchten Sie meinen Mann ein!«

»War *er* es?«

Sieglinde wandte sich ab.

»*War* er es? Aus Eifersucht?«

Keine Antwort.

»Schönes Haus.« Katinka musste ihre Strategie umstellen. Sie besah sich die eingebauten Bücherregale. Romane, Ratgeber, Fachbücher über Pharmakologie, Medizin, Technik, Psychiatrie, Psychologie. »Wow. Braucht Ihr Mann all diese wissenschaftliche Literatur für seine schriftstellerische Arbeit?«

»Ich bin Apothekerin. War. Habe meinem Mann zuliebe aufgehört.«

»Sie hatten eine Affäre mit Harald Koch!« Katinka trat dicht an Sieglinde heran. »Ihr Mann hat Wind davon bekommen und …«

Sieglinde ging zur Terrassentür. Schob sie auf. Windstöße fegten durch die Bäume. Irgendwo brach ein Ast ab. Immer noch fiel kein Tropfen Regen. »Er war unerträglich eifersüchtig. Er selbst hat eine Blondine nach der anderen an Land gezogen. Aber als ich meinen Spaß haben wollte, waren ihm schon diese paar Tage mit Harald zu viel.«

»Herr Koch hat bei Ihnen geklingelt? Hier in der Villa? So haben Sie sich kennengelernt?« Katinka hatte Mühe, sich auf ihre Fragen zu konzentrieren.

»Bodo hatte zu tun. Irgendwelche Besprechungen. Ich mochte Harald vom ersten Moment an. Er hatte so etwas … Bescheidenes. Wir redeten stundenlang. Verstanden uns umwerfend gut.«

Die Haustür ging. »Sieglinde?«, tönte Sawatzkis sonores Organ.

»Mörder!«, keifte seine Frau.

Katinka zückte ihr Handy und wählte Wolf Schillings Telefonnummer.

Bodo Sawatzki betrat den Raum, das Gesicht zu einem gequälten Lächeln verzogen. Mit seinem kräftigen Körperbau kann er durchaus einen anderen Mann schachmatt setzen und dann aufhängen, dachte Katinka.

»Schilling?«, meldete sich der Kommissar am anderen Ende der Leitung.

Ein Donnerschlag ließ die drei Menschen in dem weißen Zimmer zusammenzucken.

»Spinnst du, Sieglinde?«, sagte Sawatzki.

»Schilling hier?«, wiederholte der Kommissar ungeduldig.

»Palfy hier, ich ...«, begann Katinka.

»Du bist an allem schuld!«, kreischte Sieglinde.

Sawatzki lief rot an. »Ich? Du hast sie ja nicht mehr alle. Ich hätte wirklich allen Grund, mich zu freuen, wenn du mit einem anderen durchgehen würdest.«

»Bergstraße!«, flüsterte Katinka ins Telefon. »Schnell!«

Die Blicke des Ehepaares richteten sich auf sie. Katinka sah, wie Sieglinde hinter sich griff. Irgendwas stimmte nicht. Das weiße Wohnzimmer drehte sich um sie.

»Was läuft hier?«, brüllte Bodo Sawatzki.

Katinka fand sich auf den Knien wieder. Ihr war höllisch schlecht. Sie musste an die frische Luft! Sofort! Wenn nur endlich der Regen losbräche!

»Was hast du gemacht?« Sawatzkis tiefe Stimme hallte von den Wänden wider.

Er war es nicht, dachte Katinka. Sie war es. Aber warum, zum Teufel?

Aus den Augenwinkeln sah sie, wie Sieglinde mit einer Brechstange in der Hand durch das Wohnzimmer auf sie zu kam. Aus ihren Augen sprühte Hass. In Panik kroch Katinka los, auf die Terrassentür zu. Sieglinde holte aus, schlug zu. Die Brechstange sauste Zentimeter neben Katinkas Kopf auf den Teppichboden.

»Sie beide«, keuchte sie. »Sie haben ihn gemeinsam ...«
Katinka fielen die Augen zu.
Sie hat mir was in den Kaffee getan. Ich war unvorsichtig. Jetzt ist es zu spät.

*

Das Screening im Klinikum ergab eine beträchtliche Menge Rohypnol in Katinkas Blut. Von der Blutabnahme bekam sie kaum etwas mit. Am nächsten Morgen fühlte sie sich scheußlich verkatert, aber kräftig genug, um das Krankenhaus zu verlassen.
Wolf Schilling holte sie ab.
»Das war knapp!«, kommentierte er. »Seien Sie vorsichtiger mit Ihrer Kaffeesucht!«
»Als ich die Bücher über Pharmakologie sah, rührte sich etwas in meinem Hinterkopf. Aber bis ich den Zusammenhang begriff, war alles zu spät.«
»Die Sawatzkis haben Koch gemeinschaftlich umgebracht. Sieglinde wollte es später ihrem Mann in die Schuhe schieben. Um ihn loszuwerden.«
»Sie war nicht in Harald Koch verliebt?«
»Nein. Nach ihrer Aussage war er der erste männliche Fan, der sich bei ihrem Mann vorstellte. Sie dachte, Koch wäre das geeignete Objekt, um ihrem Göttergatten seine Untreue heimzuzahlen. Nur zum Schein natürlich! Sie wollte ihn eifersüchtig machen, damit er am eigenen Leib mitkriegt, wie sich Ehebruch anfühlt. Aber dann wurde ihr klar, dass eine auseinanderbrechende Ehe im Fall des Paarkonfliktberaters bei der Öffentlichkeit nicht gut ankommen würde. Deshalb musste Koch ausgeschaltet werden. Damit er nicht plauderte.«

Katinka rechnete sich den Rest der Geschichte selbst aus. Sobald die Eheleute Sawatzki sich die Konsequenzen öffentlicher Untreue vor Augen führten, fürchteten sie einen empfindlichen Einbruch bei den Tantiemen. Harald Koch hatte wahrscheinlich nicht einmal geahnt, in welcher Weise Sieglinde ihn instrumentalisierte.

»Sieglinde verschaffte sich Zugang zu Kochs Zimmer«, sagte sie. »Das konnte sie leicht, denn er wohnte im Erdgeschoss, zur Straße, sie brauchte nur an die Scheibe zu klopfen. Er öffnete die Haustür. Anschließend hat Sieglinde wahrscheinlich die Hintertür aufgesperrt, damit ihr Mann rein konnte.«

»Und nach vollbrachter Tat haben sie die Hintertür wieder zugemacht.«

»Allerdings nur einmal den Schlüssel gedreht, was Frau Schwarz am nächsten Morgen auffiel.«

»Die anderen Gäste haben nichts mitbekommen. Koch hat sich nicht wehren oder um Hilfe rufen können.«

»Ein fast perfekter Mord.«

»Wenn man so will.« Schilling hielt an einer Ampel. »Brauchen Sie ein anständiges Frühstück?«

»Gern. Und einen ordentlichen Kaffee. Ohne K.-o.-Tropfen!«

»Davon gehe ich aus«, erwiderte Schilling.

FREIZEITTIPPS:

[1] Veste Coburg; eine der größten Burgenanlagen Deutschlands, auch »Fränkische Krone« genannt. Berühmt für ihre Kunstsammlungen: Glas, Schlitten, Kupferstiche, Waffen, Rüstungen und vieles mehr. Martin Luther suchte 1530 für einige Monate auf der Veste Zuflucht und arbeitete währenddessen an seiner Bibelübersetzung.

[2] Gottesgarten; malerischer Landstrich am Obermain zwischen Lichtenfels, Weismain und Ebensfeld mit Kloster Banz, Basilika Vierzehnheiligen und Staffelberg als besonders faszinierenden Höhepunkten.

[3] Staffelberg; 539 m hoher markanter Berg im Obermaintal mit Hochplateau, der bereits in der Jungsteinzeit besiedelt gewesen sein soll. Ausgrabungen belegen die Existenz eines keltischen Oppidums, der Stadt Menosgada, die bei Ptolemäus (85–160 n. Chr.) erwähnt ist.

[4] Basilika Vierzehnheiligen; Wallfahrtsbasilika im Rokokostil, im 18. Jh. nach Plänen von Balthasar Neumann gebaut.

[5] Kloster Banz; ehemaliges Benediktinerkloster, bis zur Säkularisierung 1803 das älteste Kloster am Obermain. Heute Tagungsstätte.

[6] Schlossplatzfest; größte Gourmetmeile Nordbayerns mit Musik- und Showprogramm. Das Fest findet alljährlich im Juli statt.

7 Schloss Ehrenburg; ehemalige Stadtresidenz der Coburger Herzöge, am südlichen Rand des Schlossplatzes gelegen. Präsentiert sich nach mehrmaligen Umbauten heute weitgehend im neugotischen Stil.

8 Sambafest; größtes Samba-Festival außerhalb Brasiliens. Es findet seit 1992 jährlich im Juli statt und zieht Hunderttausende Fans an.

9 Naturkundemuseum; auf die Sammeltätigkeit der Coburger Herzöge zurückgehendes Museum. Gezeigt werden u.a. Mineralien, Fossilien, einheimische Tiere und Pflanzen. Besonders beeindruckend ist die Völkerkunde-Dauerausstellung.

10 Kunstverein Coburg e.V.; gezeigt wird Zeitgenössisches sowie Emailkunst.

11 Kleiner Rosengarten; am südlichen Rand des Hofgartens gelegener kleiner Park mit Rosen, Brunnen, Skulpturen.

12 Grabungsmuseum Kirchhof; im Souterrain des Ämtergebäudes gelegenes archäologisches Museum. Grabungen im Kirchhof zwischen 1988 und 1994 förderten eine Kapelle aus dem 14. Jahrhundert, hochmittelalterliche Gräber sowie Keramiken, Hausratsgegenstände, Schmuckstücke und mehr zutage.

WER EINMAL EINEN NACHO ASS
– FORCHHEIM UND FRÄNKISCHE SCHWEIZ –

Nachos können tödlich sein. Hätten Sie's gewusst? Alle quatschen über gesunde Ernährung. Hat mich noch nie besonders interessiert. Ich bin ein Typ, der sich was zwischen die Kiemen schieben muss, und ich gehe vor allem danach, was mein Körper verlangt. Das sind oft Steaks, Frikadellen, Kartoffelsalat mit Mayo. Dazu ein süffiges Bier. Bisher hat mir das nicht geschadet. Ich habe keine Herzbeschwerden, kriege höchstens alle fünf Jahre eine Grippe und das war's. Aber dann kam die Sache mit der Nacho-Tüte. Vielleicht wäre alles anders gelaufen, hätten sie an der Tanke Guacamole verkauft. Ich esse nämlich immer Nachos mit Guacamole. Bloß nicht mit diesen roten Chilisoßen, die kann ich auf den Tod nicht ausstehen.

Auf den Tod.

Deswegen kaufte ich also nur die Nachos. Ohne Soße. Als Proviant für meinen Trip durchs Fränkische.

Die Tour war meine Abschiedsreise. Zwei Tage später würde ich den alten Kadett verkaufen. In drei Tagen in ein Flugzeug steigen. Nach Vancouver fliegen und dort neu anfangen.

Was zählte, war die Zukunft. Mit meinem alten Leben in Franken hatte die Person, die ich heute darstelle, nicht mehr viel zu tun. Enttäuschungen, Ängste, Zweifel, Katastrophen. Ich hatte sie entschlossen in einen Sack gestopft und in die Tonne gekloppt. Rein mental natürlich. Es gibt Tausende Bücher, in denen steht, wie das geht, und jedes Jahr erscheinen neue.

Für meine persönliche Misere hieß die Lösung: Kanada. Erst mal Urlaub. Paddeln, Fallschirmspringen, Reiten. Dann einen Job finden. In Kanada liegen die Jobs für jemanden wie mich quasi auf der Straße. Davon ging ich aus. In drei Tagen ging es los. Beinahe hätten mir die Nachos einen fiesen Strich durch die Rechnung gemacht.

Möglich, dass es nicht die Nachos allein waren. Abgesehen von der fehlenden Guacamole könnte ich auch die Engländerin mit der milchweißen Haut verantwortlich machen oder den Kerl, den ich nur wenige Male ganz kurz sah, dessen Namen ich nicht kannte. Egal.

Ich begann meine Abschiedstour in Forchheim. Hier war ich zur Schule gegangen, hatte das erste Mal die Liebe erlitten und meinen Eltern und Lehrern das Leben zur Hölle gemacht. Ich parkte den Kadett vor der Kaiserpfalz , schlenderte ein bisschen durch die Fußgängerzone, kaufte mir ein Eis, atmete das Gefühl von Geschichte, das einen in Forchheim zwangsweise überkommt. Die Stadt ist so alt, dass es mich nicht erstaunen würde, wenn demnächst irgendwo noch ein Einkaufszettel von Karl dem Großen auftauchte. Geschrieben auf Althochdeutsch. Natürlich nicht von ihm persönlich, sondern von einem seiner Adjus. Der große Karl hatte 805 auf einem Feldzug in ›Forahhaim‹ eine Pause eingelegt. Aber das war natürlich schon extrem lang her. Ich hatte es nicht so mit der Historie, vielleicht, weil ich meine eigene zu eindeutig abgelegt hatte und mich nur noch auf die Zukunft konzentrierte. Aber das Eis war lecker und ich kaufte noch eins, spürte, wie die Sonne auf meine nackten Waden schien, auf meine Arme, in mein Gesicht. Fachwerk wie in Forchheim würde es in Kanada nicht geben, aber egal. Ein letzter Blick auf die Fassade des Rathauses, auf die Petunien, die wie purpurfarbene Wolken auf den Fenstersimsen hockten, über allem ein stahlblauer Himmel – wer hätte das nicht schön gefunden?

Mag sein, dass Sie das jetzt nicht glauben, aber auch ich bin ein rührseliger Typ. Ist ja kein Wunder! Seine Heimat zu verlassen, das ist ein Schritt, der geht tiefer, als die meisten vermuten. Selbst wenn man die Heimat als eng empfindet. Franken ist nicht gerade ein Landstrich der Weltoffenheit. Das müssen Sie doch zugeben! Malerische Fachwerkwinkel sind eine Sache, geistige Horizonte eine andere.

*

Als ich zu meinem Wagen zurückkehrte, hatte ich innerlich mit allem abgeschlossen. Ich hatte die einschlägigen Plätze noch einmal besucht: die Martinskirche **14**, in deren Schatten ich das erste Mal geküsst hatte. Die Wiesentbrücke, wo ich meine Schulhefte jedes Jahr nach Schulschluss im Fluss versenkt hatte. Und noch ein paar andere, die privat bleiben, und wenn Sie sich auf den Kopf stellen!

Ich fuhr los, steuerte die alte Karre mit viel Karacho über das Kopfsteinpflaster, und der Lärm übertönte meine Trauer. Wahrscheinlich würde ich nie mehr hierherkommen. Und wenn doch, dann in frühestens zehn Jahren. Ich würde durch die Gassen gehen, mit unsicherem Schritt, als suchten die Füße Halt auf dem unebenen Pflaster, ungläubig darüber staunend, dass ich hier einmal zu Hause gewesen war.

Um nicht heulen zu müssen, zischte ich in halsbrecherischem Tempo auf die nächstbeste Ampel zu, schlitterte gerade noch bei Dunkelgelb durch, bog ab. Das brauche ich Ihnen alles gar nicht zu schildern? Na gut, dann machen wir da weiter, wo ich das Walberla **15** zu Gesicht bekam. Der Berg lehnte sich wie ein riesiger Sattel an den blauen Himmel. Ich wollte hinaufwandern.

Ich steuerte durch Kirchehrenbach, das ist eines von diesen schmucken fränkischen Dörfern mit viel Fachwerk, schönen Höfen, Blumen und zauberhaften Vorgärten, aber eng, so eng! An der Kirche rammte ich beinahe einen Leichenwagen, wurde echt nervös und spürte, wie mein Mund nach dem Eis vor Zucker klebte. Ich parkte am Fuß des Berges und eilte den Wanderweg hinauf. Schnell. Es pressierte mir. Ich wollte da hoch, noch einmal in die Lande sehen. Und dann weiter, zum nächsten Punkt auf der Liste. Der Liste der Abschiede von Oberfranken.

*

Wäre ich nicht so durchgeknallt gewesen, hätte ich vermutlich mitgekriegt, dass mit der Engländerin etwas nicht stimmte. Sie hockte oben auf dem Bergsattel vor der Kapelle und hielt ein kleines Kruzifix in der Hand, das sie schnell in ihren Rucksack gleiten ließ, als ich um die Ecke bog.
»Hallo!«, sagte ich.
»Hi.«
Die Kapelle war abgeschlossen. Ich wollte dort auch nicht beten, ich wollte nur ›Auf Wiedersehen‹ sagen. Gebetet hatte ich hier, kurz bevor meine Mutter an ihrem Magenkrebs gestorben war. An die Hilflosigkeit erinnert zu werden, tat weh, also legte ich nur kurz meine Hand an den Stein und ging dann weiter zu den Felsen, die das Bergplateau säumten.
»Sorry?«
So begann es. Sie tauchte hinter mir auf, eine rothaarige, sommersprossige, zarte Person, deren Tramperrucksack doppelt so groß war wie sie selbst. Fragte: »Do you speak English?« und erkundigte sich, wie sie von hier tiefer in die Fränkische Schweiz hineinkäme.
Ich zeigte Richtung Osten und sagte: »Das alles ist die Fränkische Schweiz. Ziemlich groß, oder?«
Sie blickte in das dichte Grün hinaus und nickte.

»What's your name?«
»Fiona.«
Da hatte ich plötzlich Lust, ihr alles zu zeigen. Es würde eine andere Abschiedsfahrt sein. Eine, von der noch jemand etwas hatte. Neues kennenlernte, während ich selbst auf jeden einzelnen Baum und Berg die Wörter ›letztes Mal‹ stempelte.

Und so fuhren wir los. Wir wuchteten den Rucksack abwechselnd ins Tal, wahrscheinlich hatte sie Fossilien da drin, so viel Gepäck konnte man auf eine Tramperreise gar nicht mitschleppen.

*

An der nächsten Tanke befüllte ich den Kadett (zum letzten Mal), kaufte zwei Flaschen Cola und jene Tüte Nachos. Wie gerade die banalen Dinge alles kaputtmachen können! Es klingt abgedroschen, doch es ist ein Naturgesetz.

Wir fuhren nach Buttenheim. Die Engländerin musste unbedingt das Jeansmuseum **16** sehen. Es war mein Lieblingsmuseum, ganz eindeutig, vielleicht, weil ich – außer an heißen Sommertagen – überzeugte Jeansträgerin bin. Und weil ich jetzt auch auswandere, wie jener Löb Strauss vor mehr als 100 Jahren. 1847. Wenn ich mich nicht täuschte.

Im Museum war es kühl. Fiona bekam einen Audioguide in ihrer Muttersprache. Hätte ich mir was dabei denken sollen, dass sie immer wieder die Kopfhörer kurz abstreifte und sich umsah, zwischen den Ausstellungsstücken, den Seekisten, den Jeansmodellen, den Videoinstallationen? Natürlich nicht. Ich dachte, vielleicht sind ihr die Dinger auf den Ohren einfach unangenehm.

Ein Museum ist ja nicht gerade geeignet, schwermütige

Gefühle entstehen zu lassen. Und doch kam es dann so. Als wir rausgingen und ich die Fachwerkfassade noch einmal auf mich wirken ließ, das frische, jeansige Blau des Holzes und das strahlende Weiß dazwischen – ich musste mir ziemlich heftig auf die Lippen beißen. Tröstete mich damit, dass auch Löb irgendwann einen letzten Blick auf sein Geburtshaus geworfen hatte. Welch glorreiche Zukunft war ihm in der Neuen Welt beschieden gewesen!

Fiona hatte es eilig, ins Auto zu kommen, obwohl die Luft darin kochte. Wir kurbelten alle Fenster runter.

Weiter nach Wohlmannsgesees. Zum Druidenhain **17**. Mit einer Freundin hatte ich einmal vor langen Jahren zwischen den bemoosten Felsbrocken übernachtet. In der Dämmerung hatten wir uns gefürchtet und richtiggehend darauf gewartet, Druiden in langen Kapuzenmänteln zwischen den Steinquadern hervortreten zu sehen.

Ich schloss die Augen. Hörte dem Brummen der Hummeln zu und wischte die Mücken weg, die sich auf mein verschwitztes Haar setzten. Es war ganz still hier im Wald. Im Unterholz raschelte es. Vielleicht doch ein Druide.

»Let's get away from here!«, bat Fiona plötzlich.

»Don't you like it?«

Blöde Frage, ich konnte sehen, dass sie Angst hatte, obwohl mitten am Tag kaum geheimnistrunkene Gefühle hochkommen konnten. Dazu hätten wir auf die Dunkelheit warten müssen, aber dafür war keine Zeit. Ich hatte keine. Ich musste noch Kisten packen. Wohnung leerräumen. Eigentlich hatte ich nicht die Spur Freiraum für eine Rundfahrt durchs Fränkische. Aber da stand ich, an einen Stein gelehnt, streichelte sein Moos. Dann sah ich, nur für Bruchteile von Sekunden, etwas Weißes hinter einem Baum aufflackern.

Ein leichter Wind kam auf und ließ die Blattkronen der Bäume rauschen. Ich fröstelte in der Wärme.

*

Als wir wieder am Auto waren, hatten wir Hunger. Ich riss die Nachotüte auf. Wir tranken Cola. Es war warm und nicht mehr sonderlich erfrischend. Ich wollte weiter. Zur Burg Rabenstein 18 .

Weil die Sonne nun schon senkrecht am Himmel stand, fuhren wir den steilen Berg zur Burg hinauf; ansonsten hätte ich im Tal geparkt und den Wanderweg genommen, der sich durch den Wald hinaufwand.

Gut möglich, dass der Knilch in Weiß dann seine Chance bekommen hätte. (Ich schwöre Ihnen, als ich den Kadett aus dem engen Tal den Hang hinauflenkte, wusste ich noch nichts von ihm!) Aber so brauchte er sie gar nicht. Die Chance, meine ich. Weil Fiona ohnehin eingeschüchtert war. Weil sie nervös war. Ich sah es an ihren Händen, die sie ineinander krampfte, bis sie weiß waren. An der Art, wie sie die Lippen zusammenkniff. An ihren Blicken in den Rückspiegel. Wie sie immer wieder nach dem Rucksack tastete, der friedlich auf dem Rücksitz lag. Entweder dachte sie, ich würde nichts davon merken, oder es war ihr gleichgültig. Ich nehme heute an, sie war in einem Zustand, in dem ihr bereits alles egal war. Wie hätte ich es damals wissen können! Erinnerungen sind trügerisch, aber jetzt, da ich alles aufschreibe, kommt es mir vor, als hätte ich selbst den Anblick der trutzigen Burg kaum ertragen können, weil ihre Mauern unerwartet abweisend schienen. Wir hätten was trinken sollen im Biergarten. Aber da waren zu viele Leute. Ich fragte mich, ob es in Kanada Biergärten gäbe. Wahrscheinlich nicht. Ich stellte plötzlich alles infrage: meine Entscheidung, auszuwandern, mein ganzes bisheriges Leben.

Ich sah die weiße Lederkluft nicht. Weder im Biergarten noch bei der Falknerei, die Fiona nicht besichtigen wollte. Sie hatte auch keine Lust auf die Sophienhöhle [19]. Vielleicht mied sie geschlossene Räume. Vielleicht wusste sie nicht, was sie überhaupt wollte, außer dass sie weg wollte. Genau wie ich.

Ich wollte weg und wollte bleiben. Beides zugleich. Das hatte ich nicht erwartet. Nicht, als ich mein Ticket nach Vancouver buchte, nicht, als ich meinen Mietvertrag kündigte, mein Auto annoncierte, das Porzellanservice, das meine Mutter mir hinterlassen hatte, bei Ebay versteigerte. Erst jetzt, als mir die Sonne auf die Haut brannte, während ich auf die gelb-schwarz gestrichenen Fensterläden der winzigen Burgfenster blickte, ergriff mich der Gedanke: Ich will hier nicht weg.

Aber es gab kein Zurück. Das könnte ich vor mir selber niemals rechtfertigen.

*

Sie musste ja auch noch die Pulvermühle [20] kennenlernen. Ein Stück deutscher Literaturgeschichte. Obwohl sie kein Deutsch konnte und nie einen Roman von Hans-Werner Richter oder ein Gedicht von Erich Fried lesen würde.

»Wir müssen zurück ins Tal«, erläuterte ich.

Das Tal war eng, scharf eingeschnitten, eine Falte zwischen den Bergen. Die Bäume wuchsen dicht an dicht, sie warfen dunkelgrüne Schatten auf die Straße. Fiona hatte Muffensausen. Damals schob ich es auf die Motorradfahrer, die in Pulks die Bundesstraße entlangschossen, sich in den Kurven weit in die Waagerechte lehnten. Einen rammte ich beinahe. Die Nachotüte rutschte vom Armaturenbrett. Wären all die Nachos doch nur zerbröselt!

Ich bog ab, ratterte über die Brücke mit den wackeligen Holzbohlen.

»Hier ist mal die Crème de la Crème der Literatur zusammengekommen«, erklärte ich. »Der bundesrepublikanischen.« Das war weit über 40 Jahre her. Fiona war wahrscheinlich gerade mal Anfang 20.

Wir beschlossen, etwas zu essen. Die Tische im Garten des Gasthofes standen eng. Tauben stelzten zwischen den Beinen der Gäste durch und nervten mit ihrem Gepicke. Die Kellnerinnen hatten alle Hände voll zu tun. Wir warteten eine Stunde lang vergeblich auf den kalten Braten mit Gurke, bezahlten die Apfelschorle und gingen hungrig wieder weg.

Hinter der Brücke an der Straße hielt ein Motorrad. Der Typ in weißer Ledermontur musste unter seinem Helm mit dem schwarzen Visier längst verschmort sein.

Er nahm die Verfolgung auf.

Ich hätte es merken können. Bloß weil ich mit meiner eigenen Wirrnis zu beschäftigt war, fiel es mir nicht auf. Wem passierte so was schon, von einem Motorrad verfolgt zu werden! Das geschah in Actionfilmen, im Privatfernsehen sowieso serienmäßig, aber nicht in der Wirklichkeit. Jedenfalls nicht in meiner Wirklichkeit, die sich aus gepackten Taschen, bereitgelegten Reisedokumenten und Abschiedsschmerz zusammensetzte.

Kurz darauf sah Fiona im Seitenspiegel das Motorrad und wurde weiß im Gesicht.

»Wer ist das? Hallo? Fiona? Der Knilch auf dem Bike?«

Sie reagierte nicht.

Der Knabe war vermutlich ein beleidigter Ex.

*

Ich fuhr nach Gößweinstein. Wer von einem Motorrad verfolgt wird, das ein Knabe in weißem Leder reitet, braucht göttliche Hilfe. Wieder prügelte ich den Kadett einen steilen Berg hinauf, im zweiten Gang, musste in den ersten schalten, als wir eine schwitzende Wandergruppe überholten. Der Motor röhrte. Das Motorrad folgte uns mit zarten Schwüngen. Meine alte Kiste würde diese mit allen Schikanen ausgestattete Maschine nie abhängen können. Zu einer List war ich nicht fähig. Nicht in der Hitze, nicht mit dem Schmerz in jedem meiner Atemzüge. Ich will nicht fort. Ich will nicht fort.

Außerdem, was hatte ich schon mit Fionas Männergeschichten zu tun.

»Ist er dein Ex?«

Sie antwortete nicht. Stattdessen zog sie den Rucksack auf ihren Schoß.

Ich war blöd genug, ihr Schweigen für britische Borniertheit zu halten.

Die Basilika 21 lag mitten im Ort, umtost von Wallfahrern und Touristen. Ein guter Platz, um nicht von einem Verrückten in Motorradkluft fertiggemacht zu werden. Ich fuhr bis ans Ende des Dorfes, quetschte mich in eine Lücke auf dem Großparkplatz. Dicke Reisebusse standen dicht an dicht. Fiona machte keine Anstalten, auszusteigen. Aber ich musste in die Basilika! Noch einmal das Gnadenbild sehen. Eine Kerze anzünden.

Denken Sie nicht, ich wäre religiös. Aber Barock ist auch so eine Sache, die es in Kanada nicht gibt. Nicht so wie hier. Eine Jugendgruppe kam fahnenschwenkend den Berg herauf. Sie sangen Taizélieder, so frisch, trotz der Hitze, trotz der Steigung, trotz der sichtbar sonnenverbrannten Gesichter: Misere mihi, Domine. Erbarme dich meiner, Herr.

Das Motorrad konnte ich nicht mehr ausmachen. War alles nur eine Täuschung. Hatte ich mir doch gedacht. Wer glaubte denn an Verfolgungsjagden!

Fiona trabte neben mir her, den Rucksack auf dem Rücken. Wir boxten uns durch die Wallfahrergruppen und betraten die Basilika. Wie angenehm kühl es hier war! Alles golden und weiß, voller Engel, Apostel, Altäre. Blakende Kerzen und Weihrauch.

*

Dann ging es den Bach runter. Eigentlich zuerst den Berg. Wir fuhren nach Süden. Ich wollte ins Trubachtal 22. Mein Lieblingstal. Alles Malerische der Fränkischen Schweiz ist hier in Potenz zu finden. Skurrile Felsenfiguren. Die sprudelnde Trubach. Kleegrüne Wiesen. Romantisch. Wild. Idyllisch. Es war einfach eine Laune des Schicksals, dass Fiona den Nacho, genauer DEN Nacho, hier im Trubachtal aß.

Sie nahm die Tüte, angelte den Nacho raus und steckte ihn in den Mund. In dem Moment schoss ein Radfahrer aus einem Feldweg kommend auf die Straße. Ich stieg in die Eisen. Die Reifen blockierten. Der Kerl machte einen Schlenker.

»Idiot!«, brüllte ich und schüttelte die Faust. Der Schweiß rann mir in die Augen. Es war nichts passiert. Gar nichts. Wir standen. Hatten eine schicke Bremsspur hingelegt. Alles war okay.

Dachte ich.

Bis ich die erstickten Geräusche neben mir hörte.

Fiona lief blau an. Es ging ganz schnell. Ich sprang aus dem Wagen und versuchte, sie vom Beifahrersitz zu zerren. Griff unter ihre Arme. Sie gab keinen Laut mehr von sich. Der Nacho steckte in ihrem Hals fest. Erst bekam ich den Gurt nicht auf, dann – endlich! – hielt ich sie im Arm, sie war leicht wie ein Frosch, ich presste meine Hände auf ihren Magen und drückte zu, rhythmisch, immer wieder, aber da kam nichts raus aus ihrer Kehle.

Ich legte sie ins Gras. Rannte an die Straße. Hielt einen Wagen an.

»Haben Sie ein Handy? Ich brauche eine Ambulanz! Schnell!«

Hätte ich mein Handy nicht längst abgemeldet, vielleicht wäre der Notarzt noch rechtzeitig gekommen. Dann hätte ich nicht erst einen anderen Handybesitzer, der eigentlich keine Lust auf eine Unterbrechung hatte, überzeugen müssen, mir zu helfen.

Als der Krankenwagen kam, war Fiona tot.

Ich erklärte alles hundertmal. Absolut alles. Von meiner Abschiedstour. Wie ich Fiona auf dem Walberla aufgelesen hatte. Dass ich weiter nach Obertrubach wollte, um über Gräfenberg zurückzufahren, wo Fiona unbedingt in der Klosterbrauerei Weißenohe 23 ein ordentliches Altfränkisches Klosterbier hätte trinken sollen. Wenn ich die Augen schloss, sah ich die Schwalben flattern. Alle Jahre wieder bauen sie ihre Nester in dem Torbogen, der in den Klosterhof führte. Der Polizist, der meine Aussage aufnahm, verhielt sich freundlich und verständnisvoll. Er saß mit mir im Gras. Um uns schwirrten Bienen. Er machte sich Notizen. Die Seiten seines Schreibblocks waren vom Schweiß gewellt. Ich sagte ihm wirklich alles. Nur von dem Motorradfahrer sagte ich nichts.

Als der Leichenwagen weg war, die Polizei auch und die letzten Schaulustigen ebenfalls, ging ich zu meinem Wagen zurück.

Fionas Rucksack war weg.

Ich konnte mich nicht erinnern, dass die Polizei ihn mitgenommen hatte. Wahrscheinlich hatte ich es aber nur nicht gemerkt.

Ich stieg ein und ließ den Motor an. Ein Motorrad überholte mich in vollem Speed. Geritten von einem Typen in weißer Ledermontur. Mit Fionas Rucksack auf dem Rücken. Er trug den Helm unter dem Arm. Feuerrotes Haar flatterte im Wind.

Ich fuhr nach Forchheim, ließ das Auto stehen und ging in den Kellerwald hinauf. Ließ mich einfach von den Zehntausenden mittragen, die das Annafest 24 im kühlen Schatten von Buchen und Eichen genießen wollten. Ich musste was essen. Was trinken.

Fiona war an einem Nacho erstickt. So was konnte es nicht geben. Das passierte allenfalls alle zehn Jahre, und dann immer auf einem anderen Kontinent. Ich beschloss, im Internet zu recherchieren, ob es Berichte über Todesfälle durch Nachogenuss gab. Sie musste das Dreieck einfach so verschluckt haben. Unzerkaut. Weil ich gebremst hatte. Und dann war sie daran erstickt. Die Banalität des dummen Zufalls.

Ich hockte mich auf die nächstbeste Bierbank. Blieb sitzen, bis die Dunkelheit herabfiel und Tausende von bunten Lämpchen den Kellerwald in ein kitschig-romantisches Tivoli verwandelten. Ich trank ein Bier nach dem anderen und verbrüderte mich mit zahllosen Fremden. Vielleicht auch mit einem Mann in weißer Lederkluft. Ich kann mich nicht erinnern.

*

Ich würde das Rätsel um Fionas Rucksack nie lösen. Was so Geheimnisvolles dringewesen war, dass der Typ uns verfolgt hatte. Wahrscheinlich ging es nicht mal um Fiona, sondern um den Rucksack.

Mag sein, dass er versucht hatte, uns den Rucksack irgendwie abzujagen. So hatte er ihn dann unvermutet bekommen, unter den Augen der Polizei, ohne allzu viel eigenen Einsatz. Wahrscheinlich hatte er sich einfach unter die Gaffer gemischt und auf einen geeigneten Moment gewartet. Fiona war gestorben. Wäre der Kerl in der weißen Lederkluft auch vor einem Mord nicht zurückgeschreckt? Wer konnte das wissen.

Als ich drei Tage später am Frankfurter Flughafen mit meinem Handgepäck und der Bordkarte in der Hand zu meinem Gate ging, sah ich einen buschfeuerroten Haarschopf in einem Zeitschriftenladen. Der dazugehörige Typ kaufte ein Motorsportmagazin. Ich ging auch in den Laden. Kaufte meine letzte deutsche Zeitung für lange Zeit. Die Frankfurter Allgemeine. Es lag nahe.

Er sah mich an.

Ich sah ihn an.

Er strich sich eine rote Strähne hinters Ohr.

»Sie sind es, oder?«, fragte ich.

»Have a nice flight«, antwortete er.

Er hatte den Rucksack bekommen und keinen Ärger. Die Polizei hatte nicht nach Fionas Rucksack gefragt. Ich hatte keine Ahnung, was da überhaupt drin war, und warum das so wichtig war. Und Fiona war tot. Hätte ich an der Tanke die Guacamole bekommen, dann hätte sie den Nacho vielleicht damit bestrichen und er wäre nicht so trocken gewesen. Dann wäre sie nicht daran erstickt.

Ich war die Erste am Gate und stieg als Erste ins Flugzeug. Die Air Transat Flugbegleiterinnen knipsten ihr Lächeln an.

Es war kein Mord. Nur ein Glücksfall für den Lederkluftheini.

Wer mordete schon in Franken.

FREIZEITTIPPS:

13 Pfalz und Pfalzmuseum, Forchheim; an der Stelle des heutigen Forchheim wurde bereits im 8. Jahrhundert eine Siedlung gegründet. Forchheim als Ort des Fernhandels besaß für den ersten fränkischen Kaiser große Bedeutung, die Kaiserpfalz stellte einen beliebten Aufenthaltsort für die Könige und Kaiser des Deutschen Reiches dar. Der heute als ›Pfalz‹ betitelte Gebäudekomplex ist allerdings ein bischöfliches Schloss, erbaut im 14. Jahrhundert.

14 Stadtpfarrkirche St. Martin, Forchheim; ihre Wurzeln liegen im 9. Jahrhundert. Die Kirche wurde mehrmals umgestaltet. Interessant heute v.a. der Apostelaltar von Leonhard Gollwitzer aus dem 18. Jahrhundert.

15 Walberla; 514 m hoher Berg mit kahlem Hochplateau, seit knapp 30 Jahren als Naturschutzgebiet ausgewiesen. Das Walberla war bereits 1000 v. Chr. besiedelt. Sein Name leitet sich von Walpurga ab, der Heiligen, welcher die Bergkapelle geweiht ist. Das Walberlafest findet jeweils am ersten Sonntag im Mai statt.

16 Levi-Strauss-Museum, Buttenheim; Geburtshaus von Levi (Löb) Strauss, dem Erfinder der Jeans, der in Amerika mit einem Patent für die Vernietung der blauen Arbeitshose ein Vermögen machte. Das Museum entzückt mit etlichen Detailinformationen zu Strauss' Leben und der Kultklamotte ›Jeans‹.

17 Druidenhain; zwischen Muggendorf und Wohlmannsgesees im Wald gelegene, angebliche keltische Sonnenkultstätte, die aus mehreren Dutzend Felsbrocken besteht. Wissenschaftlich konnte nicht nachgewiesen werden, dass es sich wirklich um einen alten Kultplatz handelt, aber die Stimmung im Wald zwischen den Felsen hat durchaus etwas Mythisches.

18 Burg Rabenstein; im 12. Jahrhundert erbaut, heute Hotel, Restaurant, Biergarten. Führungen werden angeboten.

19 Sophienhöhle; nur zehn Gehminuten von der Burg Rabenstein entfernte Höhle mit fantastischen Tropfsteingebilden. Bisweilen finden in der Höhle Konzerte statt.

20 Gasthof Pulvermühle; 1967 war er auf Einladung von Hans-Werner Richter Treffpunkt der ›Gruppe 47‹. Um die 80 Schriftsteller, Publizisten und Kritiker kamen in die Fränkische Schweiz. Es sollte das letzte Treffen vor der Auflösung des Literaturbündnisses sein. Fotos und ein paar Souvenirs im Gasthof erinnern an die drei Tage während Begegnung.

21 Basilika Gößweinstein; eines der schönsten Barockbauwerke Frankens, geschaffen von Balthasar Neumann. Das Gnadenbild stammt aus dem frühen 16. Jahrhundert.

22 Trubachtal; idyllisches, ca. 25 km langes Tal mit pittoresken Nebentälern, Burgen, Schlössern. Eine beliebte Wandergegend.

23 Klosterbrauerei Weißenohe; älteste Braustätte Oberfrankens, wo seit 1100 gebraut wird.

24 Annafest, Forchheim; traditionsreiches fränkisches Volksfest, das jedes Jahr am 26.7. (dem Tag der Heiligen Anna) beginnt und 11 Tage dauert. Der Kellerwald als Festgelände ist einzigartig.

IM PARADIES IST NICHTS, WIE ES SCHEINT
– FICHTELGEBIRGE –

Ich bin ja nur eine alte Lehrerin.

Ich würde jetzt gern sagen, ich habe geahnt, dass alles anders war. Aber es stimmt nicht. Ich habe nichts geahnt, sondern einfach versucht, mit den Gegebenheiten klarzukommen. Weil es zu traurig ist, wenn man drei Schüler auf einen Schlag verliert. Drei Todesfälle. Da will man einfach nicht mehr weitermachen. Findet nirgendwo mehr Trost. Schon gar nicht, wenn man keine eigenen Kinder hat. Wenn man niemanden hat. Keinen Mann, keine Geschwister. So wie ich.

Ich habe immer für die Schule gelebt. Bis zu jenem Sommer, in dem der Abiturjahrgang um drei reduziert wurde. Sie hatten die Prüfungen mit Bravour gemeistert, vor allem Charly, den die Kollegen für dickfellig hielten. Dem könnte man im Gehen die Hosen flicken, sagten manche. Ich habe in Charly einen anderen gesehen: einen nachdenklichen jungen Mann, der für wichtigere Fragen brannte als für die, welche üblicherweise in der Schule zu beantworten sind.

Wenn drei junge Leute losziehen, ein Mädchen und zwei Jungen, dann ahnt man doch schon, wie alles ausgeht. Das Mädchen entscheidet sich für einen der beiden, und der, der übrig bleibt, hat das Nachsehen. Eva liebte das klare Wort und hatte keine Angst vor Entscheidungen. Ich denke immer noch, sie hat ihre Wahl getroffen auf jener Fahrt durch das Fichtelgebirge, von der keiner der drei mehr zurückkehren sollte.

Sie können mir glauben, die ganzen großen Ferien bin ich in Bayreuth geblieben. Ich hoffte nach wie vor, die Polizei würde noch alles richtigstellen können. Uns informieren, dass nichts so war, wie es schien. Deswegen fuhr ich nicht zwei Wochen an die Nordsee, wie in all den Jahren zuvor. Ich blieb in Bayreuth. Irgendwo tief drin sehnte ich mich danach, jemand würde kommen und sagen, es war alles ein Irrtum. Die drei sind am Leben. Ja, ich träumte sogar, dass sie alle drei vor meiner Tür standen: Eva, Dirk und Charly. Lachend, sonnengebräunt, ausgelassen. Drei Abiturienten. Drei, denen alles offenstand.

Ich wohne nicht weit von der Eremitage [25]. Jeden Morgen sehr früh machte ich einen ausgedehnten Spaziergang durch den Park, um in Ruhe nachdenken zu können. Noch bevor die Touristen kamen, um sich an den Wasserspielen zu erfreuen oder mit Plänen ausgestattet von Grotte zu Grotte und zum Ruinentheater zu stapfen. Sie wollen nur ja keine Laune unserer Markgräfin Wilhelmine verpassen, die lieben Besucher, und machen dabei einen Lärm, dass sich kein Faun mehr aus dem Gebüsch traut. Das hat Eva mal auf einem Schulausflug zu mir gesagt, und ich werde es nie vergessen: »Frau Plein, ich wette, in der Eremitage, da leben noch welche. Faune. Nicht wahr?« Sie hüpfte kichernd zu ihren Freundinnen. Damals war sie in der achten Klasse und trug eine Zahnspange, an der immer ein wenig Lippenstift klebte.

Diese Kinder waren wie meine eigenen Kinder. Mit ihrem Tod konnte ich mich nicht abfinden. Mit einem so dramatischen, blutigen Ende.

Wenn ich Besorgungen machen musste, schlenderte ich in einem weiten Bogen durch die Stadt, durch den Hofgarten am liebsten, wo es schön schattig war. Ich war auf nichts mehr aus als auf Ablenkung. Suchte ständig nach Impulsen, die meine traurigen Gedanken für eine Weile überlagerten. Auf einem meiner Rundgänge im späten August traf ich vor der Villa Wahnfried [26] auf Tine. Evas beste Freundin.

»Hallo, Frau Plein!« Sie kam aus dem Schatten unter den Bäumen hervor, wo das Wagnergrab lag. An diesem Abend sollte zum letzten Mal im Festspielhaus die Götterdämmerung gegeben werden, doch an Richards und Cosimas letzter Ruhestätte zeigte sich kein einziger Wagnerianer. Nur Tine. Ein seltsamer Ort für ein junges Mädchen. Aber dieser Sommer war auch kein normaler Sommer, der Abiturjahrgang keiner wie sonst. Wenn drei aus deinem Jahrgang sterben, beginnt die große Freiheit nach der Schule nicht so, wie sie sollte.

»Hallo, Tine!«

Sie hielt ein Smartphone in der Hand und sah mich mit diesem seltsamen Blick an, bei dem eine erfahrene Lehrerin merkt: Hoppla, jetzt kommt eine echte Katastrophe auf mich zu.

»Haben Sie gewusst, dass Eva getwittert hat?«

Ich hatte keine Ahnung. Weder, was twittern genau bedeutete, noch was Eva dabei gemacht hatte.

»Ich meine, auch während ihrer Fahrt mit Dirk und Charly.«

»Ach so?«

Wir setzten uns auf eine Bank. Sie hielt mir ihr Smartphone unter die Nase und erklärte mir, was Twitter war. Dann zeigte sie mir alle Einträge, die Eva während der Fahrt hinausgezwitschert hatte in die Leere des Internets. Ich las. Mir wurde schwindelig. Meine Augen tränten.

»Tine«, sagte ich, als ich mich wieder gefasst hatte. »Ist dir klar, was das bedeutet?«

Tine sah mich ernst an aus ihren bernsteinbraunen Augen. Sie nickte.

Ich barg mein Gesicht in meinen Händen. Zum 1000sten Mal sah ich die drei vor mir. In ihrem eigenen Blut.

*

Das Mini Cabrio war Dirks Wagen. Seine Eltern hatten es ihm zum Abitur gekauft. Er holte Eva ab, und sie brausten los, zu Charly.

»Servus, Leute!« Charly schleuderte seinen Seesack auf die Rückbank und quetschte sich ächzend daneben. »Mann, Dirk, wie wäre es mit einem Auto, in das auch Leute reinpassen, die keine Pygmäen sind?«

»Mecker nur!«, brummte Dirk gutmütig.

Evas Lachen gluckste. Charly sah es wie eine Sprechblase, die durch das offene Verdeck davontrieb, hinauf in den blauen Himmel, an dem die Sonne gleißte. Ein Versprechen auf eine Zukunft, wie er sie sich wünschte. Er wollte Biologie studieren und in die Forschung gehen. Das würde er schaffen. Seitdem die Abiturprüfungen wirklich gut gelaufen waren, fühlte er keine Zweifel mehr. Selbst die Lehrer würden zugeben müssen, dass er nicht der lahmarschige Trottel war, als den sie ihn oft hinstellten. Alles lag vor ihm, wohlgeordnet und einfach. Leicht und locker.

Aber jetzt war erst einmal Sommer.

Er legte seine Hand auf Evas Schulter. »Hängst du schon wieder am Handy?«

»Sie ist twittersüchtig.« Dirk.

»Quatsch.« Eva zerraufte Dirk das Haar. »Es ist mehr so eine Art Tagebuch.«

Charly sah auf Evas Hand, die in Dirks perfekt zurechtgezirkeltem Haarschnitt Unordnung anrichtete. Dirk trug ein weißes Polohemd und dunkelblaue Stonewashed-Jeans.

Eva war das einzig Ungeklärte dieses Sommers in Charlys Leben.

*

Ich beugte mich über Tines Handy.

»Sie sind zuerst nach Kamerun 27 gefahren?« Ich runzelte die Stirn.

»Ja! Aber nicht nach Afrika, Frau Plein. Waren Sie denn nie in Kamerun?«

»Ich wüsste nicht.«

»Das ist ein Wirtshaus. Die haben da diese ¼-m²-Pizza. Charly konnte sich reinlegen.«

Das passte zu Charly. Ich lächelte. Ein Junge, der in der 5. Klasse eine Kugel war. Der Junge wuchs und wuchs, der Speck wurde nicht weniger. Er verteilte sich nur vorteilhafter. Aus dem Buben war ein Mann von 1,94 m Körpergröße geworden. Charly, ein Ass in Mathe, Physik, Bio, Chemie. In meinen Fächern, Englisch und Geschichte, freundlich interessiert. Das konnte man nicht allen Schülern nachsagen. Es gab etliche, die einem zeigten, dass sie im Unterricht vor Langeweile starben. Charlys Matheabitur war das beste des Jahrgangs. Wovon er nichts mehr hatte. Er hatte es nicht einmal gewusst, als er ... als er starb.

»Der Name geht zurück auf 1884. Das Deutsche Reich hatte ...«

»... endlich eine Kolonie. Kamerun.«

»Genau. Und als dann zwei junge Typen eine Radtour ins Grüne rund um Bayreuth machten, gerieten sie zu einem Forsthaus, tranken eine Erfrischung und sagten sich: Das ist hier ja ein richtiger Urwald. Wie in Kamerun!«

Ich kannte die Geschichte natürlich. Aber ich mochte die Art, wie Tine sie mir erzählte. Wie sie von dem versteckt liegenden Biergarten schwärmte, den nicht jeder gleich fand, obwohl er doch so nah an der A 9 lag. Sie berichtete, dass sie, ein Stadtkind durch und durch, ihre ersten Kaninchen und Schweine unter dem grünen Dach des Biergartens von Kamerun entdeckt hatte.

»Sie waren dort. Eva, Dirk und Charly. Gleich, nachdem sie losgezogen sind. In Dirks Mini. Hier ist Evas Tweet.« Sie hielt mir das Smartphone hin.

Drei junge Menschen, zwei von ihnen regelrecht hingeschlachtet. Der dritte ebenfalls tot. Die Bilder würden mich für immer verfolgen.

*

»Du willst echt wild campen?« Dirk sah Eva entgeistert an.

Mit Mägen voller Pizza und einem Kasten kalten Biers steuerten sie zurück zur B 2. Ein Unimog kam ihnen auf dem schmalen Forstweg entgegen. Dirk machte einen Schlenker, um auszuweichen.

»Klar. Warum nicht?« Eva lachte. »Regeln sind wie Teller. Gemacht, um in Stücke zu zerfallen.«

Charly sah seine Chance gekommen. »Super. Finde ich auch. Leute, wir haben uns lange genug an Regeln gehalten!«

»Das sind keine Regeln, das sind Gesetze, die du brichst, wenn du dein Zelt einfach so auf einer Wiese aufstellst, mein Lieber!« Dirk kniff die Lippen zusammen.

»Hör dir den an!« Charly lachte laut. »Der zukünftige Anwalt spricht.«

»Nicht der Anwalt, der Richter«, verbesserte Eva. Sie tippte in ihr Handy:

Dirk schräg drauf, hat Angst vor Kontrollverlust durch Gesetzesbruch beim Wildcampen.

Charly hatte sich tatsächlich erhofft, sie würden das Zelt irgendwo im Wald aufstellen. Ganz egal wo. Er wollte mal ohne Plan unterwegs sein. Einfach fahren und anhalten, wo es schön war. Das wollte Eva auch. Er merkte es ihr an.

*

Wild campen mochte verboten sein, aber das Fichtelgebirge ist eine weitläufige, unübersichtliche Landschaft, in der undurchdringlicher Wald, zerklüftete Berge und sprudelnde Flüsse bisweilen eine Ahnung davon vermitteln, wie das Leben in echter Wildnis aussehen könnte. Deswegen konnte man durchaus unentdeckt ein paar Tage irgendwo sein Zelt aufschlagen.

»Wo haben sie denn gezeltet, Tine?«

»Keine Ahnung. Eva schreibt nichts dazu. Vielleicht hatten sie auch keine Internetverbindung, wenn sie irgendwo mitten in der Pampa hockten. Am nächsten Morgen sind sie nach Hof weiter. Haben Fotos im Fernwehpark 28 geschossen.«

Sie zeigte mir die Bilder. Mein Herz setzte für ein, zwei Schläge aus. Eva vor einem Wegweiser, von dem Schilder in alle Richtungen abgingen. Lachend deutete sie auf den Schriftzug ›Noch 11.670 Kilometer bis Buenos Aires‹. Charly hatte die Hand an ein gelbes Ortsschild mit dem kuriosen Namen ›Oberanschissing‹ gelegt. Kein Foto von Dirk.

Dirk hatte sich immer schwergetan. Er konnte einfach nicht locker sein. Jux war nichts für ihn. Das fröhliche Geplänkel, das Charly gern ›gepflegten Flachsinn‹ nannte, ließ ihn kalt. Dirk hatte sehr strenge Eltern gehabt. Ich seufzte in mich hinein. Was für eine Verschwendung eines jungen Lebens. Schon von Beginn an. Hätten die Eltern gewusst, wie elend ihr Sohn zu Tode kommen würde – wären sie weniger dogmatisch mit ihm umgegangen? Sicher, dem Jungen hatte es materiell an nichts gefehlt. Doch von Lebensfreude oder Zärtlichkeit war in seiner Familie nie viel zu spüren gewesen. Ich erinnerte mich an seine Mutter, die mit einem harten Zug um den Mund keinen Elternsprechtag verpasste. Dazwischen schob sich das Bild von Dirks blutverschmiertem Haar.

»Albern, oder?«, fragte Tine. »Posieren vor Ortsschildern.«

»Ach, ich weiß nicht.« Weder Eva noch Charly konnten sich Auslandsreisen leisten. Vielleicht war das ihre Art, ihr Fernweh zu leben. Genau das wollte ja der Fernwehpark: die Besucher anregen, über den eigenen Tellerrand hinauszuschauen. Deswegen standen dort schon an die 4000 Schilder, teilweise von Fans des Parks gesponsert. »Gibt es noch mehr Fotos?«

»Vom Theresienstein 29.«

*

Bereits am zweiten Tag ihrer Reise vermisste Charly eine Dusche. Er schwitzte so stark, dass er auch in den Teich im Park gesprungen wäre. Wenn der nicht so gestrotzt hätte vor Entengrütze. Dirk wollte unbedingt zum höchsten Punkt des Parks hinauf, also waren sie hochgekeucht, über die steilen Wege marschiert, dankbar für den Schatten, den die alten Bäume im Theresienstein warfen. Es war heiß wie in der Wüste Gobi. Charly konnte nur den Kopf schütteln: Ganz Franken lästerte über Hof. Angeblich handelte es sich um das bayerische Sibirien. Von wegen! Wobei, wenn er es recht bedachte, stimmte es doch: Sogar in Sibirien konnte es gemein heiß werden im Sommer.

Dirk und Eva liefen die ganze Zeit nebeneinander. Als hätten sie von Natur aus denselben Rhythmus. Seltsam, noch vor wenigen Wochen, bei der Vorbereitung auf die Prüfungen, hatte Charly den Eindruck gehabt, er könnte bei Eva punkten. Wegen Mathe. Er hatte ihr ziemlich viel geholfen. Natürlich hatte er das nicht gemacht, um sich ihre Dankbarkeit zu sichern. Oder vielleicht sogar noch mehr als das. Aber dennoch ...

Eine düstere Wolke legte sich über Charlys Gemüt. Er hasste seinen Körpergeruch. Ob es nur an seinem Schweiß lag, dass Eva ihm gegenüber so zugeknöpft blieb? Bislang machte sie keine Anstalten, sich für einen von ihnen zu entscheiden. Für den verklemmten Dirk mit dem dicken Portemonnaie oder für ihn, den schwitzenden Charly.

»Wie wäre es mit einer Nacht in der Jugendherberge?«, fragte Charly vorsichtig, als sie von ihrer Tour zum Eingang des Parks zurückgekehrt waren und vor dem prächtig verspielten Haus Theresienstein hoch über Hof saßen und ihr Bier tranken. Der Blick über die Höhen des Fichtelgebirges war einmalig. Endlich kam ein kühlender Wind auf. Bratwurstduft wehte zu ihnen herüber. Charly hatte schon zwei Würste gegessen. Trotzdem knurrte ihm noch der Magen.

»Jugendherberge?« Evas Lachen perlte. »Charly wird dekadent, findest du nicht auch, Dirk?«

Charly mochte den koketten Blick nicht, den sie Dirk zuwarf. Dirk, dessen Polo immer noch weiß war wie Schnee.

Der grinste nur. »Charly, der Transpirateur.«

Charly hob den Bierkrug und trank ihn leer. Er musste nicht fahren. Dirk ließ sowieso keinen ans Steuer. Umso besser. Vielleicht würde Charly sich die Kante geben. Das würde definitiv das ganze Schwarz, das seinen Schädel zu füllen begann, auslöschen. Charly, der Transpirateur. Als Kind hatte er immer schwitzige Hände gehabt. Im Sportunterricht hatten die anderen es gehasst, seine Hände anfassen zu müssen. Sie hatten ihren Ekel nicht verborgen. Beim Geräteturnen war er vom Reck gerutscht. Hohngelächter! Dabei war es nicht wegen seines Übergewichts, sondern weil seine Hände nass waren und abglitten, da konnte er sie noch so oft mit Magnesium präparieren.

Der Abendwind trocknete den Schweiß auf Charlys Haut, aber der Gestank steckte in seinem Shirt. Er ging ein zweites Bier holen.

Als er zurück an den Tisch kam, sah er Eva und Dirk entgeistert in eine Richtung schauen.

»Was ist?«

»Pssst!«

»Was denn?«

»Die dealen dort.«

»Die – was?«

»Tabletten!«

»Wo?« Charly drehte sich um die eigene Achse. »Sagt halt!«

Eva zog eine Augenbraue hoch. Das konnte sie perfekt. Charly kannte diesen Blick aus dem Unterricht. Wenn einer in der Klasse haarscharf an der richtigen Antwort auf eine Lehrerfrage vorbeischrammte. Ein klein bisschen höhnisch. Belustigt. Ironisch. Minimal gereizt, weil es jemand gewagt hatte, seine Dummheit zur Schau zu stellen.

Dirk wechselte einen Blick mit ihr. Dann prusteten sie los.

Später twitterte Eva:

Charly fällt mal wieder auf alles rein.

*

Als der Anruf kam, damals, ein paar Tage, nachdem Eva, Dirk und Charly aufgebrochen waren, hieß es, wahrscheinlich seien es Schüler von unserer Schule. Die Polizei hatte Evas Schülerausweis gefunden. Kaum noch leserlich. Man sagte uns Lehrern, es könne den Eltern nicht zugemutet werden, ihre Kinder zu identifizieren. Ob jemand von uns …?

Ich habe es getan. Ich hätte mir nie verziehen, wenn ich gekniffen hätte.

Es war furchtbar. Das Entsetzlichste, was ich je gesehen habe. Ich sehe keine Horrorfilme, selbst harte Krimis sind mir zuwider. Den Anblick der entstellten Körper, die kaum mehr erkennbaren Gesichtszüge werde ich nie mehr aus meinem Gedächtnis tilgen können.

Zwei Jugendliche abgeschlachtet. Anders konnte man es nicht nennen. Einer am Genickbruch gestorben.

Ich sehne mich wirklich nach meiner Pensionierung. Vielleicht gehe ich früher als geplant in den Ruhestand. Nach diesen Minuten in der Rechtsmedizin werde ich kaum noch die Kraft finden, mich im September wieder vor eine Klasse zu stellen.

Tine tippte lustlos auf ihrem Smartphone herum.

»Sie haben sich gestritten«, sagte sie müde.

Ich nickte.

»Ich hatte es erwartet, verstehen Sie?« Tine seufzte. »Ich meine, das ist doch so ein klassisches Motiv. Eifersucht. Eine Dreiecksgeschichte, bei der einer zu kurz kommt. Vielleicht hätte ich früher Evas Tweets suchen sollen. Aber ich konnte es einfach nicht.«

»Das wird jeder verstehen.«

»Müssen wir jetzt zur Polizei gehen?«

»Selbstverständlich.«

»Aber diese Tweets sind noch lange kein Beweis.«

»Nein. Dennoch – ich verstehe zu wenig davon. Wir müssen zur Polizei.«

*

»Die Plein fände es bestimmt cool, wenn sie wüsste, dass wir in Mödlareuth 30 sind!« Eva lachte. Sie trug ein Sommerkleid, das Charly noch nicht kannte. Es war hellblau mit orangefarbenen Blumen drauf und erinnerte ihn an eine Retro-Tapete.

»Was denkst du, wie ist dein Geschichtsabi gelaufen?«, fragte Dirk. Er legte einen Arm um Eva, als sie zur Kasse gingen, um die Eintrittskarten zu kaufen.

Charly ließ den Blick über die Grenzanlagen schweifen. Lange vor seiner Geburt war Deutschland in zwei Staaten geteilt. Berlin ebenfalls. Und sogar dieses winzige Kaff an Bayerns nördlicher Grenze: Mödlareuth. Ein Mödlareuth-West und ein Mödlareuth-Ost. Deswegen mochte Charly Geschichtsunterricht nicht besonders. Er fand es deprimierend, immer wieder die gleichen Storys von Machtgier und Kriegen zu hören. Seit der Antike hatte sich seiner Meinung nach nichts verändert. Es ging immer nur darum, dass die einen auf Kosten der anderen recht behalten wollten, ihre gesellschaftlichen Experimente ohne Rücksicht auf Verluste durchboxten. Hier in Mödlareuth war ein Teil der Mauer stehen geblieben, die diversen Sicherheitsstreifen, wo einmal Selbstschussanlagen, Hunde und schwerbewaffnete Soldaten auf Flüchtlinge lauerten, waren originalgetreu erhalten. Rechts und links der ehemaligen Grenze lagen Bauernhöfe und Häuser, Scheunen und Ställe. Wie hingekleckst auf einem unfertigen Gemälde.

Touristen in bunten Klamotten schlängelten sich durch die Außenanlage des Museums, spähten in die grasbewachsenen Bunker und berührten die weiß gestrichene Betonmauer. Dirk hatte das Cabrio im Osten geparkt; jetzt mussten sie nur den Tannbach überqueren, um auf die Westseite zu kommen. Little Berlin.

Dirk drückte Charly ein Ticket in die Hand.

»Erst die Grenzanlagen, dann das Museum?«

»Klar.« Charly war es eigentlich egal. Er kletterte zwar in den Wachturm hinauf, weil Dirk und Eva es auch taten, aber er fühlte eine eigentümliche Beklommenheit dabei. An diesem Ort war zu viel getan worden, um dem Tod in die Hände zu spielen. Charly sah auf den Westteil des Dorfes hinüber. Der Tannbach war die administrative Grenze zwischen Bayern und Thüringen gewesen, die dann nach dem Ende des Zweiten Weltkrieges zur Grenze zwischen der Bundesrepublik und der DDR werden sollte. Deswegen war das Dorf geteilt worden. Charly staunte, an wie viele Details er sich aus dem Unterricht noch erinnerte. Es hatte bald nach dem Krieg Passierscheine gegeben, die Leute unterhielten sich über den Bach hinweg. Drüberspringen war strengstens verboten, obwohl ein großer Schritt ausgereicht hätte, um die Seite zu wechseln. Unter der unbarmherzigen Beobachtung der Siegermächte wurden Kühe gemolken, Heuballen eingefahren, Schweine geschlachtet.

Dann ging das eines Tages nicht mehr. Die Ostbevölkerung wurde größtenteils weiter ins Hinterland deportiert. Keine Passierscheine mehr, keine Besuche. Manche Ost-Dörfler schlüpften in letzter Sekunde durch das Stallfenster auf die Westseite. Charly fröstelte. Schleunigst kletterte er vom Wachturm herunter.

»Was ist los?«, fragte Eva ein paar Minuten später. Sie knuffte ihn in die Seite.

»Deprimierender Ort.«

»Überhaupt nicht. Er atmet Geschichte.«

»Eine bescheuerte Geschichte.«

»So war es nun mal, Charly.« Eva wies auf die Grenzmauer. »Wusstest du, dass die Mauer ein wenig zurückgesetzt auf DDR-Gebiet stand? Die Grenzsoldaten kamen durch Türen raus und patrouillierten auch außerhalb der Mauer, aber noch auf DDR-Gebiet. Es hat sogar Entführungen gegeben. Von Ex-DDR-Bürgern, die im Westen gegen ihren alten Staat gearbeitet haben.«

»Ich sage ja – deprimierend.« Charly fragte sich, warum ihm nichts Intelligenteres einfiel, wenn Evas Aufmerksamkeit sich schon mal auf ihn richtete und nicht auf Dirk.

Sie lachte, während sie ihr Handy aus der Tasche zog.

Charly melancholisch.

Charly zuckte die Schultern. Er bohrte die Hände tief in die Taschen seiner Flecktarnhosen und folgte dem Grenzpfad bis zum Tannbach, stiefelte über die Brücke nach Mödlareuth-West hinüber.

»Warte, Charly!«

Er drehte sich um. Die beiden anderen schlossen auf. Sie hatten schon ganz schön Sonne abgekriegt. Eva war braun, Dirk rot. Wenigstens hier musste Charly sich nicht sorgen: Er wurde jeden Sommer tiefbraun wie ein Spekulatius-Keks.

Dirk schlug ihm auf die Schulter. »Lass uns ins Museum raufgehen, Kumpel, und den Film über das Leben an der Mauer anschauen!«

Ich bin frei, dachte Charly. Ich werde mich niemals, niemals einsperren lassen!

*

Ich rief den ermittelnden Beamten an. Hauptkommissar Waldschmid. Er war wenig erfreut, von mir zu hören, ausgerechnet heute. Während der Festspiele herrschten in Bayreuth andere Gesetze als sonst. Das gab er mir zu verstehen, aber ich schilderte ihm, was Tine und ich entdeckt hatten.

Wir sollten zu ihm ins Büro kommen. Gleich.

Tine und ich gingen sofort hin.

»Wir haben doch schon über die Gruppendynamik geredet!« Waldschmids Kurzarmhemd war ein Stück aufgeknöpft. Graues Haar quoll hervor. »Drei junge Leute. Zwei erschlagen, einer an einem Genickbruch gestorben. So wie wir die Spuren deuten – und nach dem wahnsinnigen Regen in der Tatnacht war da nicht mehr viel – hat einer das Mädchen und den anderen Jungen umgebracht, ist dann abgehauen, im Schockzustand oder was weiß ich ausgerutscht und hat sich auf der Flucht den Hals gebrochen.«

»Tine hat Evas Tweets gefunden. Die lassen sich auch anders interpretieren.«

Waldschmid setzte eine sehr schmale Lesebrille auf.

»Tweets? Warum haben Sie uns das nicht vorher gesagt, verdammt noch mal?«

Tine räusperte sich. »Ich konnte mich einfach nicht damit befassen. Es war zu schmerzhaft.«

Waldschmid ließ sich Evas Twitternamen geben und ging ins Internet. »Aha, hier ist ja ihre Timeline. Okay. Werden wir analysieren.«

Er wollte uns loswerden. Für ihn war alles klar. Eifersucht ist ein starkes Motiv. Vor allem bei jungen Leuten. Es gab unendlich viele Versionen der tragisch endenden Dreiecksgeschichte.

*

»Du hast eine Cousine, die in der Kommunbräu **31** arbeitet?« Dirk war wie elektrisiert. »In *der* Kommunbräu?«

»Und?«, gab Eva zurück. »Was ist daran so besonders?«
Sie saßen im Auto. Nach dem Museumsbesuch sehnte sich Charly nach Normalität. Er wollte die deutsch-deutsche Teilung, von der er nie etwas mitgekriegt hatte, vergessen. Auch Eva und Dirk schienen die Eindringlichkeit abschütteln zu wollen, die sich ihnen bei ihrem Besuch im ehemals geteilten Dorf aufgedrängt hatte.

Scheiße, dachte Charly. Wir haben gerade Abitur gemacht. Demnächst kriegen wir unsere Zeugnisse. Warum sollen wir uns mit diesem Mist belasten?

»Na, weil du nie von dieser Cousine erzählt hast.« Dirks Polo war nicht mehr so blendend weiß.

»Sie jobbt ja nur im Sommer da. Wir brauchen was zum Aufmuntern, findet ihr nicht? Ehrlich gesagt habe ich von der Hofer Ecke die Nase voll. Da ist es mir auf Dauer zu rau, zu …« Sie suchte nach Worten.

»Ich würde auch gern weg hier«, bemerkte Charly. »Dieses Museum hat meine Stimmung über die Planke gekippt.«

»Ja, ne?« Eva seufzte tief. »Charly hat recht. Kurskorrektur. Nach Süden!«

Charly hörte nicht mehr hin. Ein Lob von Eva. Er würde einen langen Atem brauchen. Aber egal. Er hatte Zeit.

Dirk verfuhr sich, und so brauchten sie mehr als zwei Stunden, bis sie in Kulmbach eintrudelten und über das kopfsteingepflasterte Sträßchen holperten, das zur Kommunbräu führte.

»Komischer Name, Kommunbräu«, murmelte Dirk.

Jetzt war es an Eva, ihn zu belehren.

»Kommunbräuhäuser hat es in unserer Gegend zuhauf gegeben. Bürger, die das Braurecht hatten, konnten dort ihr Bier brauen. So ähnlich, wie in manchen Dörfern noch reihum Brot im Dorfbackhaus gebacken wird.«

»Aha.« Dirk wirkte nicht besonders enthusiastisch. Charly sah, wie fest er das Steuer umklammerte. Seine Fingerknöchel traten weiß hervor. Seine Sturmfrisur saß nicht mehr so tadellos. Dirk ging alle zwei Wochen zum Friseur, um das Haar um die Ohren rum superkurz rasieren zu lassen, während die Strähnen auf dem Scheitel zu einem buschigen Schopf in Form gebracht werden mussten. Charly schnitt sich sein Haar mit einer Küchenschere selbst.

»In Kulmbach ist es eine ziemliche Meisterleistung, eine neue Brauerei zu gründen. Ihr wisst schon: Die große Konkurrenz schläft nicht.« Eva gähnte ausgiebig.

»Es hat was von Asterix. Während die ganze Stadt in der Hand einer Großbrauerei ist, wagen es ein paar ganz Mutige, Widerstand zu leisten«, bestätigte Charly.

Eva drehte sich auf dem Beifahrersitz um und zwinkerte ihm zu.

Der Biergarten war übervoll. Sie setzten sich zu einem Grüppchen dazu. Am Morgen war gebraut worden, in den riesigen Braukesseln mitten in der Wirtsstube. Als Charly auf die Toilette ging, roch er noch das süßlich-würzige Malz.

Er hielt seinen Kopf unter den Wasserhahn, dann zog er sein T-Shirt aus und besprizte seinen Oberkörper. Vielleicht sollte er in den Mühlbach springen. Egal, was irgendwer dazu sagte.

Während er sein Gesicht im Spiegel ansah, fiel ihm auf, wie gern er mit Eva allein hier wäre.

*

An jenem Abend, als ich mit Tine bei Waldschmid gewesen war, kehrte ich niedergeschlagen nach Hause zurück. Der Himmel bezog sich. Wind kam auf. Der Wetterbericht sprach von einem Tiefdruckgebiet, das für mehrere Tage über Franken hängen bleiben und für kühle Temperaturen und Regen sorgen würde.

Es war mir egal. Ich setzte mich vor den Computer, eröffnete ein Twitter-Konto, wie Tine es mir erklärt hatte, und suchte nach Evas Profil. Sobald ich ihre Timeline auf dem Schirm hatte, kopierte ich sämtliche Tweets in ein Textverarbeitungsprogramm und druckte alles aus. Ich las. Las wieder. Verglich. Suchte mir einen Kalender. Trug ein, wann das Trio wo Station gemacht hatte. Dann ging ich erneut ins Netz und klickte den folgenden Tweet an:

Cousine @Saamsaana bester Stimmung. Und das Bier: ein spritziges, hopfiges Helles!!!!

Ich suchte nach @Saamsaana, trug mich als ihre Followerin ein. Fand in ihrem Profil ihren richtigen Namen – Sabina Merzbacher – und eine Handynummer. Rief an.

»Guten Abend. Sind Sie Saamsaana?«

»Wer?«

»Das ist doch Ihr Twittername? Sie sind eine Cousine von Eva?«

»Und wer sind Sie?«

»Nele Plein. Ihre Lehrerin.«

»Verstehe.« Es folgte ein lang gezogener Seufzer. »Sorry, aber ich habe den Twitteraccount nur mal so eingerichtet. Ich war schon ewig nicht mehr drin.«

»Aber Eva hat ganz viel gepostet. Ich bilde mir ein, ihre Einträge auf Twitter werfen einen neuen Blick auf ... also darauf, wie sie zu Tode kamen. Alle drei. Können wir uns treffen?«

»Vormittags habe ich Zeit.«

»Gut. Dann morgen. Wo?«

»Ich wohne in Bayreuth. Im Café Kraftraum?«

»Okay.«

Ich legte auf und versuchte, auf die Nebentöne in Evas Gezwitscher zu lauschen. Merkte kaum, dass draußen der Regen herabrauschte. Meine Nachbarn in der Wohnung über mir stritten. Es interessierte mich alles nicht. Denn irgendwie, ich konnte nicht erklären, weshalb, hatte ich den Eindruck, dass das Schlimme, das, was Eva, Dirk und Charly nicht mehr in den Griff bekommen hatten, an jenem bierseligen Abend begonnen hatte.

*

Sie hatten dann doch in einem billigen Hostel in Kulmbach übernachtet. Dirk hatte ein halbes Dutzend Bier. Charly hatte irgendwann aufgehört, seine Seidla zu zählen. Sie kratzten Geld für ein Taxi zusammen und ließen sich quer durch die Stadt kutschieren.

Am Morgen stand Charly unter der Dusche. Er ließ eiskaltes Wasser auf seine Schultern prasseln. Hielt das Gesicht direkt in den Strahl. Seine Wange war immer noch geschwollen. Vielleicht sollte er Eva fragen, ob sie ihm mit ein bisschen Make-up aushalf, um das Hämatom zu überschminken. Verdammt, er hatte sich noch nie im Suff auf eine Prügelei eingelassen. Sein Gedächtnis gab nicht viel her. Er spürte einen Schlag ins Gesicht, dann kamen schwarze Kacheln auf ihn zu. Oder grüne. Oder rote. Seiner Erinnerung konnte er nicht trauen. Worum war es überhaupt gegangen? Mit einem Mal sah er Dirks wütendes Gesicht über sich. Richtig rot waren seine Wangen. Sonnenbrand? Zorn? Charly stieg aus der Dusche. Das Handtuch roch seltsam, nach Säure. Vermutlich war seinem Geruchssinn auch nicht mehr zu trauen. Wie viel hatte er eigentlich wirklich getrunken?

Dirk lag noch im Bett.

Charly zerrte das letzte saubere T-Shirt aus seinem Seesack. Dirk rührte sich nicht. Charlys Magen knurrte. Er brauchte einen Kaffee und irgendwas zum Beißen. Als er die Türklinke drückte, ging die Tür nicht auf. Nervös suchte er das Zimmer ab. Was war das denn jetzt für ein Spiel? Hatte Dirk sie eingeschlossen und den Schlüssel verschmissen? Charly wurde immer gereizter. Sein Kopf dröhnte. Er hatte schon öfter gesoffen, aber so daneben hatte er sich am nächsten Morgen nie gefühlt.

Endlich fand er den Schlüssel. Er lag unter Dirks Bett. Charly schüttelte den Kopf. Schande, wie hatten sie sich die Kante gegeben! Er schloss auf. Trat in den Gang. Wo schlief eigentlich Eva? Plötzlich gab sein Gedächtnis ein Mosaiksteinchen her. Eva! Er rieb sich die Schläfen. Irgendein Typ hatte Eva angebaggert. Himmelschimmel, hatte er, Charly, deswegen die Fäuste geschwungen? Der ganze gestrige Abend war ein Mischmasch aus Kopfschmerz, schalem Biergeschmack und enorm großen, schwarzen Löchern.

Charly ließ sich in die Innenstadt treiben. Er fand ein Stehcafé, von dem aus er die Plassenburg sehen konnte, und bestellte ein Haferl schwarzen Kaffee und zwei Croissants. Die Verkäuferin sah in scheel an. Er unterdrückte den Impuls, ihr die Zunge rauszustrecken.

Ein baumlanger Macker mit Glatze und Tattoos über den muskulösen Oberarmen stellte sich an den Nebentisch. In der nächsten Sekunde würde er das Espressotässchen mit seiner Pranke zerquetschen.

»Seht zu, dass ihr hier abhaut!«

»Was?« Charly verschluckte sich am Kaffee.

»Schwingt die Hufe. Das nächste Mal drehe ich euch auf links! Dich und den Spacko.«

»Wieso?« Die Frage entschlüpfte Charlys Mund. Einfach so. Das war nicht gerade clever. Der Kerl neben ihm sah Angst einflößend aus. Aber was bedeutete das schon? Solche Schlägertypen gab es wie Sand am Meer.

Innerhalb von Millisekunden hatte der Glatzkopf Charly am Shirt gepackt.

»Hör gut zu. Ihr zieht Leine. Sofort. Ist das klar? Wir halten die Augen offen. Kulmbach ist verbotenes Gebiet. Kapito?«

»Okay.«

Der Macker stieß Charly von sich weg. Er taumelte gegen einen freien Stehtisch und riss ihn um. Sein Widersacher trank lässig seinen Espresso aus und verließ das Café.

Verdammt, dachte Charly. Verdammt, verdammt. Hatte er den blauen Fleck auf der Wange von diesem Arschloch?

Die Verkäuferin kam um die Theke herum.

Charly rappelte sich auf und suchte das Weite.

*

Es regnete nicht mehr. Trotz der Kühle setzte ich mich draußen vor das Café. Wartete. Ein paar Bayreuther gingen ihren Geschäften nach. Wagnerianer und Touristen waren so früh noch nicht unterwegs. Sie schliefen in ihren Hotels die Nachwirkungen der Götterdämmerung weg.

»Guten Morgen. Sind Sie Frau Plein?«

Evas Cousine war eine hoch aufgeschossene junge Frau mit breiten Schultern, pinkfarbenem Haar und zwei baumelnden Silberohrhängern.

»Ja.«

»Ich bin Sabina.«

»Setzen Sie sich.«

Wir schwiegen beide ein paar Minuten. Wie sollte man so ein Gespräch auch beginnen? Es war Sabina, die endlich etwas sagte.

»Ich habe nach Ihrem Anruf gestern noch mal alle Tweets von Eva angeschaut. Ich bin kein Internetfreak. Eva hat mir immer vorgeschwärmt, wie witzig das wäre, auf Twitter mit den Leuten in Kontakt zu sein. Aber ehrlich gesagt, mir gibt das nichts. Deswegen habe ich auch schon seit Wochen nicht mehr reingeschaut. Hätte ich vielleicht mal machen sollen.«

»Sie denken also auch …?« Ich hielt den Atem an.

»Es drängt sich auf. Finden Sie nicht?«

»Ja.«

Wir schwiegen.

»Was ist an dem Abend in der Kommunbräu passiert?«, wagte ich mich schließlich vor.

»Einer der Jungen, so ein großer mit braunen Locken, hat sich geprügelt.«

»Charly.«

»Meinetwegen Charly. Aber nicht bei uns im Biergarten oder in der Gaststube, sondern draußen, auf dem Parkplatz.«

»Charly ist kein aggressiver Typ. Gewesen.«

»Mag ja sein. Aber Evas Freunde haben ganz schön reingeleuchtet. Wir hatten die Bude proppenvoll an dem Abend, als die drei reingeschneit sind. Bestes Sommerwetter. Supergute Stimmung. Das einzig Nervige waren die Mücken. Ich hätte an dem Abend nicht mal arbeiten sollen, der Chef hat mich angerufen, weil sie nicht mehr über die Runden kamen. Verstehen Sie, ich habe die ganze Nacht versucht, mich zu erinnern, was eigentlich los war. Mittlerweile weiß ich nicht mehr, was ich wirklich gesehen und gehört habe, und was mein Kopf einfach nur dazu dichtet. Um die Lücken zu füllen.«

Ich nickte.

»Der dünnere Blonde ...«

»Dirk!«

»... der hat ganz schön zugelangt. Trinken, essen, trinken, noch mehr trinken. Eva hat mir ein Zeichen gegeben.«

»Ein Zeichen?«

»Ich hatte wirklich wenig Zeit, um groß zu interpretieren, was ich sah. Aber mir schien es, als hätte sie nichts dagegen, wenn er sich mit Hilfe von Bier ausknockt. Und wenn ich dabei behilflich bin.«

»Wollte sie mit Charly ...?«

»Habe ich mir heute Nacht auch überlegt. Mag sein. Ich glaube, sie mochte Charly echt gern. Deshalb schien mir die Analyse der Polizei auch so unlogisch. Warum sollte Charly Eva und Dirk umbringen und sich dann zufällig selbst den Hals brechen?«

»Haben Sie nicht mit der Polizei gesprochen?«

»Doch! Aber die behaupten, die Spurenlage sei eindeutig.«

»Ist sie nicht. Es hatte geregnet, vor der Tat, während und nach der Tat. Das viele Wasser hat die Spuren weggewaschen. Ich war erst gestern noch einmal bei dem ermittelnden Beamten. Mit einer Freundin von Eva, die die Tweets entdeckt hat.«

»Fangen die Ermittlungen jetzt wieder von vorn an?«

»Ich hoffe es. Was haben Sie denn der Polizei über den Abend in der Kommunbräu gesagt?«

»Die haben mich nur gefragt, wie es in dem Dreiecksgefüge so gelaufen wäre. So drückten sie sich aus. Ich habe geantwortet, nach meinem Dafürhalten hatte Eva mehr für Charly als für den Blonden übrig. Aber wie soll man so etwas beweisen!« Sabina schüttelte den Kopf. »Gefühle sind aalglatt. Die winden sich einem aus den Händen.«

»Sie haben also nichts über die Prügelei gesagt?«

»Wie gesagt, geprügelt haben sie sich auf dem Parkplatz.

Das war außerhalb meines Blickfeldes. Charly hat sich auch nicht mit Dirk gekloppt, soweit ich das beurteilen kann, sondern mit zwei Kerlen, mit denen sich kein vernünftiger Mensch angelegt hätte. Wenn die richtig zugeschlagen hätten, wäre von Charly nicht mehr viel übrig geblieben! Obwohl er ja nicht gerade ein Hänfling ist.«

»Ich denke, das alles hat sich nicht vor Ihren Augen abgespielt.«

»Die zwei Knaben haben Charly in die Gaststube gezerrt. Haben gesagt: Der Kleine hier hat wohl ein bisschen zu viel Alkohol erwischt. Auf der Wange des sogenannten Kleinen prangte ein schwarzblauer Fleck.«

»Was waren das für Männer?«

»Groß. Tätowiert. Schlägertypen. Denen möchte ich nicht im Dunkeln begegnen. Bei uns haben die jedenfalls nichts getrunken. Die kamen nur rein, um Charly abzulegen. Die Köchin und ich haben den Knaben in den Sozialraum hinter der Küche geschleppt und ihm eine kalte Kompresse auf die Backe gelegt. Ich konnte mich nicht um ihn kümmern. Eva war total aufgelöst. Sie wusste nicht, wo sie die Nacht verbringen sollten, und mit ihren beiden Begleitern war nichts mehr anzufangen. Ich kenne die Besitzer einer kleinen privaten Herberge, dort habe ich angerufen. Sie waren bereit, drei gestrandete Abiturienten mit hohem Alkoholpegel aufzunehmen.«

»War Eva auch betrunken?«

»Nein. Sie hat den ganzen Abend nur Apfelschorle konsumiert.«

*

Eva fuhr den Mini. Dirk lag auf der Rückbank. Er stöhnte herzerweichend, vor allem in den Kurven, und als sie vor dem Dampflokmuseum 32 in Neuenmarkt-Wirsberg hielten, zog er sich sein Shirt über den Kopf und begann zu schnarchen.

»Lass ihn liegen!« Charly lachte in sich hinein. »Manche Leute brauchen eben etwas länger, um ihren Rausch auszuschlafen.«

»Ich finde das nicht witzig, Charly.«

Charly rutschte das Herz in die Hose.

»Was meinst du?«

Eva stieg aus. Vor dem Parkplatz stauten sich die Autos. Das Dampflokmuseum stand hoch im Kurs bei Touristen und einheimischen Eisenbahnfans.

Sie gingen auf das Museum zu. Irgendwo auf dem Gelände stieg grauer Dampf auf. Sie hörten das Stampfen einer Lok. Charly hatte schon immer mal herkommen wollen. Lokomotiven strahlten auf ihn eine enorme Anziehungskraft aus.

Ein paar Familien mit Kindern drängten sich vor der Kasse. Charly legte den Arm um Eva. Sie machte sich los.

»Was da gestern gelaufen ist ...«, fing sie an.

»Glaub mir, Eva! Ich kann mich nicht erinnern!«

»Das sagen doch alle in solchen Situationen, oder?« Ihre Stimme klang sehr kalt.

Charly löste die Karten und schwieg, bis sie endlich im Lokschuppen standen. Interessierte Eva sich überhaupt für die alten Dampfrösser, die man hier bestaunen, erklettern und teilweise sogar aus Bodengruben von unten anschauen konnte? Auf die technischen Daten achtete sie jedenfalls nicht. Sie stieg in den Führerstand einer Lok hinauf und lehnte sich müde an das Seitenfenster. Es war stickig und heiß. Aus dem Freigelände hörte man das Schmauchen und Zischen einer Lok.

»Sollen wir mit dem Museumszug fahren?«, schlug Charly vor.

»Vergiss es.«

»Eva, ich habe wirklich keine Ahnung, was gestern los war. Mein Hirn ist verbrannte Erde.«

»Du musst doch einen Grund gehabt haben, den zwei Typen hinterherzurennen und auf sie einzudreschen. Die hätten dich dermaßen zusammenschlagen können, Charly, du wärst zu Mus geworden!«

»Einer von denen hat dich doch angemacht.«

»Mich? Angemacht? Du träumst wohl! Mich hat keiner angemacht.« Sie presste die Lippen zusammen.

Ein Mann mit zwei Jungs im Alter von acht, neun Jahren im Schlepptau drängte sich in den Führerstand.

»Lass uns gehen.« Charly schob sich an den Neuankömmlingen vorbei und kletterte die Stiege hinunter. An der grau angestrichenen Lok blieb er stehen. »Wusstest du, dass zu Zeiten der Schwarz-Weiß-Fotografie die Lok mit einem grauen Anstrich versehen wurde, damit man auf der Aufnahme die Details besser sieht? Nach dem Shooting haben sie dann das Make-up wieder abgewaschen.«

»Lenk jetzt nicht ab. Diese Typen waren ziemlich finster, wenn du mich fragst.«

Charly dachte an den Tätowierten heute Morgen im Stehcafé. Er hörte seine Stimme, den drohenden, dabei extrem ruhigen Ton: ›Das nächste Mal drehe ich euch auf links! Dich und den Spacko.‹

Den Spacko?

Eva packte ihn am Arm. »Ich brauche keinen Freund, der sich meinetwegen mit Dunkelmännern kloppt. Mensch, Charly, die beiden haben nicht mal im Biergarten gesessen. Die haben hinter der Brauerei nur geparkt.«

Geparkt. Charly sah plötzlich einen offenen Kofferraum vor sich. Mit Kartons. Lauter kleinen, handlichen Kartons. Quadratisch wie Kacheln.

»Aber wer waren die dann?«

»Woher soll ich das denn wissen? Glaubst du, das interessiert mich?«

»Die hatten was im Auto, Eva. Ich glaube, die wollten nicht, dass ich die Kartons sehe.«

»Und du hattest was im Auge.« Ihr Ton war verächtlich.

Charly presste die Hände an die Schläfen. Sie gingen ins Freigelände hinaus. Ein Pulk von Besuchern eilte lachend und rufend an ihnen vorbei. Ein Mann in einer Nostalgieuniform fragte: »Wollen Sie auch noch mit? Museumsbahn? Besondere Gelegenheit!«

»Danke, nein«, antwortete Charly.

Das Stampfen und Brausen der Dampflok wurde lauter, der Qualm zog über das gesamte Museumsgelände.

Die Kartons gingen Charly nicht mehr aus dem Kopf. Er lehnte sich an die Wand. Eva schoss ein Foto von ihm. Sie zeigte es ihm, grinsend. »Weißt du, was hier steht? ›Zur Förderung der öffentlichen Gesundheitspflege wird dringend ersucht, nicht in den Wagen zu spucken.‹«

Charly fuhr herum. Das Schild musste von anno Tunichtgut stammen. Er lachte.

»Sauer?«, fragte er.

»Mhm.« Sie beugte sich vor und küsste ihn. Auf den Mund.

*

Wir bezahlten und verließen das Café. Sabina hakte sich bei mir ein. Das war etwas Ungewohntes für mich. Bei mir hakte sich nie jemand ein. Ich war im Grunde ein einsamer

Mensch. Wobei ich das bis zu dem Mord nicht so empfunden hatte. Denn ich hatte ja meine Schüler. Wer tagtäglich in einer Schule umtost wird von Halbstarken, Kleinen und Großen, von Gebrüll, Geschrei, Geheul und Gelächter, der braucht seine stillen Stunden wie die Luft zum Atmen.

Doch seit dem Termin in der Gerichtsmedizin war mein Leben in einen anderen Modus geglitten. Was mir früher leicht gefallen war, erschien mir jetzt unüberwindlich. Was mir Freude bereitet hatte, ließ mich gleichgültig. Die Sonne brach durch die Wolken. Touristen in bunten Allwetterjacken schlugen ihre Stadtpläne auf.

»Frau Plein, haben Sie mal daran gedacht, dass nicht nur wir diese Tweets lesen, nicht nur die Polizei, sondern eben auch die Typen, die Charly niedergeschlagen haben?«

»Wie sollten diese Menschen Evas Tweets finden?«

»Es gibt Mittel und Wege. Nehmen wir mal an, sie haben gesehen, wie Eva mit ihrem Handy beschäftigt war. Vielleicht sogar, wie sie tweetete. Mussten sie nicht unbedingt herausfinden, was da los war?«

Ich dachte an Evas Eintrag: *Charly hat Angst vor Kartons in fremden Autos.*

»Was hat Eva nur daran gefunden, all diese privaten Bemerkungen öffentlich zu machen?« Es war eigentlich keine Frage an Sabina. Ich stellte sie mir selbst.

»Da ist sie ja nicht die Einzige. Eva war ziemlich viel allein, Frau Plein. Ihre Mutter, meine Tante, ist alleinerziehend. Ihren Vater kannte sie kaum. Hatte keine Geschwister. Eva wirkte nach außen immer fröhlich und offen, aber sie war auch oft deprimiert und traurig. Vielleicht akzeptieren Sie das nicht als Begründung für ihr Verhalten im Netz, doch ich denke schon, dass ihr die virtuellen Kontakte ein gewisser Ersatz für Gemeinschaft im wirklichen Leben waren.«

Ich kannte Evas Mutter gut. Sie kam manchmal in die Sprechstunde. Einmal, zweimal im Jahr. Nur um zu hören, wie es lief mit ihrer Tochter. Ich hatte einen außerordentlich positiven Eindruck von der Familie. Auch wenn sie nur aus zwei Personen bestand, was hieß das schon? Inzwischen verhielt es sich bei der Mehrzahl der Schüler nicht mehr anders.

Wir blieben vor einer Buchhandlung stehen. Ich starrte in das Schaufenster. Wagner, Wagner und Wagner.

»Wenn nun diese Leute Evas Tweets gelesen haben, dann wussten sie immer, wo die Clique sich aufhielt.«

»Sie kannten ihre Pläne. Mussten sich also keine große Mühe geben, dem Grüppchen an den Fersen zu bleiben.«

*

Dirk war höllisch verkatert. Er wollte ans Steuer, aber Eva ließ nicht mit sich reden. Sie fuhr selbst nach Selb.

»Porzellanmuseum?«, brummte Charly. »Machen wir heute verschärft auf Kultur?«

»Ich habe eine Schwäche dafür.«

»Du? Für Porzellan?«

»Was dagegen?«

»Nein, ich bin nur überrascht.«

»Sie hat lauter kitschige Porzellannippes zu Hause«, meldete sich Dirk zu Wort.

Charly hatte schon vergessen, dass er überhaupt da war. Sein Schädel brummte wieder. Wenn er sich nur anständig an gestern Abend erinnern könnte. Hatte er sich wirklich mit dem tätowierten Muskelmann angelegt? Das würde er nie tun. Charly verpulverte seine Kräfte nicht unüberlegt. Und gegen den Knaben mit der Glatze hatte er nicht den Hauch einer Chance, das hätte er selbst in volltrunkenem Zustand erkannt.

Die Fahrt nach Selb zog sich in die Länge. Schon wurde es Nachmittag. Es begann leicht zu nieseln. Sie hielten und schlossen das Verdeck. Charly spürte Dirks Blicke in seinem Rücken. Es war ihm unangenehm, ihn hinter sich sitzen zu wissen. Vor dem Fenster flogen dunkelgrüne Wälder vorbei und Höhenzüge, auf denen graue Wolken hockten.

Stammte das Veilchen von Dirk? Hatte Dirk ihn geschlagen? Wenn Charly die Augen schloss, sah er sein blondes Haar über sich, den sonst so akkurat frisierten Schopf aufgelöst, das Gesicht zornrot.

Was war in den Kartons gewesen?

Eva und Dirk plauderten angeregt. Dirk hatte sich abgeschnallt und war auf der Rückbank weit nach vorn gerutscht. Er palaverte, war wieder ganz der Alte, beglückte die Umwelt mit seinem berauschenden Wissen.

»Wegen der Kaolinvorkommen in Nordbayern konnte sich gerade im Fichtelgebirge die Porzellanindustrie entwickeln.«

»Liest du das aus dem Lonely Planet vor?« Charly schwoll der Kamm.

»Blödsinn. Haben wir alles mal gelernt.«

Charly schwieg. Er konnte auf weiteren Zoff gut verzichten.

Schwarze Kacheln. Rote Kacheln. Dirks wütendes Gesicht. Eine Faust auf seiner Wange.

Wenn der Tätowierte zugeschlagen hätte, du lieber Himmel, dann säße er jetzt nicht mehr in diesem Auto. Garantiert.

Der hätte seinen Schädel in Klump gehauen.

*

Hauptkommissar Waldschmid hatte Sabina vor seinen PC gesetzt. Es dauerte eine knappe Stunde, dann hatte sie die beiden Männer identifiziert, mit denen Charly an jenem Abend in Kulmbach Schwierigkeiten bekommen hatte.

»Hm«, machte Waldschmid. »Die Burschen sind keine Unbekannten. Beide vorbestraft. Körperverletzung, Raub, Drogengeschichten.« Er fingerte an seiner Lesebrille herum. »Hatten Ihre Schüler mit Drogen zu tun?«

»Nein«, sagte ich mit aller Bestimmtheit. »Dafür lege ich beide Hände ins Feuer.«

»Ziehen Sie sich mal keine Brandblasen zu. Crystal Meth oder Ecstasy, die hat fast jeder Jugendliche schon probiert.«

»Unsinn.«

»Bei Eva bin ich mir sicher: Sie hat keine Drogen genommen. Sie trank nicht mal Alkohol«, meldete sich Sabina zu Wort.

»Von den beiden Jungs wissen wir nichts?« Waldschmid machte sich eine Notiz.

»Mir ist nie, wirklich nie irgendwas aufgefallen«, redete ich mich in Rage.

Waldschmid grunzte. Wahrscheinlich unterdrückte er einen Aufschrei angesichts meiner Naivität.

»Welche Drogengeschichten hatten denn die beiden Schläger am Hals?«, wagte ich mich vor.

»Besitz und Handel. Der Glatzkopf hier hat mit Crystal Meth gedealt. In richtig großem Stil, er hat Vertriebsleute auf den Schulhöfen in ganz Bayern.«

Auch auf meinem? Hatte ich die Augen verschlossen? War ich einfach zu wenig von dieser Welt?

»Sein Kompagnon hatte mal eine gut gehende Crystal-Küche, aber aus Mangel an Beweisen konnte man ihm nicht am Zeug flicken.«

»Was werden Sie jetzt tun?«, fragte Sabina.

»Nachfragen, was unsere beiden Freunde in der Mordnacht getrieben haben.«

*

Charly schlich hinter Eva her durch das Porzellanikon 33 . Der Komplex war riesig, bestand aus sechs Gebäuden, wenn Charly richtig gezählt hatte. Sie schleppten sich treppauf und treppab durch die alten Industriehallen, an einer massigen Dampfmaschine vorbei, an Filmen, Schautafeln, Porzellan in allen Stadien der Herstellung. Dirk hatte einen Großteil seiner üblichen Fitness eingebüßt. Er kam mit seinem Kater definitiv schlechter zurecht als Charly.

»Dirk«, sagte Charly, während Eva begeistert einer Vorführung zuschaute; ein Museumsangestellter zeigte, wie aus Rohmasse ein Becher gedreht wurde. »Was ist los?«

»Was soll schon los sein?«

»Was war gestern Abend?«

»Du hast gesoffen wie nicht mehr gescheit.«

»Du aber nicht, oder was!« Charly spürte wieder die Wut, die er seit heute Morgen nur mit Mühe unterdrückte.

»Pass mal auf: Wenn es um Eva geht, dann lass uns wie normale Menschen damit umgehen, klar?«

»Normale Menschen?« Perplex starrte Charly seinen Kumpel an. »Gehe ich wie ein unnormaler Mensch damit um?«

»Findest du das cool, dich mit diesen Dealern anzulegen?«

»Wovon redest du?«

Dirk senkte die Stimme, während der Museumsmann sich dem Gießen einer Zuckerdose zuwandte.

»Meinst du, das imponiert Eva, wenn du den King spielst, dabei aber völlig unterlegen bist?«

»Du hast ja einen Schuss.«

»Vielleicht erinnerst du dich einfach nicht mehr dran.«

Charlys Hände zuckten. Er schob sie schnell in die Hosentaschen. Hatte er tatsächlich angefangen, auf einen von den Vögeln einzuschlagen? Mehr als unwahrscheinlich.

»Einer von denen, ein Glatzkopf, kam kurz in den Biergarten und quatschte drei Takte mit den Leuten am Nebentisch. Okay, er guckte Eva länger als eine halbe Sekunde an. Ist das ein Grund, gleich an die Decke zu gehen?«

»An die Decke zu gehen?«

»Der hätte nur einmal seine Pranke heben müssen – du wärst für immer im Off geblieben, mein Lieber.«

Charly zermarterte seinen Kopf. Da kam nichts. »Ich kann mich absolut an nichts erinnern. Ob du es glaubst oder nicht.« Er tastete mit der Hand vorsichtig über das Hämatom.

»Tut mir leid«, murmelte Dirk.

»Du?« Charly glotzte ihn an. »Du hast mir eine gesemmelt?« Er packte Dirk am Shirt.

»He, lass das!«

Charly ließ los. Seine Augen funkelten. Er würde Dirk jeden einzelnen Knochen brechen. Irgendwann würde sich schon eine Gelegenheit bieten.

»Du warst anders ja nicht mehr zu bändigen. Hast krakeelt und den Beschützer der unschuldigen Eva gespielt.«

»Deswegen hast du mir die Faust ...?« Charly konnte es immer noch nicht fassen. »Hoffentlich hast du dir alle Knöchel verstaucht dabei!« Plötzlich fiel all seine Wut in sich zusammen. Wenn das stimmte, dann hatte er sich nicht nur vor Dirk, sondern auch vor Eva zum Affen gemacht. Was hatte sie heute Vormittag gesagt? Sie bräuchte keinen Freund, der sich ihretwegen prügelte? Wenn er es recht bedachte, klang das sogar ziemlich positiv. Vor allem das Wort ›Freund‹. Es bedeutete, dass *er* in der engeren Wahl war. Und nicht Dirk.

Dirk und sein zorniges Gesicht. Vielleicht war darin mehr Angst als Zorn gestanden …

»Einer von den Tätowierten hat dich beim Rausgehen gestreift. Nicht absichtlich, war halt viel los im Biergarten. Daraufhin bist du hochgegangen wie eine Artilleriegranate und den Typen hinterhergeflitzt. Hast getobt wie Popeye. Immer noch kein Flashback?«

»Warte. Doch. Die hatten Kartons in ihrem Auto.«

»Kartons?«

»Ich glaube schon. Hast du das nicht mitgekriegt?«

Dirk runzelte die Stirn, als löse er eine Gleichung, die ausschließlich aus Unbekannten bestand. »Ich hatte genug damit zu tun, Evas Cousine zu beruhigen. Die finden das nämlich nicht cool, wenn die Gäste sich vermöbeln.«

*

Ich goss mir ein Glas Rotling ein. Seit dem Mord hatte ich nichts mehr getrunken. Allein der Gedanke an Alkohol schien mir abstoßend. Als verweigerte ich mich jedem Genuss, jeder Entspannung.

Der Wein funkelte zartrot im Glas. Drei junge Leben. Für Waldschmid war unser Hinweis nur ein weiterer Arbeitsauftrag gewesen. Für mich bedeutete er Hoffnung, Licht in diese Geschichte zu bringen. Einer meiner Schüler der Mörder von zwei anderen – das durfte nicht sein.

Sabina rief an. Ganz aufgeregt.

»Ich habe Evas Twitterkonto geknackt.«

»Wie …«

»Habe das Passwort erraten. Nneka. Der Name ihrer Lieblingssängerin.«

Noch bevor ich mehr begreifen konnte, fuhr Sabina fort:
»Dadurch konnte ich auch ihre privaten Nachrichten lesen. Sie hatte einen Stalker auf Twitter. Einer, der ihr auf den Fersen war, ihr ständig Nachrichten schrieb und bescheuerte Mails schickte. Ein richtiger Wichser. Sie hat ihn geblockt.«

Ich schwieg.

»Das heißt, er konnte ihr nicht mehr folgen.«

Die Informationen wirbelten durch meinen Kopf.

»Der Witz ist aber, sie hat ihn erst an dem Abend geblockt, bevor sie ins Paradiestal gefahren sind.«

Paradiestal. Was für ein fürchterlicher, verquerer Name für das, was dort geschehen war. Zwei blutige Morde und ein tragischer Unglücksfall, wenn man die offizielle Version heranzog. Ich glaubte immer weniger an sie.

»Ich habe sogar den Klarnamen von dem Wicht. Peter Abel. Aus Hof. Ich habe schon Waldschmid angerufen.«

»Sie glauben, dass dieser Mann die drei umgebracht hat?«

»Er hatte die Gelegenheit, denn er wusste, wo sie hinwollten. Er hatte vor allem ein Motiv: Er war garantiert stinksauer, weil Eva ihn geblockt hatte. Vielleicht ist er den dreien gefolgt, es kam zum Streit ...«

»Vielleicht«, flüsterte ich. Meine Stimme klang ganz trocken, dünn wie raschelndes Laub. »Vielleicht.«

*

»Okay. Versöhnung ist angesagt«, erklärte Eva.

Die Sonne kam wieder heraus. Sie saßen im Zentrum von Selb in einem Café. Der Porzellanbrunnen 34 sprudelte.

Eva trank einen Espresso, Charly aß ein Spaghettieis. Dirk bekämpfte seine Kopfschmerzen mit einem Tonicwater.

»Seid ihr Jungs bereit, das Kriegsbeil zu begraben?«

Charly sah Dirk an. Der erwiderte seinen Blick missmutig.

»Ich würde sagen, das sind wir«, quetschte Charly heraus.

»Na dann!«

Eva wandte sich wieder ihrem Handy zu. »Ziehen wir weiter? Zelten im Paradiestal? Wer hat Lust?«

»Das ist eine ewig weite Strecke, Eva«, murrte Dirk.

»Von Selb aus ist alles weit.« Charly leckte seinen Löffel ab und legte ihn weg. »Ist doch so.«

»Fangt nicht schon wieder an!« Eva drohte mit dem Finger.

Plötzlich mussten sie lachen. Charly, Dirk und Eva. Sie lachten und lachten, bis ihnen die Tränen kamen. Sie schlugen sich ab, legten Geld auf den Tisch, standen auf. Rannten zum Porzellanbrunnen, spritzten sich gegenseitig nass. Eva schoss ein paar Fotos. Charly jagte weiter ins Porzellangässchen. Kickte seine Chucks von den Füßen und fühlte die kühlen Porzellanfliesen an seinen Sohlen. Das Mosaik leuchtete in zarten Pastelltönen. Eine ganze Gasse aus Porzellan! Charly stieß einen langen, ausgelassenen Jubelschrei aus. Es fühlte sich wieder alles ganz leicht an. Genau so, wie es sein sollte.

*

Am nächsten Morgen gab Waldschmid durch, dass auch Peter Abel für die Polizei kein Neuling war. Ebenfalls vorbestraft. Wegen Belästigung. Es hatte etliche Anzeigen gegen ihn gegeben. Alle von Frauen, die sich von ihm belästigt und bedroht fühlten. In den meisten Fällen allerdings hatte er sich aus Mangel an Beweisen aus der Affäre ziehen können.

»Checken wir durch«, sagte Waldschmid.

Ich stand im Nachthemd am Fenster. Es regnete Bindfäden. Der Sommer war zu Ende. Nächste Woche war Lehrerkonferenz. Ich hatte keine Ahnung, wie ich den Fuß in meine Schule setzen sollte, ohne durchzudrehen.

»Was ist mit den Muskelmännern?«

»Den Dealern? Die haben wir noch nicht aufgestöbert. Ist nicht ungewöhnlich. Irgendwann haben wir sie am Haken.«

Ich kann meinen Beruf nicht mehr ausüben, dachte ich. Nicht, wenn die Wahrheit über dieses sinnlose Verbrechen für immer im Dunkel bleibt.

*

Dirk steuerte den Mini auf den Wanderparkplatz bei Treunitz. Massenhaft Autos parkten da, vorwiegend VW-Busse und Jeeps, denen man ansah, dass ihre Besitzer überzeugte Naturfreaks waren. Ein Pärchen schleppte gerade Arme voll Ausrüstung zu seinem Wagen.

»Klettern?«, seufzte Charly. »Vergesst es, okay?«

Eva sprang schon aus dem Wagen. »Wir klettern nicht, wir zelten.«

Eine schier unerträgliche Schwüle lag über dem Wald. Wolken türmten sich zu Angst einflößenden Gebilden. In der Ferne grollte Donner.

»Wollt ihr noch klettern gehen?«, fragte die junge Frau, auf deren Gesicht ein Sonnenbrand leuchtete.

»Wir klettern gar nicht«, erwiderte Eva.

»Ach so. Na, okay. Wer jetzt noch draußen ist, sollte lieber abbrechen. Es gibt bald ein Gewitter.« Damit wandte sie sich ihrem Freund zu, der Seile, Klettergeschirre und Beutel mit Equipment im Wagen verstaute.

»Das Paradiestal 35 ist ein richtiges Klettereldorado.«

Eva schulterte ihren Rucksack, während sie die Wegmarkierungen studierte. »Felsen über Felsen, in den verrücktesten Formationen. Umso besser, wenn die Sportler jetzt alle abbrechen. Dann haben wir unsere Ruhe.«

Charly deutete auf den blauen Kreis auf weißem Grund. »Ist das unser Weg?«

»Genau. Mitten rein ins Paradiestal. Seid ihr soweit?«

Dirk trug das Zelt. Charly taten nach wenigen Schritten die Füße weh. Seine Chucks waren zu einem feuchtheißen Dampfbad geworden. Er biss die Zähne zusammen und folgte Eva und Dirk, die sich wie gewohnt an die Spitze setzten und im Eiltempo über die Wiese liefen. Schon bald kamen die ersten Felsen in Sicht: bizarre Gesteinsgebilde, löchrig, grau, bewachsen. An den ersten Felsen am Taleingang hingen noch die letzten Kletterer. Die meisten waren dabei, sich abzuseilen.

Der Weg führte in sanften Biegungen durch das Tal. Mal am rechten, mal am linken Waldrand. Die Wasserläufe, die sie überqueren mussten, waren fast ausgetrocknet. Mitleidig betrachtete Charly die selbst gebauten Brücken. Mit einem ganz normalen Schritt konnte er über die Bäche steigen, ohne seinen Laufrhythmus zu ändern. Er war ganz dankbar für die Wolken und die Aussicht auf ein bisschen Regen. Wenn sie das Zelt irgendwo im Wald aufschlagen würden, gäbe es keine Probleme. Das Zelt war erste Sahne. Es gehörte ja zu Dirks Ausrüstung. Charly schnaubte. Eva und Dirk waren weit voraus. Das Atmen fiel Charly mit einem Mal schwer. Diese Schwüle!

Vorhin, beim Eisessen, da war alles ganz leicht gewesen. Kein Streit mehr, keine düsteren Verdächtigungen. Aber jetzt lief wieder Dirk mit Eva. Was wollte sie mit einem Freund, der nicht hinterherkam. Charly warf seinen Seesack über die andere Schulter. Eigentlich hatte er genug von ihrer

Landpartie. Das war kein Urlaub für ihn. Zu stressig, zu viel Natur. Er zog sein Handy hervor. No service available.

Wie weit wollten die beiden eigentlich noch laufen? Konnten sie nicht einen der Seitenwege aus dem Tal raus nehmen und schauen, ob sie dort einen lauschigen Platz zum Zelten fanden? Charly blieb an einer Wurzel hängen und stolperte. Der Seesack rutschte von seiner Schulter. Er rappelte sich auf.

Die ganzen Kletterfreaks konnte er gar nicht verstehen. Ob die in ihren Autos auf dem Wanderparkplatz übernachteten? Was war nur so toll daran, von morgens bis abends an einem Felsen zu baumeln? Konnten die nicht einfach auf der Wiese liegen und ein Buch lesen? Oder twittern, so wie Eva? Damit war es allerdings eine Weile vorbei, das Tal, der Wald, die Felsen … Stadtgeschädigte konnten hier ganz in Ruhe wandern gehen.

Donner grollte. Er sah zu, dass er weiterkam. Immerhin mussten sie das Zelt noch aufbauen. Plötzlich legten sich tiefe Schatten über das Tal, und die Felsen schienen näherzutreten, als wollten sie dem Wanderer den Weg versperren. Quatsch! Charly schalt sich einen Fantasten. Eva und Dirk blieben stehen, sahen zu ihm zurück. Dirks zornrotes Gesicht … Charly wischte sich über die Augen. Der Wagen und die vielen Kartons im Kofferraum. Er fuhr ruckartig herum, sah den Weg zurück, den sie gekommen waren. Tatsächlich wurde das Tal immer enger. Die letzten Kletterer hatten das Weite gesucht. Sie waren allein hier. Eva, Dirk und Charly.

*

Ich las zum x-ten Mal Evas letzten Tweet:

Gewitter im Anmarsch, aber im Paradies scheint immer die Sonne.

Ich sah sie vor mir, in einem Sommerkleid, einen Rucksack auf dem Rücken, Lachen im Gesicht. Eva, der nie etwas zu viel war. Ein sonniges Mädchen war sie gewesen, von der fünften Klasse an.

Waldschmid rief an. »Die schweren Jungs haben ein Alibi. Da ist nichts zu rütteln. Die kommen nicht infrage.«

Ich schwieg, fragte dann, was genau für ein Alibi sie hätten. Mein Herz hämmerte so brutal, ich musste reden, sonst hätte ich begonnen, zu hyperventilieren. Ich stand in meinem leeren Wohnzimmer und sah hinaus in den Regen, während Waldschmid geduldig Antwort gab.

»Das ist wasserdicht. Sie waren in einer Disco. Wir haben sogar die Überwachungskameras gecheckt. Die haben die Bude zur Tatzeit nicht verlassen, nicht für eine Sekunde.«

»Was ist mit dem Stalker?«

»Kein Alibi. Aber wir haben keinen Anhaltspunkt gegen ihn. Ein Richter hat uns einen Beschluss unterzeichnet, wir haben sein Haus auf den Kopf gestellt, gehofft, irgendwo Wanderschuhe oder so zu finden, an denen Erde vom Paradiestal klebt. Nichts.«

»Die Sachen kann er längst entsorgt haben«, wandte ich ein. Zeit genug hätte er gehabt.

»Möglich. Aber es passt auch nicht zu seinem Persönlichkeitsprofil.« Er erläuterte mir ziemlich lang, was er meinte. Der Abend fiel über das nasse Grün draußen her. Ich hörte dem Kommissar nicht mehr zu. Bedankte mich höflich und legte auf.

*

Der Regen prasselte auf das Zelt. Evas Taschenlampe streikte. Sie hockten im Dunkeln. Charly hörte die Bäume rauschen. Ab und zu knackte ein Ast. Blitze zuckten.

Sie machten alles falsch.

Bei Gewitter und Sturm im Wald! Dümmer ging es nicht.

»Wir sollten zum Auto!«, sagte Charly.

»Geblubber!« Dirk schnaubte. »Jetzt da raus? In dieses Inferno? Im Zelt sind wir wenigstens trocken.«

Aber es war ein Zweimannzelt, und Charly bekam Atemnot. Vielleicht, weil es zu eng war hier drin, vielleicht wegen des Gewitters. Vielleicht, weil er an den einen Wagen auf dem Wanderparkplatz dachte, der ihm nicht mehr aus dem Kopf ging.

Die sind uns gefolgt, dachte er. Die haben Bedenken, dass ich mir zu viel zusammenreime.

Eva hatte sich zusammengekringelt. Ihre Füße lagen auf Dirks Schoß.

Ich gehöre hier nicht her, dachte Charly. Er hörte Schritte. Schritte im Sturm, im Platzregen, im Gewitter. Blödsinn, tadelte er sich selbst. In dem Lärm hört niemand irgendwelche Schritte. Schon gar nicht auf weichem Waldboden.

Dann knackte ein Zweig. Ganz nah am Zelt.

»Da draußen ist einer!« Charly fuhr hoch.

»Bitte geh raus und sieh nach!«, juxte Dirk. »Bestimmt ein afrikanischer Wirtschaftsflüchtling, der bei uns um Asyl nachsuchen will.«

»Und wenn die Drogen im Auto hatten?« Charly dachte an die kleinen Kartons. »Pillen. Ampullen. Irgendwas.«

»Wer denn?« Eva versuchte, sich in eine bequemere Position zu manövrieren. »Mensch, es wird ganz schön kalt.«

Charly war ganz dankbar um die kühle, feuchte Luft. Endlich schwitzte er mal nicht.

Warum sollten die Typen hinter ihnen herkommen? Er, Charly, hatte seine Lektion in dem Stehcafé in Kulmbach gelernt.

Eine Weile lauschte er seinem Herzen, wie es pochte, kleine Pausen einlegte, stolperte. Ein paar Blitze schossen gleichzeitig vom Himmel. In dem gleißend hellen, violetten Licht sah er die Silhouette eines Menschen jenseits der Zeltwand.

*

Bis zur Lehrerkonferenz verließ ich das Haus nicht. Manchmal telefonierte ich mit Sabina. Sie hatte wenig Zeit. Ich hatte den Eindruck, dass sie wegen einer Männergeschichte im Stress war.

Die Konferenz zog an mir vorbei wie ein Film, für den ich mich nicht interessierte und für den ich nicht mal eine Kinokarte gelöst hatte. Evas, Dirks und Charlys Tod wurde nicht thematisiert. Ich hatte angenommen, der Chef würde ein paar Worte sagen. In der Kaffeepause zog ich ihn beiseite. Ob ihm klar sei, dass es andere Szenarien gäbe. Nicht nur diesen einen, grässlichen Verdacht, dass Charly …

Der Chef winkte ab. Er sei selbst mit Waldschmid in Kontakt gewesen. Es gäbe keine andere Erklärung als diese eine. »Auch wenn es schmerzhaft ist. Besonders für Sie, Frau Plein. Ich weiß, wie nahe gerade diese drei Schüler Ihnen standen.«

Ich nutzte die Chance und sagte ihm, ich würde die Frühpensionierung anstreben. Er nickte nur, lächelte freundlich, nichtssagend, berührte meinen Arm und ging ins Konferenzzimmer zurück.

*

Charly rannte. Er folgte dem Schatten, der längst mit der Finsternis des Waldes verschmolzen war. Plötzlich wurde ihm klar, dass er nicht mehr zum Zelt zurückfinden würde.

Im Licht der immer schneller aufeinanderfolgenden Blitze erreichte er den Waldrand und stürmte in die Mitte des Tales. Er stand bis zu den Knöcheln im Wasser. Was hatte Eva erzählt? Das Paradiestal wäre ein Trockental, das sich bei starkem Regen vollständig mit Wasser füllen konnte.

Charly war völlig durchnässt. Er kam sich vor wie ein Schwamm. Endlich entdeckte er die Abzweigung zu dem kleinen Trampelpfad, dem sie vor Stunden aus dem Tal heraus gefolgt waren. Von Weitem hörte er Dirks Stimme.

»Dieses Arschloch!«, brüllte er. Immer wieder. »Dieses Arschloch!«

Charly setzte sich in Trab.

»Was ist los? Ich bin's, Charly.«

Im nächsten Blitzlicht sah er Trostloses: Das Zelt war zusammengeklappt. Eva kauerte wie ein Häufchen Elend unter einem Baum. Dirk mühte sich im Wind mit dem Zelt ab.

»Du Volldepp!«, schrie Dirk. »Hast du eine Neurose oder was? Springst auf, reißt das Zelt um und türmst.«

»Da war jemand!« Keuchend blieb Charly vor Dirk stehen. »Warte, ich helfe dir.«

»Du Arsch! Nimm die Finger weg!«

»Dirk«, kam es von Eva. Sehr leise, sehr dünn.

Charly wandte sich ihr zu. Hockte sich vor ihr auf den aufgeweichten Waldboden. »Da war jemand. Jemand ist um das Zelt geschlichen. Lasst uns zum Auto gehen. Nass sind wir sowieso.«

»Und das Zelt?«, blaffte Dirk.

»Das können wir ein andermal holen.«

»Das gehört meinem Bruder, du Schnarchsack!«

Charly meinte, ein Lachen zu hören. Irgendwo. Ein gemeines, hässliches Lachen.

»Habt ihr das gehört?«, flüsterte er.

»Nein«, schrie Dirk. »Nein. Ich höre nur Rauschen. Vom Regen.«

»Wir gehen zum Auto, Dirk!« Eva.

»Ja, los!« Mit Entsetzen dachte Charly, wie lang der Weg war. Dass das Tal voller Wasser war.

»Ich nehme das Zelt mit. Entweder ihr wartet so lange oder ihr ...« Dirk beendete seinen Satz nicht. Er fuhr herum. Starrte hinter sich in das Schwarz des Waldes.

»Was ist, Kumpel?« Charly stand auf.

Dirk bückte sich. Er hob einen Stein auf.

»Dirk?« Charly stand nun neben Dirk.

Dirk fuhr herum, der Stein lag in seiner Faust, er reckte den Arm. Charly sah den Stein nur als dunklen Schatten auf sich zurasen. Er hörte Eva in Panik aufschreien, bückte sich. Dirks Schlag ging ins Leere.

Charly rammte seinen Schädel in Dirks Magen. Dirk kippte um.

Er blieb liegen, nur seine Beine zuckten. Charly wand ihm den Stein aus den kalten Fingern. »Du Schweinehund!«, schrie er. »Wenn es wegen Eva ist, dann sag was!«

Dirk richtete sich mühsam auf.

Charly schlug zu.

»Charly!« Eva kreischte, aber Charly hörte sie nicht mehr. Sein Arm tat, was er tun musste. Er drosch auf Dirk ein, bis er sich nicht mehr rührte.

»Charly!« Eva stand neben ihm. Sie klammerte sich an ihn. »Was machst du denn da!«

Charly schüttelte sie ab.

Sie wollte ihn nicht loslassen. Ihre dünnen Finger griffen immer wieder nach seinem Hemd. »Charly!«

Da holte er aus. Das Lachen aus der Tiefe des Waldes hallte in seinem Ohr.

Irgendwann war Eva still. Charly warf den Stein weg und stapfte los. Er musste sich erst mal beruhigen. Irgendeiner von den Typen, die auf dem Wanderparkplatz übernachteten, würde ihm vielleicht helfen. Ihm was Trockenes zum Anziehen anbieten. Dann würde er warten, bis Eva und Dirk morgen endlich so weit waren, dem beknackten Tal den Rücken zuzukehren.

Charly stolperte. Hinter ihm ertönte ein Keuchen. Er fuhr herum. Erwartete Dirk. Einen zornrasenden Dirk mit erhobener Faust. Aber im Dunkeln sah er den Schatten eines großen Mannes.

Der Stoß traf ihn mit solcher Wucht, dass er taumelte. Stürzte. Er sah noch den Blitz, aber den unmittelbar darauf folgenden Donner hörte er nicht mehr.

*

Ich hielt bis zu den Weihnachtsferien durch. Dann brach ich zusammen. Ich wurde krankgeschrieben und in eine Klinik an den Tegernsee geschickt. Da hockten lauter solche Unglücksraben wie ich. Menschen, die zwar ahnten, ihr Alltag wäre besser für sie, die aber genau diesen Alltag nicht mehr ertrugen. Die nicht mal mehr die Kraft hatten, morgens aufzustehen.

Zum Ende des Schuljahres war meine Frühpensionierung durch. Kurz nach den Herbstferien, etwa anderthalb Jahre nach Evas, Dirks und Charlys Tod, rief mich Waldschmid an. Sie hätten den Stalker, Peter Abel, wegen einer anderen Sache mal wieder genauer unter die Lupe genommen. Und dabei Turnschuhe entdeckt. Mit Erde vom Paradiestal.

»Danke, dass Sie mich angerufen haben«, erwiderte ich nur. Und legte auf.

FREIZEITTIPPS:

25 Eremitage, Bayreuth; Landschaftspark etwas außerhalb Bayreuths, den Markgräfin Wilhelmine 1735 von ihrem Mann geschenkt bekam und zu einem Lustgarten mit Wasserspielen und anderen Vergnügungen ausbauen ließ.

26 Villa Wahnfried, Bayreuth; Richard Wagners früheres Wohnhaus am Rand des Bayreuther Hofgartens gelegen. Unweit befindet sich das Grab von Richard und Cosima Wagner. Derzeit ist das Haus, in dem sich das Wagner-Museum befindet, wegen Sanierungsarbeiten geschlossen.

27 Kamerun; nahe Wolfsbach unweit der A 9 lauschig im Wald gelegenes Wirtshaus. Auch Cosima Wagner soll dort schon zu Gast gewesen sein.

28 Fernwehpark *Signs of Fame*, Hof; Holzpfähle, dicht bestückt mit Ortsschildern aus aller Welt. Am 9.11.1999, 10 Jahre nach dem Fall der Mauer, als Symbol für Freiheit und Toleranz errichtet. Prominente aus aller Welt unterstützen die Idee des Fernwehparks durch das Stiften von ›Friedensschildern‹.

29 Theresienstein, Hof; Bürgerpark, 2003 zum schönsten deutschen Park gekürt. Sein Name geht auf Königin Therese von Bayern zurück, die 1836 zu Besuch kam. Sehenswert ist auch der dazugehörige Botanische Garten.

30 Mödlareuth; Dorf an der bayerisch-thüringischen Grenze, dessen Ostteil 41 Jahre lang zur DDR gehörte, während der westliche Teil in der Bundesrepublik lag. Der Grenzzaun wurde 1966 durch eine Mauer und Grenzanlagen nach Berliner Vorbild ersetzt. Diese sind heute Teil des deutsch-deutschen Museums.

31 Kommunbräu, Kulmbach; 1992 gegründete Genossenschaftsbrauerei mit deftiger, fränkischer Küche und etlichen Biersorten, z.B. dem süffigen Bier des Monats Dezember namens ›Delirium‹, das 7,4% Alkohol enthält. Brauereiführungen sind auf Anfrage möglich.

32 Deutsches Dampflokomotivmuseum, Neuenmarkt-Wirsberg; gut 30 alte Loks sowie alte und aktuelle Eisenbahntechnik sind zu sehen. Die Museumsbahn fährt an einigen Tagen im Jahr von Neuenmarkt nach Kulmbach.

33 Porzellanikon, Selb; die ehemalige Porzellanfabrik wurde 1969 stillgelegt und ist heute ein eindrucksvolles Industriemuseum, das die technische Seite der Porzellanherstellung zeigt.

34 Porzellanbrunnen und Porzellangässchen, Selb; das Städtchen gilt als Porzellankapitale. In der Umgebung gibt es außerdem Porzellanflohmärkte, -werkverkäufe und -ateliers, wo man beim Gießen, Modellieren und Bemalen zuschauen kann.

35 Paradiestal; Trockental mit bizarren Felsformationen, zwischen Bamberg und Bayreuth gelegen. Beliebte Wander- und Klettergegend.

SERAFINA
– BAMBERG –

Ich bin am Ende.

So am Ende, dass nur ein Ausweg bleibt. Und weil ich nicht mal weiß, wo man sich in unserer heiligen Stadt eine Schusswaffe organisieren könnte, greife ich auf das zurück, was, wenn man Glück hat, umsonst zu haben ist. Ein Messer. Ich weiß auch, dass man sich die Pulsadern bitteschön längs aufzuschneiden hat. Sonst dauert es zu lange.

Ich sitze auf den Treppen unterhalb von Schloss Geyerswörth **36**. Der Fluss rauscht und schäumt. Von hier sehe ich das Alte Rathaus **37**. Es steht auf Pfählen, habe ich gelesen. Wird noch lange stehen, wenn es bis jetzt durchgehalten hat. Dabei muss so ein Gebäude ja nur der Witterung standhalten. Den Touristen auch, gut. Aber kein Vergleich zu einem menschlichen Leben. Da musst du dich den inneren Zweifeln entgegenstellen, den Ängsten, musst um die Liebe kämpfen und um einen Job, den du verabscheust, aber du musst es tun, sonst bist du ausrangiert, schläfst unter der Brücke und ernährst dich größtenteils von dem, was andere in die Tonne schmeißen.

Ich habe mein Handy stillgelegt. Meinen PC. Mein Telefon. Ich rede mit niemandem mehr. Sollen die Leute denken, ich wäre weggezogen! Wird ja bald der Fall sein. Sozusagen.

Es ist dunkel, ich kann mich verabschieden. Von meiner Stadt und meinem Leben. Niemand sieht mich hier. Keine früheren Arbeitskollegen, keine Nachbarn, denen ich seit Längerem aus dem Weg gehe. Ich bin ein Einsiedler geworden. Wenn ich mich einmal die Woche am späten Nachmittag aus der Wohnung quäle, um beim Bäcker ein Brot zu erstehen, dann staune ich stets, dass mein Mund sich noch öffnet und Wörter absondert. Ich benutze meine Stimme so selten, und wenn, dann antwortet mir keiner.

Die Stadt ist seltsam ruhig. Die großen Ferien kündigen sich an. Vorhin bin ich über den Domplatz 38 gegangen. In der Alten Hofhaltung laufen gerade die Calderón-Festspiele 39. Meine Ex-Kollegen haben sich bestimmt Karten gesichert. Das war so üblich damals, im Geschäft. Wir gingen immer gemeinsam hin.

Ich habe keinen besonderen Wert darauf gelegt. Aber ich ging mit, wegen der Gemeinschaft.

Später habe ich gemerkt, dass diese sogenannte Gemeinschaft keinen Pfifferling wert ist. Für mich hat sich keiner eingesetzt. Obwohl alles auf einem Irrtum beruhte – auch meine Kündigung.

*

Bamberg ist Barock. Nicht wahr? Ein Gesamtkunstwerk.
So wie ich.
Ich arbeite unter dem Namen Serafina. Habe ihn mit Bedacht gewählt. Meine Kundschaft mag Üppiges. Darauf habe ich mich eingestellt. Ja, und dann kommen Engel ja immer groß raus, in einer katholischen Stadt zumal, dem können sich auch meine Kunden nicht entziehen. Ach, es interessiert Sie, wer meine Kunden sind? Pardon, Diskretion wird bei mir ganz groß geschrieben. Das müssen Sie doch verstehen, in einer Stadt wie Bamberg, einem Erzbistum, da ist jeder Zweite, wenn schon kein Domvikar oder -kapitular, so doch bei der Kirche angestellt. Einer Kirche, die die Reformation und im 30-jährigen Krieg die Schweden überstanden hat. Kein Wunder, dass sie sich stark fühlt.

Wie ich jetzt auf die Kirche komme? Weil … nun, weil sie ja sehr präsent ist. Es gibt Unmengen an Kirchen und Kapellen in unserer Stadt. Sogar einen Papst haben wir, wenn auch einen toten. Clemens II. Das einzige Papstgrab 40 nördlich der Alpen. Meine Lieblingskirche ist Sankt Gangolf 41, ein wenig außerhalb des heiligen Radius' gelegen, in dessen Mitte der Domberg thront. Hinter der Gangolfskirche gibt es ein so hübsches Gärtchen, zurückgesetzt von der Straße, und manchmal, nach viel Parteienverkehr in meinen Geschäftsräumen, ziehe ich mich dorthin zurück.

Dort muss ich mein Handy verloren haben. Ein Smartphone, echt der letzte Schrei. Ich mache alles damit. Ich meine, für die Arbeit. Ich schicke potenziellen Kunden sogar Bilder meiner Werkzeuge, damit sie sich vor dem ersten Besuch bereits aussuchen können, wie ich sie erwarten soll: als Krankenschwester mit Schiffchen und weißen Strapsen unter dem Kittel? Als Kerkermeisterin mit der neunschwänzigen Peitsche? Als Business-Schrappnell im Kostümchen mit Kabeln statt Stricken? Außerdem verwalte ich alle Adressen und Kundeninformationen mit dem Handy. Seit Monaten denke ich darüber nach, ob ich mir nicht eine Sekretärin anstellen soll. Jemanden, der meine Buchhaltung erledigt und die Steuererklärung und das alles. Den ganzen Papierkram. Eine zuverlässige, verschwiegene Person, die für die Bürokratie zuständig ist und keine Gewissensnöte hat, weil ich bin, wer ich bin. Bevor ich meine Monatsabrechnung mache, kette ich doch lieber einen Rechtsanwalt an meine Kerkerwand.

Weil ich Verwaltung sowieso nicht so mag, ist das mit dem verlorenen Handy dreimal blöd. Und stellen Sie sich mal vor, die falsche Person findet das Handy!

*

Am nächsten Morgen schleppe ich mich in die Wunderburg 42. Hier sind wenigstens keine Touristen, und ich will doch Abschied nehmen. Abschied von meinem Leben. Ein bisschen Bargeld habe ich noch. Dafür kaufe ich marinierte Heringe in meinem Lieblingsladen. Weil die Sonne scheint, erweitere ich meinen Spaziergang und wandere durch die Gärtnerstadt, genieße den sanften Wind auf meiner Haut. Vielleicht kriege ich einen Sonnenbrand, aber das spielt keine Rolle mehr, denn in etwas mehr als 24 Stunden werde ich tot sein.

Weil ich ganz in Gedanken bin, lande ich plötzlich in der Königstraße, die ist eng und laut, nach der Stille zwischen den Gärten halte ich das nicht aus. Ich renne quer durch die Autoschlangen, löse Hupkonzerte aus und rette mich in das Gärtchen hinter der Gangolfskirche.

Da sitze ich eine lange Weile. Es ist schattig, niemand kommt vorbei, und ich esse sogar meine Heringe hier. Mit den Fingern, die ich am Ende genüsslich ablecke. Dennoch riechen sie so sehr nach Fisch, dass ich mich bücke und sie am Gras abwische. Und da sehe ich etwas blitzen. Ein Handy.

*

Natürlich könnte ich mich schwarz ärgern, dass ich diese Handy-Wiederfinde-Funktion nicht aktiviert habe, mit der ich übers Internet das Telefon orten könnte. Aber wer denkt denn schon daran, zu verlieren, was wie selbstverständlich in der Hand liegt und sich streicheln lässt, ohne dabei zu sabbern oder zu stöhnen. Obwohl ich das Gärtchen hinter der Kirche x-mal abgesucht habe, kann ich das Telefon nicht finden.

Mir bleibt nur eine Option: Ich rufe mich selbst an. Über einen anständigen Finderlohn kann man reden.

Aber jetzt gerade geht es nicht. Mein nächster Kunde

taucht in einer halben Stunde auf. Ich muss mich fertigmachen. Es ist der, der die neunschwänzige Peitsche bevorzugt. Die Mönche im Mittelalter haben sich damit gegeißelt, vielleicht macht ihn das so high. Er ist mein ältester Kunde. Ich kenne all seine Wünsche aus dem Effeff.

*

Ich stecke das Handy ein und gehe nach Hause. Dort lege ich sämtliche Messer, die infrage kommen, auf den Küchentisch. Es sind im Ganzen drei. Zwei haben eine gezackte Klinge: ein Brotmesser und ein Tomatenmesser. Mit denen will ich mich lieber nicht einlassen. Die Zacken sehen gruselig aus. Ich sehe meine Haut schon in Fetzen von meinen Armen hängen. Ich nehme lieber das Fleischmesser. Es ist ungefähr 25 cm lang und schön scharf. Den Wetzstein habe ich noch nicht verkauft. Ich schärfe also das Messer und lege es dann beiseite.

Fast alle meine Sachen haben via E-Bay einen neuen Besitzer gefunden. Die Stereoanlage, der Plasmafernseher, die Mikrowelle. Sinnlose Statussymbole, das merke ich erst jetzt. Damals erschienen sie wichtig. Ich habe gut verdient. In meinem Job ist das nicht so schwer gewesen. Ich war immer extrem zuverlässig und habe regelmäßig ein paar Cent dingfest gemacht, die irgendwo in einer Bilanz verloren gegangen sind. In Sachen Soll und Haben konnte mir niemand was vormachen. Und das wurde mir dann zum Verhängnis. Wer zu gut ist, muss bluten.

*

Aus der Rolle der Business-Tippse schlüpfe ich in die Verkleidung der Safari-Braut mit Kaki-Hosen, die bis oben hochgekrempelt sind, und einem Tarnfleck-BH. Danach habe ich einen Kunden, der Kammerjäger ist, und für den binde ich mir einen überdimensionalen Rattenschwanz an den Stringtanga. Anschließend brauche ich frische Luft und Entspannung.

Ich schlendere den Leinritt entlang, schaue rüber auf Klein Venedig 43 und denke mir, wow, da müsste man leben. Aber mit meinem Job und meinem Parteienverkehr ... schwer zu machen. Und was hätte ich schon von so einer Terrasse am Wasser, wo ich doch nicht mal schwimmen kann!

Gerade will ich auf mein Handy gucken und schauen, wann mein nächster Kunde dran ist, da fällt mir wieder ein, dass ich kein Handy mehr habe. Allmählich muss ich mir wirklich was einfallen lassen. Ich muss meine eigene Nummer wählen. Also nichts wie nach Hause.

*

Ich habe den Rucksack gepackt. Den letzten. Zwei Dosen Bier. Ich habe früher nie Bier aus Dosen getrunken. Ein Brot mit ein wenig Streichwurst drauf. Nur ganz dünn draufgekratzt. In ein Stück Zeitung gewickelt, eines von den Gratisblättern, die man ab und zu vor die Tür geworfen kriegt. Einen Schreibblock und zwei Stifte. Das Fleischmesser. Und das gefundene Handy. Vielleicht will ich ja noch jemanden anrufen. Dann geht's los. Es ist später Abend. Es dämmert allmählich. Weil Sommer ist, wirkt der Himmel nicht richtig dunkel, es sieht mehr so aus, als ob langsam türkisblaue Tinte mit den rosa Wolken hinter dem Dom verschmilzt. Ich gehe den Treidelpfad 44 entlang. Schön, dass ich ihn noch erleben durfte. Er wurde ja erst vor einem guten Jahr angelegt. Endlich kann man in Bamberg an den Regnitzufern spazieren gehen, und zwar ausgedehnt und eine gute Weile, nicht mehr nur ein paar Meter. Eine Gondel gleitet über den

Fluss. Der Markuslöwe grinst von der Fahne am Heck. Sechs Nonnen sitzen drin und lassen sich durch den Alten Kanal schippern. Sie winken mir zu. Ich winke zurück, denn es ist seit vielen Monaten das erste Mal, dass jemand mir zuwinkt. Nicht der schlechteste Abschied vom Leben. Ich möchte am liebsten rufen, he, in wenigen Stunden bin ich tot. Aber natürlich mache ich das nicht. Man tut so was einfach nicht.

Aus der Pizzeria am Ufer höre ich die Stimmen von Leuten, die trinken, essen, plaudern und lachen. Kerzen flackern auf den Tischen. Im Pizzaofen bullert ein Feuer. In solchen Läden habe ich mich früher mit den Kollegen getroffen. Es kam nicht darauf an, wie viel eine Pizza kostete, ein Sprizz vorher und ein Grappa nachher, geschweige denn der Wein, den man gemeinsam orderte. Man hatte ja ein Portemonnaie dabei, und das war gefüllt, immer, da musste man gar nicht nachdenken. Aus den Lautsprechern klang ›Azzuro‹ von Adriano Celentano, und dann guckte man sich mit in die Länge gezogenen Mundwinkeln an und sagte Sachen wie: »Der ist auch schon lange aus der Mode«, oder irgendwas, um zu signalisieren, dass man Bescheid wusste. Dass man wer war. Einer auf der richtigen Seite. Jemand mit Geld und Plastikkarten im Portemonnaie. Jemand, der den Trend kannte und deshalb ein guter Mensch war. Ein so guter Mensch, dass einem irgendwelche Gaukler aus den Chefetagen die Schwarzen Kassen in die Schuhe schieben konnten.

Die Gondel ist längst weitergeglitten. Die Nonnen winken jetzt anderen Leuten zu.

*

Irgendwie traue ich mich nicht, mein eigenes Handy anzurufen. Was soll ich denn sagen? Sie werden denken, ich bin eine komische Nudel, wo ich doch nur die Nummer wählen müsste, aber Sie werden es nicht glauben: Außerhalb meines Jobs bin ich ein schüchterner Mensch. Ich kann kein Blut sehen, kriege Herzklopfen, wenn ich Leute auf der Straße nach dem Weg fragen muss. Meine Arbeitsuniformen schützen mich vor der Schüchternheit. Aber wenn ich nicht Serafina bin, sondern einfach nur ich, dann bin ich jemand ganz anderes.

Ich schnappe mir eine Flasche Rotwein und ein Glas. Ein bisschen Natur kann nicht schaden. Es ist Sommer, wer weiß, wie lange das Wetter hält. Eine Decke zum Draufsetzen stopfe ich auch noch in den Rucksack.

Raus! Ich will in den Hain **45**. Der riesige Park mit seinem uralten Baumbestand ist mir fast zweite Heimat. Egal zu welcher Jahreszeit, ich liebe es, hier umherzustreifen und Bäume zu umarmen. Das ist wahrscheinlich das Nächste, was Sie an mir seltsam finden werden. Wer umarmt schon Bäume. Ich meine, es ist ja leicht, sich zu outen, wenn eine ganz andere Person diese Geschichte aufschreibt. Und meinen richtigen Namen nicht nennt. Aber halt! Bevor ich losgehe und den Abend genieße, ganz für mich allein, rufe ich jetzt doch noch mein Handy an.

*

Ich erreiche die Buger Spitze **46**. Der Mann vom Tretbootverleih ist schon weg, aber es hocken immer noch zu viele Leute auf den Bänken und im Gras. Macht aber nichts. Der Abend ist schön. Jenseits des Flusses sitzen Leute in einem Biergarten. Man hört Gelächter und manchmal das Aneinanderschlagen von Bierkrügen. Ich setze mich an der dem rechten Regnitzarm zugewandten Seite ins hohe Gras und öffne eine Dose Bier. Es ist sogar noch kühl und schmeckt gar nicht mal so schlecht. Ich nehme ein paar Schluck und blinzle in den Himmel. Er hat jetzt die Farbe von Stahl, durchbrochen von ein paar violetten Schlieren. Eine dünne Mondsichel hängt dort oben. Morgen wird es wieder einen schönen Sommertag geben. Aber ohne mich.

Ich nehme gerade einen weiteren Schluck, als das Handy klingelt.

Ich erstarre. Zuerst denke ich nur, es ist irgendein Handy, von irgendjemandem, der hier an der Buger Spitze sitzt und auf die Nacht wartet, so wie ich. Aber dann kriege ich mit, dass der Klingelton – es sind die ersten Takte von Big Spender – aus meinem Rucksack kommt.

Ich wühle darin herum. Das Messer, die Stifte, der Schreibblock. Dann halte ich das Handy fest und spüre, wie meine Finger zittern.

Ich könnte das Teil einfach in den Fluss werfen. Aus, vorbei. Es wird mir einfach vorausgehen. Obwohl ich eine Menge gute Gründe habe, nicht ranzugehen, wischt mein Daumen dennoch über die grüne Taste. Ein Automatismus aus der Vergangenheit.

»Hallo?«, krächze ich.

»Hi. Hier ist Serafina.« Die rauchige Stimme scheint körperlos aus dem Lautsprecher zu steigen.

»Ich – wer?«

»Serafina. Und wer bist du?« Mir stellen sich die Nackenhaare auf.

»Ich ...« Natürlich werde ich dieser Person nicht meinen Namen sagen. Niemals. »Ich ...«

»Du hast dieses Handy gefunden, nicht wahr?«

»Ja, allerdings.« Nicht dass mir die Person noch einen Diebstahl in die Schuhe schiebt. Die alten Reflexe – Selbstverteidigung. Dabei muss ich mich nicht mehr verteidigen. Das Ende ist nah.

»Ich hätte einen Finderlohn für dich.«

»Ich ... Finderlohn ... also ... das ist doch nicht nötig.« Bescheidenheit. Auch so ein Reflex.

»Sag mir nur, wo ich dich finde.«

Nein. Niemals. Das werde ich nicht. Auf keinen Fall. Ich fröstle.

»Weißt du, ich habe viele Möglichkeiten. Und Erfahrung. Bei mir ist noch niemand unzufrieden weggegangen.«

Die Stimme ist um eine halbe Oktave gesunken. Sie schnurrt wie ein Kater. Ich stelle mir einen peitschenden Schwanz vor. Und gelbe Augen.

»Wir könnten uns an einem neutralen Ort treffen«, schnurrt die Stimme.

»Ich bin an einem neutralen Ort.« Warum habe ich das jetzt gesagt? Ich lege das Handy neben mir ins Gras. Serafinas Stimme spricht weiter zu mir. Ich habe seit Monaten mit niemandem mehr gesprochen.

»Buger Spitze«, sage ich und lege auf.

Jetzt habe ich es eilig. Ich schnappe mir das Messer und setze es auf meinen Arm.

Ritzen! Und dann ins Wasser! Los!

Ich ritze, aber nur ein bisschen. Es kommt kein Blut.

Ich ritze wieder. Ein klein wenig Blut ist zu sehen. Aber nicht genug, um an seinem Verlust zu sterben. Ich stecke das Messer wieder in den Rucksack. Vielleicht könnte ich einfach nur ins Wasser gehen. Mich treiben lassen, den Kanal hinunter, bis ich über die Kante des Wehrs in die Tiefe stürze und dort unten ertrinke. Ich ziehe die Schuhe aus. Das Ufer ist steinig und glitschig. Das Wasser ist verflucht kalt. Ich trinke vielleicht erst das Bier aus, damit meine Reflexe nicht mehr so gut sind. Dann bin ich auch entspannter.

Ich habe die erste Dose gerade geleert, als jemand hinter mir steht.

»Hallo. Ich bin Serafina.«

Sie – sie? – ist groß und rund und trägt Jeans und eine Lederweste über einem weißen Shirt. Das Haar ist buschig und am Hinterkopf zusammengebunden. Ein Piercing blitzt in ihrem Nasenflügel. Sie sieht aus wie eine Frau – aber ihre Stimme ist die eines Mannes.

»Hallo, Namenloser!«

Ich huste, zu einer besseren Begrüßung bin ich nicht imstande.

»Darf ich?« Sie hebt das Handy auf und klickt ein bisschen darauf herum. »Wunderbar. Wenn du wüsstest, wie erleichtert ich bin. Alle meine Kunden sind hier drauf. Fotos, Termine, SMS …« Sie blickt auf meine Bierdose. »Darf ich mich setzen?«

Dann sitzen wir und reden, wir teilen das zweite Bier und dann entkorkt Serafina eine Rotweinflasche. Und während wir trinken und reden und schweigen und in den Himmel gucken, ändern sich meine Absichten.

»Sollen wir schwimmen?«, frage ich. Früher habe ich in solchen Situationen nie derartige Vorschläge gemacht. Ich hatte ja immer ein Portemonnaie mit Plastikkarten dabei und ein Smartphone, und die Sachen konnte ich nicht allein lassen, denn sie wären mir wahrscheinlich geklaut worden. So war mein Leben.

»Ich kann nicht schwimmen.« Serafina krault meinen Nacken.

Da reift in meinem Kopf ein Plan.

Als wir die Flasche ganz ausgetrunken haben, sitzen wir

am Ufer, mit den Füßen im Wasser. Das Wasser leckt an den Zehen und den Knöcheln und fühlt sich schön kühl und weich an. Wir reden nicht mehr, sondern gucken auf den Fluss und in den dunkelblauen Himmel. Dann steht Serafina auf, und ich gebe ihr einen Stoß. Das ist leicht. Viel leichter, als in meinen Arm zu ritzen.

Sie platscht in den Fluss und treibt davon.

Ich nehme mir das Handy und ihren Rucksack, wo ihre Wohnungsschlüssel drin sind und ein bisschen Geld.

*

Drei Monate später habe ich die Informationen auf Serafinas Handy zu Gold gemacht. Die Domina hat mir das Leben gerettet. Ich habe wieder ein Portemonnaie mit Plastikkarten. Außerdem fahre ich einen Jaguar, bin Eigentümer einer sehr schicken Wohnung und habe im Augenblick gerade den Kaufvertrag für eine Villa vor mir liegen. Es ist Herbst geworden, Regenschnüre rinnen über das Fenster. Ich trinke kein Bier mehr, sondern Chardonnay. Einen sehr teuren. Ich habe auch eine neue Stereoanlage; im Moment läuft darauf *Le Sacre du Printemps*.

Ich habe zwei Handys.

Eines davon klingelt, gerade als die letzten Strawinskitakte verklungen sind.

»Hallo?«

Aus dem Rauschen des Universums zwischen den Satelliten und der Welt schnurrt eine Stimme. Sehr rauchig. Sehr männlich.

»Hi. Hier ist Serafina.«

FREIZEITTIPPS:

36 Schloss Geyerswörth; Stadtschloss unweit des mitten in der Regnitz errichteten Alten Rathauses. Das Türmchen kann bestiegen werden (Schlüssel ist bei der Tourist-Info um die Ecke erhältlich). Von oben hat man einen wunderbaren Blick auf die Altstadt.

37 Altes Rathaus; malerisch mitten in der Regnitz gelegen, symbolisiert es die Grenze zwischen Bischofs- und Bürgerstadt. Die Fassade wurde im 18. Jh. im Stil der Illusionsmalerei verziert. Das Alte Rathaus beherbergt eine der größten europäischen Porzellansammlungen.

38 Domplatz; besichtigenswert sind außer dem Dom und der Alten Hofhaltung die Neue Residenz, errichtet unter Fürstbischof Lothar Franz von Schönborn. Dahinter verbirgt sich der Rosengarten mit rund 4.000 Rosenbüschen.

39 Calderón-Festpiele; jährlich im Juli vom E.T.A.-Hoffmann-Theater der Stadt Bamberg gestaltete Festspiele. Sie finden unter freiem Himmel im Innenhof der Alten Hofhaltung (den ehemaligen Wohn- und Wirtschaftsgebäuden der bischöflichen Hofhaltung) gleich hinter dem Dom statt.

40 Papstgrab von Clemens II; der Deutsche, der 1046 bis 1047 auf dem Papstthron saß, wurde im Westchor des Bamberger Domes bestattet. Es handelt sich um das einzige erhaltene Papstgrab nördlich der Alpen.

41 Sankt Gangolf; katholische Pfarrkirche im Gärtnerviertel Bambergs. In seiner Grundsubstanz ältester erhaltener Sakralbau der Stadt.

42 Wunderburg; Stadtteil im Südosten Bambergs, der sich sein dörfliches Flair weitgehend erhalten hat und bislang so gut wie touristenfrei ist.

43 Klein Venedig; eine Reihe ehemaliger Fischerhäuser aus dem 17. Jh. Sie stehen am rechten Ufer des linken Regnitzarms. Der Blick von der Unteren Rathausbrücke oder vom gegenüberliegenden Ufer auf dieses bunte Ensemble ist v.a. bei Fotografen sehr beliebt.

44 Treidelpfad; aus Anlass der bayerischen Landesgartenschau im Jahr 2012 wieder hergerichteter ehemaliger Treidelweg entlang des linken Regnitzarms. Ein romantischer Spazierweg, von dem aus man viele schöne Blicke auf Bamberger Sehenswürdigkeiten erhascht.

45 Hain; einer der ältesten Bürgerparks Bayerns. Er liegt im Süden der Stadt zwischen dem linken und dem rechten Regnitzarm.

46 Buger Spitze; Landzunge an der Südspitze des Hains, wo die Regnitz sich in einen linken und rechten Arm teilt. Romantischer Ort für Spaziergänge und Bootsfahrten.

BLUNA FÜR LUDO
- IN UND UM WÜRZBURG -

Er hatte Mai und Juni immer für die besten Monate des Jahres gehalten. Und Würzburg für die schönste Stadt Deutschlands. Ein barockes Juwel, das jemand wie er, der aus Norddeutschland kam, für eine italienische Exklave hielt. Oder die nördlichste Stadt Italiens. Verkopfte Protestanten pflegten Scherze zu machen über all die Engel, Apostel und Heiligen, die durch Würzburg schwebten, auf Giebeln und Kirchen balancierten, so herrlich leicht und fein und tänzerisch, manche in Weiß und Gold gekleidet, manche in majestätischem Stein. Andere kehrten den Zyniker heraus im Anblick von so viel Gloria Dei. Doch Helge mochte es. Er hatte es immer gemocht. Obwohl er die einschlägigen Fotos von den Zerstörungen des Zweiten Weltkrieges unzählige Male angesehen hatte, konnte er sich kaum vorstellen, dass 90 Prozent dessen, was einmal Würzburg gewesen war, in der Nacht des 16. März 1945 verwüstet worden war. Innerhalb von nur 17 Minuten! Helge empfand sich trotz allem – ja, wirklich, trotz allem! – immer wieder als privilegiert, denn er lebte in einer besseren Zeit. Ohne Streubomben oder die Aussicht, jede Minute evakuiert zu werden oder sterben zu müssen. Bei allem, was er durchgemacht hatte: Er war froh, dass Würzburg an Ort und Stelle wieder aufgebaut worden war, obwohl man tatsächlich aufgrund der immensen Schäden nach dem Krieg kurz erwogen hatte, die Ruinen als Mahnmal zu belassen und die Stadt weiter südlich neu zu errichten. Während er zum Alten Kranen 47 schlenderte und sich dort auf einer Bank niederließ, hörte er Trommeln und Musik, das Lachen und Plaudern vieler Menschen, die am anderen Flussufer zum Afrika-Festival 48 flanierten und sich auf ein paar fröhliche Stunden freuten. Er roch den Duft von ihm unbekannten Speisen und exotischen Gewürzen, der von den Mainwiesen herüberzog. Die Sonne verwöhnte seine weiße Stubenhockerhaut.

Helge liebte die Stadt. Ihre Leichtigkeit. Er liebte den Main, die Weinberge ringsum. Er betete sie geradezu an. Damit hatte alles begonnen.

Es war nicht seine Schuld gewesen. Gerlinde sagte oft, es wäre typisch für ihn, sich rauszureden, und es sei keine große Kunst, den anderen die Verantwortung für das eigene Scheitern zuzuschieben; womöglich sogar den Bocksbeuteln, die auf den Weinfesten am Main so freigebig herumgereicht wurden.

Helge konnte ihre Argumente nachvollziehen. Rein rational war die Welt ziemlich simpel. Alles eine Abfolge von Ursache und Wirkung und Entscheidungen, die man mit der Vernunft traf. Sobald die Theorie von subversiven Größen wie Liebe oder Einsamkeit angereichert wurde, geriet der Globus ins Trudeln: Alles, was eben noch logisch erschienen war, entwickelte sich zu einem Sammelsurium an Komplikationen. An zwei, drei Stellen entstand Chaos, und damit war die gottgewollte Ordnung, die er in den Heiligenfiguren auf der Alten Mainbrücke 49 so ideal erkannte, ein für alle Mal dahin. Besonders der gute alte Fridericus hatte es ihm angetan. Seit Helge wieder in Würzburg wohnte, schlenderte er oft über die Brücke und lehnte sich neben Fridericus über die Brüstung, um in den Main zu schauen. Er hatte ja Zeit. Letztlich hatte er seit einigen Jahren zu viel Zeit – aber auch daran gewöhnte man sich.

Helge blinzelte in die Sonne. Der Flieder duftete. Die Kastanien zeigten stolz ihre Blütenkerzen vor. Gerlinde hatte recht. Sein erstes Chaos war die Entscheidung, Medizin zu studieren. Wegen des Numerus clausus erwartete er den Studienplatz, indem er sich zunächst für Biologie einschrieb. Die ersten beiden Semester legte er sich eifrig ins Zeug, voller Stolz, an einer Universität zu studieren, wo Leute wie Röntgen und Virchow gelehrt hatten. Er fuhr früh mit dem Bus auf den Campus hoch über der Stadt, lernte und kehrte abends spät wieder zurück in seine Studentenbude. Er hatte sich in Grombühl eingemietet, einem Viertel, in dem es wenig Zerstreuung gab. Genauer gesagt: gar keine.

*

Da passierte es dann. Das zweite Chaos. Weil der Mensch eben nicht immer nur studieren kann, sich nicht immer nur mit Büchern in einer Bibliothek oder einem winzigen Zimmer einschließen kann. Zumal, wenn das Zimmer von einer bärtigen Vermieterin 24 Stunden und sieben Tage die Woche überwacht wird.

Deswegen ließ er sich im zweiten Semester endlich breitschlagen, mit den Jungs rauszufahren. Seine Kommilitonen hielten ihn bereits für einen vom anderen Ufer. Weil er sich ihnen auf ihren Touren nie anschloss, nichts kannte in Würzburg. Weder die einschlägigen Wirtschaften in der Stadt noch die in den Winzerstädtchen entlang des Mains. Von Frauen ganz zu schweigen. An einem Frühlingstag wie heute, als der Fliederduft betörend über der warmen Stadt lag, sagte er plötzlich ›Ja‹, als sie ihn fragten. Ja, er würde gern mitkommen.

Dieter fuhr den Mercedes. Die Jungs machten Witze über die vielen Schlösser und Kapellen, an denen sie vorbeikamen. Zu viel Kirche hier, meinten sie, wegen der anno dazumal einflussreichen Fürstbischöfe, aber da hätte sich ja bis heute nichts geändert, auch wenn sie nur noch Bischöfe wären, ohne Fürst. Helge hörte nur mit halbem Ohr zu. Die Fenster des Wagens standen offen. In gemächlichen Schleifen zog sich der Fluss durch die Ebene. Seit Monaten war Helge nicht aus der Stadt rausgekommen, und damals, vor 14 Jahren, war der Frühling spät gekommen. War lange unter Schneeharsch und Graupelschauern verborgen gewesen. Deswegen, so dachte Helge, hatte sich dieser unerwartete Lebenshunger eingestellt: Er verspürte plötzlich so eine unbändige Lust, zu leben, zu atmen, sich vollzusaugen mit dem Fliederduft und den Kastanien und den Schlössern und Kapellen.

Und der Scheurebe.

Sie hielten in Dettelbach 50. Er erinnerte sich noch lebhaft an die kopfsteingepflasterten Gassen, durch die schläfrige Katzen streiften, an die Stadtmauer, die Gärten, in denen Fliederbüsche blühten und Jasmin. An den schweren Blütenduft, der ihn schon betäubte, bevor er das erste Glas Wein überhaupt angerührt hatte. Die alte Blunawerbung auf dem verwitterten Blechschild fiel ihm ein. Die mit Weinranken bewachsene Terrasse des Wirtshauses. Obwohl er den Ort seitdem gemieden hatte wie der Teufel das Weihwasser.

Selbstverständlich verharrte das Wirtshaus noch lebhaft in seinem Gedächtnis.

Sogar Gesa.

Besonders Gesa. Während er seinen zermürbten Rücken an den Steinsockel des Alten Kranens lehnte und die Augen schloss, während er sich bemühte, die Verkehrsgeräusche auszublenden, die zu ihm herüberwehten, stiegen die Bilder wieder in ihm auf. Gesa mit dem kastanienbraunen Haar, die Scheurebe, die golden im Römer funkelte, die lang vermisste Frühlingssonne auf seinem Gesicht, die Zoten der Jungs. Gesas gebräunte Unterarme und die muskulösen

Waden unter ihrem Rock. Seine Kommilitonen fachsimpelten über Scheurebe und Silvaner, die so hervorragend auf dem Muschelkalk im Maindreieck gediehen, sie diskutierten über den fränkischen Rotwein und wie der Müller-Thurgau in diesem Jahr wohl ausfallen würde, drüben an den nährstoffreichen Hängen des Steigerwaldes. Dann wechselten sie das Thema und kamen auf Frauen.

Helge sah nur Gesa. Den ganzen Abend. Bis seine Kommilitonen schwiegen, ihn ansahen, dann die Gesichter wandten, Gesa ansahen, grinsten, sich auf die Schenkel schlugen, brüllten, he, Kumpel, die ist doch mindestens 40, was willst du denn mit der, die ist doch schon Großmutter.

Dann riss der Film.

Am nächsten Morgen erwachte er auf dem Beifahrersitz eines grauen Golf, während Gesa neben ihm schlummerte, ein brauner Unterarm lag quer über der Handbremse, und die dazugehörige Hand auf Helges Knie.

Sein Kopf schmerzte so brutal, dass er glaubte, sein Hirn würde zu den Ohren herausgepresst. Er öffnete die Beifahrertür, kippte aus dem Wagen und übergab sich.

Es schien nicht das erste Mal in den letzten Stunden gewesen zu sein; Helge zitterte wie Espenlaub. Er wischte sich den Mund ab und hockte schlotternd im taunassen Gras, bis Gesa aufwachte und ihn nach Würzburg fuhr.

Obwohl er sich fühlte wie ein pochiertes Ei beim Anblick einer Gabel, war er geistesgegenwärtig genug, Gesa in die Innenstadt zu lotsen, wo er auf ein katholisches Studentenwohnheim irgendwo hinter dem Kiliansdom 51 zeigte. Dessen Glocken läuteten mit denen von ganz Würzburg um die Wette; es musste Sonntag sein. Gesa küsste ihn, hupte, fuhr weg.

Er hatte sie nie wiedergesehen.

Fortan mieden sie Dettelbach. Mainfranken bot genug

andere Möglichkeiten, Vergessen zu suchen. Helge, seit jener Nacht nicht im geringsten vom Alkohol abgeschreckt, entwickelte die widerstandsfähigste Leber von allen seinen Kommilitonen. Das war das dritte Chaos. Und definitiv das schlimmste.

Das Biologieexamen feierten sie in Marktbreit. Sie tranken den Weinkeller von mindestens drei Wirtschaften aus. Schließlich zogen Dieter, Hansi und Helge Arm in Arm in den frühen Morgenstunden durch den Malerwinkel 52, wobei sie sich für Lohengrin oder ein anderes wichtiges Operntier hielten. Übernächtigte Anwohner riefen die Polizei. Die Beamten drückten alle Augen zu, als sie erfuhren, dass die improvisierte Burschenschaft die Abschlussprüfungen feierte. Man hoffte offenbar, das Kleeblatt würde hier nie wieder aufschlagen.

Helge seufzte. Er hatte sich in Medizin eingeschrieben, nachdem er zu einem mittelprächtigen Diplom-Biologen geworden war, zusammen mit Dieter, und vermutlich hätte er es wirklich noch zum Arzt gebracht, wenn nicht die Scheurebe gewesen wäre. Obwohl er das Unglück längst nicht mehr aus dem Bocksbeutel träufelte, sondern aus den Flaschen, die er an der Tankstelle kaufte. Die Stellschrauben waren inzwischen auf Error justiert und längst festgerostet.

*

Er heiratete Gerlinde, weil alle seine Kumpel heirateten und er einfach irgendwann an der Reihe war. Sie zogen nach Hannover. Aus Jobgründen. Er verabscheute Norddeutschland, fand aber eine gut bezahlte Anstellung an der dortigen Uni. Gerlinde arbeitete in einem Möbelhaus. Sie bekamen keine Kinder.

Er trank mehr als früher. Spielte Doppelkopf mit Arbeitskollegen in den Kneipen und kam spät heim. Gerlinde verbrachte die Wochenenden mit Freundinnen. Eines Abends zertrümmerte Helge den Volvo an einem Brückenpfeiler. Der schwedische Stahl ließ ihn überleben.

Nach dem Unfall wurde es kompliziert mit Gerlinde. In den guten Augenblicken wusste er, dass er unerträglich war. Er kaufte literweise Aftershave, um den Alkoholgestank zu übertünchen, aber auch täglich zweimal zu duschen brachte nicht den gewünschten Erfolg. Helge atmete Alkohol, so wie er Lügen atmete, Schwindeleien und wilde Geschichten, mit denen er zu vertuschen trachtete, was nicht zu vertuschen war.

Es gab Ärger mit dem Chef. Zunehmend häufig. Auch mit den Kollegen. Helge fiel immer wieder aus, seine Leistungskurve führte steil nach unten. Verantwortungsvolle Aufgaben konnten ihm nicht mehr übertragen werden. Bei seinem üblichen Pegel hätte man ihn nicht mal als Pförtner gebrauchen können, geschweige denn als Genetiker in einem Hightech-Labor.

Schließlich verlängerte die Personalabteilung seinen Vertrag nicht, obwohl das all die Jahre eine reine Formalität gewesen war.

Helge magerte ab. Gerlinde verdiente das Geld für sie beide. Meistens schämte er sich. Weil die Scham schrecklich war, verbarg er sie rasch unter dem wärmenden Mantel von klarem Schnaps. Er fror beständig.

Den VW, den er nach dem Fiasko mit dem Volvo gebraucht gekauft hatte, fuhr er nur selten, aber er setzte sich nach wie vor ans Steuer. Soweit kam es noch, dass man ihm seine Unabhängigkeit nahm. Dann rief Gerlinde eines Tages, Helge war gerade mit gezücktem Wagenschlüssel aus dem Haus gegangen, die Polizei. Noch bevor er einsteigen konnte, war die Fahrerlaubnis eingezogen.

Das war vor drei Jahren gewesen. Helge dachte grimmig an die Beamten, die ihn herablassend, aber nicht unfreundlich behandelt hatten. Sie hatten ihm alles genommen: den Job, den Führerschein, die Frau. Letztere hatte das Schloss auswechseln lassen.

Helge stand auf der Straße.

Seine Schwester ließ ihn eine Weile bei sich wohnen und bemühte sich um ihn, bis sie seine Flunkereien und Manipulationen satthatte. Man wies ihm einen Betreuer zu, der über seinen Aufenthaltsort, seine Finanzen und seine Gesundheit bestimmte. Wenig später ordnete ein Richter einen Aufenthalt in einer Entzugsklinik im Norden Bayerns an. Wenigstens Bayern, dachte Helge.

Seit einem halben Jahr war er draußen. Er hatte in der Gerichtsverhandlung einen geläuterten Eindruck gemacht, sich ein Zimmer gemietet, wieder in Grombühl, und kam sich vor wie in seiner Studentenzeit.

*

Vor Kurzem war Dieter aufgekreuzt. Sie hatten ein bisschen geplaudert. Aber plaudern ohne Scheurebe, das gelang weder Dieter noch Helge. Also waren sie zur Festung Marienberg 53 spaziert, um nicht auf dumme Gedanken zu kommen, beide schwerfällig, Dieter wegen seiner zwei Zentner Gewicht und Helge wegen der Knieverletzung, die er sich bei einem Sturz im Suff zugezogen hatte. Sie konzentrierten sich auf die Leistungsfähigkeit ihrer alternden Körper und hatten wenig Kapazitäten frei, um das üppige Grün um sie her zu bewundern, nur ab und zu drehten sie sich um, ließen den Blick über die Weinberge streifen und auf die Stadt unter ihnen, auf den in der Sonne glitzernden Fluss.

»Wir sind schon zwei alte Herren, oder?« Dieters Lungen stießen pfeifende Geräusche aus, als sie endlich die Festung erreicht hatten und sich dem Strom von Touristen mit Trekkingstöcken überantworteten, der vom Schlossberg-Wanderweg 54 herübergeschwappt kam.

»Du bist doch Arzt. Du musst wissen, wie man fit bleibt.«

»Meine Frau sagt, es liegt am Wein.«

»An der Scheurebe.«

»Genau.« Dieter lachte, und für den Bruchteil von Sekunden war das alte Einvernehmen wieder da, das Gefühl, man könnte die Welt aus den Angeln heben, nach ein paar Gläsern nur. »Weißt du noch, wie wir mal in den Spessart gefahren sind? Alle Mann hoch?«

»Um das Wirtshaus im Spessart zu finden?« Helge verzog amüsiert die Lippen.

»Bis Mespelbrunn sind wir gekommen. Haben uns die Kante gegeben und sind dann durch den Schlosspark gestreift.«

»Ich erinnere mich. Du hast einen Schwan erschreckt.«

»Der Schwan hat mich erschreckt!«

»Hieß es nicht, das Wasserschloss 55 sei die Perle des Spessarts?« Helge erinnerte sich jetzt dunkel, dass sie im Schlosspark übernachtet hatten und er am nächsten Morgen, wieder einigermaßen nüchtern und durchgefroren, auf dem Rückweg nach Würzburg das Gefühl hatte, seinen Kater, der größer war als er selbst, hinter sich herzuziehen.

»Tja, der Spessart. War ja früher mal eine arme Gegend«, grübelte Dieter.

Schweigend ließen sie sich von den Besuchern weitertreiben. Es war ein warmer Tag. Auf der Suche nach Abkühlung betraten sie die Marienkirche 56.

»Wusstest du, dass die Würzburger Bischöfe hier ihre Eingeweide bestatten ließen?«, fragte Dieter.

Helge brummte nur.

»Der Rest liegt unten im Kiliansdom.«

»Wem's gefällt ...«

»Und irgendwas anderes liegt wieder woanders.«

»Mensch, Dieter.«

»Du hast einen Sohn.«

»Einen ...?« Helge lachte auf. »Lass die Spielchen. Das passt nicht mehr zu uns.«

»Ich präzisiere. Er könnte dein Sohn sein.«

*

Dann hatte Dieter losgelegt. Er hatte eine Patientin namens Gesa Passmeyer, ein ungewöhnlicher Name, und die hatte einen Sohn, Ludo, auch Passmeyer, und ob sich Helge an Dettelbach erinnere, jener Frühlingsausflug während ihres Studiums, das könne er doch nicht vergessen haben. Damals hatte es auch eine Gesa gegeben, eine Gesa Passmeyer, das wusste Dieter, weil er nämlich noch viele Male dort war, in jener Wirtschaft, Helge wüsste schon, mit seiner Frau und den Kindern, und er hatte Gesa wiedererkannt, aber sie ihn nicht. Sie hatte immer noch so muskulöse Waden und braune Arme und einen Sohn. Ludo eben. Wer hieß schon Ludo Passmeyer. Das Alter könnte stimmen, sagte er, jedenfalls tauchte Gesa mit dem Knaben bei ihm in der Praxis auf. Ihr Sprössling war Veganer, erklärte Dieter, einer, der keinerlei tierische Produkte aß, auch keinen Honig, keine Eier, nichts, und die Mutter war selbstverständlich besorgt, schließlich sei Ludo ein Heranwachsender, und die futterten für drei, er, Dieter, konnte ein Lied davon singen, er hatte zwei Söhne.

Die Holzlehne der Kirchenbank drückte in Helges Rücken. Seltsam, er grübelte immer noch über die bischöflichen Mägen, Därme und Lungen, die hier unter den Grabplatten lagen. Seine Gedanken mochten sich nicht losreißen von dem eigentümlichen Verfahren, seine eigenen sterblichen Überreste an unterschiedlichen Orten zu bestatten, als könnte man so Bestand haben, als Mensch, als Person, als einzigartiges Wesen, das es kein zweites Mal im gesamten Universum geben würde.

Dieter redete und flüsterte und gestikulierte, und schließlich stimmte Helge zu, einen Vaterschaftstest zu machen. Ludo, das magere Veganerbürschchen, würde morgen in die Praxis kommen, da könnte sich Dieter um die Einzelheiten kümmern, natürlich ohne Ludos Wissen und natürlich nur, wenn Helge das wollte.

Gesa war übrigens nur fünf Jahre älter als sie beide. Das wusste Dieter auch. »Und wir haben geglaubt, sie wäre schon Oma!«

*

Helge dachte, wenn es stimmte und er einen Sohn hätte, dann gäbe es wieder einen Menschen in seinem Leben, der ihm nahe wäre.

Gerlinde und er lebten in Scheidung. Ihm war nichts geblieben. Kein Job, keine Frau. Nicht mal der Führerschein. Er könnte, wenn er sich dahinterklemmte, versuchen, ihn wiederzukriegen. Es lag ihm nichts dran.

Anders war es mit den zwischenmenschlichen Beziehungen. Den Alkoholiker sah man ihm an. Das verlebte Gesicht, die ledrige Haut, sein durchdringender Körpergeruch stießen die Leute ab; niemand fühlte sich zu ihm hingezogen.

Mit einer Frau würde es nichts mehr werden, damit musste er sich abfinden.

Gesa Passmeyer. Er hatte ihren Nachnamen nicht gekannt und sich nie für sie interessiert. Im Grunde war er sich nicht einmal sicher, ob er mit ihr geschlafen hatte, denn in dem Zustand, in dem er sich damals befand, war rein körperlich vermutlich nicht mehr allzu viel möglich gewesen.

Ludo. Wer nannte denn sein Kind Ludo.

Plötzlich wurde Helge wütend. Ein unglaublicher Zorn brannte in seinen Eingeweiden. Warum hatte Gesa ihm nichts gesagt? Er hätte sich um den Jungen und sie gekümmert. Selbstverständlich hätte er das getan! Wie konnte ihr Job als Kellnerin in einem Weinlokal ausreichen, um ein Kind zu ernähren und sich selbst dazu! Gesa hatte ihm die Chance genommen, ein anderes, ein besseres Leben zu führen. Er hätte nie getrunken, wenn er einen Sohn gehabt hätte. Hätte er nicht.

Helge sprang auf. Plötzlich schien es ihm unerträglich, nur dazusitzen, bewegungslos, im immerwährenden Zustand des Wartens. Er beschloss, einen Spaziergang zu machen. Rüber auf die andere Mainseite und hinauf zum Käppele 57. Da gingen am späten Nachmittag nicht mehr so viele Leute hin. Er brauchte Ruhe. Und Bewegung. Seit er unter Dieters Aufsicht ein paar Mal mit dem Wattestäbchen durch seinen Mund geschrubbt war, saß er wie auf Kohlen.

Vaterschaftstest. Vier Silben, die wie Kolben in seinem Kopf stampften. Er überquerte die Alte Mainbrücke und lief im Zickzack, um den Touristen auszuweichen. Er hatte Angst. Je mehr Angst er bekam, desto dringender wollte er was trinken. Seine Wut brodelte. Auf Dieter, weil der ihn zu dieser Sache überredet hatte. Was ging Dieter das eigentlich an, ob er einen Sohn hatte! Vielleicht war seine Patientin eine andere Gesa als die aus Dettelbach. Dieter war Arzt, aber er war auch nicht mehr der Frischeste, immerhin hatte er in alten Zeiten genauso reingeleuchtet wie Helge. Während des Studiums. Zuerst Biologie, dann Medizin. Zwei Studiengänge, die sie mehr als ein Jahrzehnt Leben gekostet hatten. Und dann die Ehe mit Gerlinde. Seine Frau hatte ihn an die Bullen geliefert. War ihn erfolgreich losgeworden. Wahrscheinlich hatte sie das ganz geschickt eingefädelt, weil sie einen anderen heiraten wollte. Aber für Kinder war sie längst zu alt.

Brennende Schadenfreude flutete Helges Magen. Das folgende Sodbrennen würgte ihn. Sein Herz hämmerte. Notgedrungen seine Geschwindigkeit zügelnd, stieg er matt die zahllosen Treppen zum Käppele hinauf. Wolken schoben sich vor die Sonne, und die gewölbten Schieferdächer der Kirche verschwammen mit dem sie umgebenden Wald. Auch die Stadt tief unter ihm schien sich unter ein Tuch aus Dunkelheit zurückzuziehen.

Er, Helge, dagegen, er würde jemanden haben, der blieb, wenn er selbst das Antlitz dieser Erde verließ. Es stimmte vielleicht doch, was die Protestanten sagten: dass die vielen Engel und Apostel und Kreuze in Würzburg einen ganz meschugge machten. Er erreichte das Käppele. Niemand stand mehr auf dem Vorplatz. Die Kirche war noch offen. Er trat hinein. Die Mauern strahlten einen Geruch nach Weihrauch, Feuchte und Menschen aus. Eine Frau kniete in einer Bank ganz hinten. Sie murmelte vor sich hin. Helge schauderte.

*

Ein paar Tage später holte Dieter Helge ab. Sie fuhren nach Veitshöchheim, das war ja nicht weit.

»Du warst wirklich nie dort?«, fragte Dieter.

»Im Studium bestimmt nicht.« Ein Rokokogarten 58 war nicht gerade die erste Anlaufstelle für einen Studenten. Und später hatte er nie die Gelegenheit gehabt. Interesse auch nicht.

Helge starrte aus dem Fenster. Er war nicht mehr sicher, ob er die Antwort hören wollte. Ob er überhaupt einen Sohn haben wollte. Einen, den er im Suff gezeugt hatte mit Gesa, der Kellnerin mit den strammen Waden. Dann überlegte er, ob ein im Suff gezeugter Sohn nicht besser war als gar kein Sohn. Auch wenn er Veganer war, aber in dem Alter drehten sie ja alle durch. Helge erinnerte sich daran, wie er selbst mit langen, fettigen Haaren und zerrissenen Jeans umhergezogen war. Ein anderes Leben auf einem anderen Globus.

Dieter parkte. Sie durchschritten die Gartenmauer und gingen auf das Lustschloss zu. Es war noch früh. Wenige Besucher schlenderten über die Wege oder suchten Schatten in den chinesischen Pavillons und unter dem grünen Dach der Laubengänge.

»99,99 Prozent«, sagte Dieter.

Helge versenkte die Hände in der Hosentasche. Die Sonne stach, er fing an zu schwitzen.

»Dass er dein Sohn ist.«

Okay, dachte Helge. Okay. Sie gingen an dem kleinen Sommerschloss vorbei zum See. Niemand, niemand konnte sich vorstellen, wie gerne er jetzt was trinken würde.

»Hat sie geheiratet?«

»Gesa? Nein, sie ist alleinerziehend.«

»Was soll ich jetzt machen?« Helge sank auf eine Bank und starrte auf den See. Enten zogen ihre Kreise. Die Springbrunnen schwiegen. Ihm war heiß. Seine Kehle brannte vor Trockenheit. Er sehnte sich nach kühlender Gischt. Nach einem Glas klaren Schnaps. Vor sich sah er die Scheurebe im Römer funkeln, und Gesas stramme Waden stolzierten vor ihm auf und ab.

»Alles in Ordnung?«, fragte Dieter.

Gesas brauner Arm über der Handbremse. Ihre Hand auf seinem Knie.

Dieter nannte Helge eine Adresse. Helge wischte sich über die Stirn. Die Springbrunnen erwachten zum Leben und spien ihre Fontänen ins gleißende Licht.

*

Er bezog Posten vor der Schule des Jungen. Versorgte sich in einem nahen Supermarkt mit einer Flasche Vio und wartete. Um eins tauchte Ludo auf dem Gehsteig auf. Allein. Alle anderen Burschen in seinem Alter nahmen die andere Richtung. Ludos Haar war lang, splissig, fettig. Er litt unter Akne.

Er ist mein Sohn, dachte Helge und fragte sich zum hundertsten Mal, ob er etwas fühlen musste.

Er fühlte nichts. Ludo sah ihm nicht ähnlich. Zumindest konnte Helge nichts feststellen. Er sah auch Gesa nicht ähnlich, aber vor Helges Augen verschwamm das bisschen Erinnerung an Gesas Gesicht. Er starrte auf Ludos Waden. Sie steckten unter zerfetzten schwarzen Jeans, deren Hosenbeine an den Knöcheln in Fransen ausliefen und über verdreckte Chucks hingen.

Ludo schleppte sich mit hängenden Schultern den Gehsteig entlang. Stöpselte Earbuds in seine Ohren. Blieb kurz stehen, hackte mit dem Zeigefinger auf dem Touchscreen seines Players herum. Helge blieb ebenfalls stehen. Ludo steckte den Player in die hintere Jeanstasche. Er wandte sich kurz um und sah Helge an.

Helge erwiderte den Blick. Ludo starrte auf die Vio-Flasche in Helges Hand.

Da ist Wasser drin, wollte Helge rufen. Wirklich nur Wasser. Sein Herz klopfte hart gegen sein Brustbein.

Ludo ging jetzt schneller, obwohl er immer noch wie sediert wirkte. Helge eilte ihm nach. Mit einem Mal ergriff ihn eine ungeahnte Müdigkeit, als könne er nicht mithalten, als würde sein Sohn ihn zwangsläufig abhängen. Und er war durstig. Sein Hals schmerzte.

Er ist mein Sohn.

Sie kamen an eine Kreuzung. Ludo blieb unschlüssig stehen. Gegenüber lag ein Wirtshaus. Ludo rannte. Reifen quietschten. Stimmen schimpften los, erhitzt, wütend.

»Junge!«, brüllte Helge. »Junge, was machst du denn!«

Ludo gelangte unversehrt auf die andere Straßenseite, käseweiß im Gesicht. Der Verkehr floss schon wieder. Helge wartete ungeduldig an der Ampel auf Grün, er wollte nicht noch mehr auffallen. Ludo sah sich um, als wüsste er nicht, in welche Richtung er gehen sollte.

Endlich sprang die Ampel um. Helge überquerte die Straße im Laufschritt. Die Wasserflasche war ihm hinderlich, er hätte sie gerne weggeworfen, traute sich nicht, plötzlich fühlte sich alles falsch an, was er machte, verboten sogar. Er hatte doch kein Recht, diesem Jungen nachzustellen, selbst wenn er sein Vater war. Der Junge kannte ihn nicht. Helge erschreckte ihn bloß zu Tode. Das machte alles nur noch komplizierter.

Er blieb vor dem Wirtshaus stehen. ›Menü mit Tagessuppe: 5 Euro‹ stand auf einer Tafel. Darunter Bluna-Werbung. Helge stellte sich vor, wie er den Jungen zum Mittagessen einlud. Vielleicht würden sie in der Kneipe etwas Vegetarisches für ihn finden.

Er könnte mit ihm an einem Tisch sitzen. Helge hatte seit drei Jahren keine Kneipe mehr betreten. Es war zu gefährlich. Er mochte die Blicke der Gäste nicht, die der Wirte auch nicht, die ihm alles ansahen, seine Lebensgeschichte, seinen verlorenen Führerschein, die davongelaufene Frau, den Job, den er schon lange nicht mehr hatte.

Aber wenn er mit Ludo reinginge, in dieses Wirtshaus mit dem Menü und der Tagessuppe, dann könnte er eine Bluna bestellen. Bluna für Ludo und sich selbst auch, um allen zu beweisen, dass er sich geändert hatte. Dass er nicht mehr trank.

»Junge«, sagte er. Plötzlich stand er neben Ludo, der sich nicht von der Stelle rührte, ihn anstarrte, Horror im Gesicht, während hinter ihnen der Verkehr rauschte und in Helges Ohren widerhallte.

»Was wollen Sie denn von mir!«, schrie Ludo. Seine Stimme klang ganz hoch, wie die eines Mädchens, eines hysterischen Mädchens. Helges Herz setzte einen Schlag aus. Der Junge war sein Sohn. 99,99%. Festgestellt in einem Labor. Der Abgleich zweier genetischer Spuren. Mehr nicht. Dieser Abgleich sagte nichts über Gefühle, Liebe, Zusammengehörigkeit.

Was war das überhaupt: Liebe! Wohin hatte ihn die Liebe geführt? Ins Off, ins Nirgendwo.

»Ludo ...«

»Lassen Sie mich in Ruhe!«

Helge bekam plötzlich keine Luft mehr. Etwas Hartes krachte gegen sein Brustbein. Er flog. Wirbelte durch den Frühlingshimmel, so leicht und frei.

Schlug auf.

Polizei.

Ambulanz.

Leichenwagen.

*

Mainpost, Lokalseite:

Am gestrigen Montag kam es zu einem folgenschweren Unfall in der Wörthstraße. Ein 14-Jähriger stieß einen Arbeitslosen auf die Fahrbahn. Der 37-jährige Helge S. wurde von einem Reisebus erfasst. Er verstarb noch an der Unfallstelle. Augenzeugen des Vorfalls sagten aus, der Jugendliche hätte völlig grundlos und ohne Vorwarnung den Arbeitslosen mit beiden Händen gegen die Brust gestoßen. Es habe weder eine Unterhaltung noch einen Streit zwischen den beiden gegeben. Die Ermittlungen, so der Polizeipressesprecher, seien noch nicht abgeschlossen.

FREIZEITTIPPS:

47 Alter Kranen, Würzburg; im 18. Jahrhundert nach Plänen von Balthasar Neumanns Sohn Franz Ignaz gebaute Konstruktion zum Be- und Entladen der Mainschiffe.

48 Afrika-Festival, Würzburg; größtes Festival afrikanischer Musik in Deutschland, jährlich Ende Mai/Anfang Juni auf den Mainwiesen.

49 Alte Mainbrücke, Würzburg; eine der eindrucksvollsten Steinbrücken Deutschlands. Vom Zentrum der Stadt her überspannt sie den Main. Auf der Brücke befinden sich zwölf überlebensgroße Heiligenfiguren.

50 Dettelbach; typisches mainfränkisches Winzerstädtchen mit etlichen Weinwirtschaften. Urkundlich wurde es zum ersten Mal im Jahr 741 erwähnt. Imposante Bauwerke sind das spätmittelalterliche Rathaus und die Wallfahrtskirche Maria im Sand.

51 Kiliansdom, Würzburg; 1188 geweiht. Kunstgeschichtlich sind v.a. die Grabdenkmäler der Bischöfe von Bedeutung, etwa das von Tilman Riemenschneider geschaffene Grabmal für Rudolf von Scherenberg.

52 Malerwinkel Marktbreit; pittoreske, fränkisch-romantische Ansammlung von Fachwerkhäusern mit dem Maintor, das den Breitbach überspannt. Marktbreit ist außerdem die Geburtsstadt des Neuropathologen und Psychiaters Alois Alzheimer.

[53] Festung Marienberg, Würzburg; die Stadt Würzburg und ihr Umland weithin beherrschende Burganlage, herrlich inmitten von Weinbergen gelegen. An derselben Stelle gab es bereits 1000 v. Chr. eine keltische Fliehburg.

[54] Weinwanderweg Schlossberg, Würzburg; vier Kilometer langer Wanderweg mit herrlicher Aussicht auf Würzburg.

[55] Wasserschloss Mespelbrunn; märchenhaftes Wasserschloss im Schatten eines Laubwaldes etwas außerhalb von Mespelbrunn.

[56] Marienkirche, Würzburg; 1000 Jahre alter Teil der Festung Marienberg. Sie ist die älteste Kirche der Stadt.

[57] Käppele; auf dem sich am linken Mainufer erhebenden Nikolausberg gelegene Wallfahrtskirche, 1748–1750 erbaut von Balthasar Neumann.

[58] Rokokogarten Veitshöchheim; Lustgarten der Würzburger Fürstbischöfe, nach wie vor im Stil der Rokoko-Gartenbaukunst erhalten. In den Sommermonaten gibt es nachmittags Wasserspiele zu jeder vollen Stunde.

BEI UNS DOCH NICHT!
– RHÖN –

»Wenn Sie eine Zeitzeugin suchen, die Ihnen berichten kann, wie es früher bei uns in der Rhön war, dann besuchen Sie doch mal die Frau Schandau. Die hat richtig was zu erzählen!«

Ich war wie immer auf der Suche. Meine Volontärinnenstelle bei der Tageszeitung lief demnächst aus. Vielleicht hatte ich Chancen, übernommen zu werden, aber dazu musste ich mich ins Zeug legen. Im Sommerloch war das nicht ganz einfach, deswegen hatte ich das Thema ›Gesichter der Rhön‹ vorgeschlagen, und ich wollte alle drei Teile, die bayerische, die hessische und die thüringische Rhön, abdecken. Für die bayerische bekam ich grünes Licht vom Chef.

Als Erstes hatte ich eine fünfköpfige Familie porträtiert, die alle Mann hoch den Rhönradweg **59** in zwei Tagen abgeradelt waren. Mit allerlei Pleiten, Pech und Pannen und einer lustigen Begegnung mit dem Rhönschaf – genau die richtige Mischung für die bunte Seite, auf der in der Saure-Gurken-Zeit weiße Flächen drohten. Ich war Bad Kissinger Kurgästen in die historische Brunnenhalle **60** gefolgt, hatte die Logik des Kurschattendaseins kennengelernt und wusste alles über Gebrechen physischer und psychischer Art, die gut versicherte Menschen ab 50 heimsuchten. Schließlich hatte ich dem Braumeister auf dem Kreuzberg **61** in die Sudkessel geschaut, echte Wallfahrer interviewt und dabei die Bekanntschaft eines Experten für Vulkanismus gemacht. Der Professor erklärte mir alles über die Basaltdecke der Rhön, die ein Ergebnis 20 Millionen Jahre alter vulkanischer Aktivität ist und unter sich Muschelkalk, Lettenkeuper und Buntsandstein verbirgt.

Jetzt wollte ich mal was Richtiges machen. Immerhin hatte ich ein Examen in Journalistik. Mit Stolz setzte ich mein Kürzel – LiS, was für Liv Sundberg steht – unter jeden meiner ›Vermischtes‹-Artikel. Noch gehörte ich zu den kompromissbereiten Jungspunden, die zähneknirschend die Zensurbestrebungen des Deskchefs hinnahmen. Ich schwor mir: Nur solange, bis ich einen unbefristeten Vertrag hatte, würde ich den Gängeleien ohne zu murren zuschauen.

Aber wer bekam schon einen unbefristeten Vertrag! Wir Volontäre arbeiteten für billiges Geld, waren motiviert und konnten leicht ausgewechselt werden. Aber ich will nicht in Sozialkritik abgleiten.

Denn ich habe eine ganz andere Geschichte zu erzählen.

*

Der Tag war perfekt. Er glaubte manchmal nicht, dass es solche Tage noch geben konnte. Zu Hause war alles von einem Firnis aus Trauer und Müdigkeit überzogen. Er verstand nicht, dass seine Frau nach zehn Jahren immer noch keine Freude am Leben mehr gefunden hatte. Es war so lange her. In seiner eigenen Erinnerung jedenfalls. Jener Tag, an dem Karl von dem Fahrzeug erfasst und durch die Luft geschleudert worden war. Es war ja nichts zu machen gewesen. Das hatte damals auch die Polizei festgestellt.

Niemand hatte etwas machen können. Es war dunkel, es regnete. Karl hätte bei dem Wetter nicht draußen sein dürfen, aber der Junge war so ein Wildfang, es war schwierig, ihn länger als ein paar Stunden im Haus zu halten. Der Wagen fuhr nicht zu schnell, er hatte ganz normale Geschwindigkeit, doch bei dem Wind, dem Starkregen ... und dann gleich hinter einer Kurve ... Kein Mensch hätte den Jungen am Straßenrand sehen können, er war einfach unvorsichtig, hatte er ihm nicht beigebracht, sich vor dem Straßenverkehr in acht zu nehmen?

Lothar fuhr sich durchs Haar. Man konnte hadern und trauern, aber irgendwo gab es doch noch ein Leben. Er würde sich die Lebensfreude nicht mehr nehmen lassen. Für ihn war ohnehin die Natur das Wichtigste. Die Einsamkeit hier draußen, im Schatten einer übermächtigen Grenze. Einer Grenze, die seit mindestens 15 Jahren undurchdringlich war. In weniger als 15 Minuten wäre er zu Fuß am Grenzstreifen. Erst im letzten Winter war eine Mine hochgegangen. Unter der Schneelast. Nicht das erste Mal. Lothar stapfte über die Wiese. Hier kannte er jedes Kraut und jeden Baum, der sich tapfer dem Wind entgegenstemmte. Er hatte die Sozialisten immer verachtet. Den Sozialdemokraten hätte man damals schon den Garaus machen sollen, als noch Zeit war, dachte er grimmig. Diese Missgeburt von einer Partei! Wenn man sich heute in Deutschland auch nicht mehr frei äußern konnte, so hatte er, Lothar, eine ganz andere Epoche erlebt. Eine Zeit, in der auch einfache Leute wie er jemand waren. Eine Zeit, in der man ihre Anliegen ernst nahm und etwas für ihre Zukunft tat.

Er erklomm eine kleine Anhöhe und versuchte, an etwas anderes zu denken. Sein Leben hatte wirklich merkwürdige Wendungen genommen. Nicht zum Guten. Seine Hoffnungen waren enttäuscht worden. Dabei hatte er hier, gerade hier, seine goldenen Stunden gehabt ...

Beinahe wäre er auf eine Silberdistel getreten.

*

Die alte Frau Schandau, mit Vornamen Sidonie, lebte in Bad Brückenau im Seniorenheim. An dessen Leiterin hatte ich mich gewandt, weil ich gerne über die von den Nationalsozialisten initiierten Umstrukturierungen der Rhön und ihrer Bewohner schreiben wollte. Durch Zufall hatte ich einen Aufsatz über den Dr. Hellmuth-Plan gelesen. Die Nazis hatten vor, die Bevölkerung der Rhön komplett zu kartografieren und rassisch zu ›sieben‹, damit eine bäuerliche Schicht entstand, die die Landwirtschaft der nationalsozialistischen Ideologie entsprechend prägen sollte. Auch landschaftlich veränderten die Nazis ziemlich viel in unserem herben Mittelgebirge, indem sie Moore abtorften und alles Erdenkliche unternahmen, um noch auf 800 m Höhe Getreide anbauen zu können. Hierzu wurden sogenannte ›Musterhöfe‹ errichtet. Ich war auf der Suche nach Zeitzeugen, die diese Musterhöfe noch selbst erlebt hatten, obwohl mir klar war, dass ich viel Glück brauchen würde, um jemanden zu finden.

Aber die Leiterin des Seniorenheims machte mir Mut.

»Frau Schandau wird nächste Woche 90. Sie lebt manchmal in ihrer eigenen Welt. Wahrscheinlich brauchen Sie Geduld mit ihr. Bestimmt freut sie sich über Besuch.«

Ich tappte zu Zimmer 46 und klopfte.

»Herein!«

Sie saß im Rollstuhl am Fenster und blickte auf das Nachbarhaus. Jemand hatte einen Topf Petunien auf ihrer Fensterbank abgestellt. Die Blumen ließen traurig die Köpfe hängen.

»Die sind nichts für drinnen«, sagte Sidonie Schandau, auf die Petunien zeigend. »Die wollen raus!«

»Grüß Gott, Frau Schandau. Ich bin Liv Sundberg von …«

»Tag.« Sie kniff die Augen zusammen. »Kenne ich Sie?«

»Ich denke nicht …«

»Setzen Sie sich.« Sie wies auf einen Plastikstuhl neben

ihrem Bett. Das Zimmer war klein, überladen mit Nippes, doch sämtliche Porzellantierchen, Glasschälchen und Hummelfiguren standen säuberlich in Reih und Glied.

Ich nahm Platz. »Frau Schandau …«

»Ich kenne Sie. Sie waren mal hier. Haben jemanden interviewt, oder?«

»Nein, ich glaube nicht.«

»Aber Sie sind von der Zeitung.«

»Ich – genau.« Sie brachte mich völlig aus dem Konzept. »Frau Schandau, ich schreibe eine Sommerserie, ›Gesichter der Rhön‹ heißt sie, und da …«

»… müssen Sie wegen dem Proporz auch eine Alte dabeihaben?« Sidonie Schandau lachte. »Ich lese ziemlich ausführlich Zeitung. Die Augen machen ja noch mit. Hier«, sie wies auf einen Stapel alter Ausgaben neben ihrem Bett, »habe ich etwas über besoffene Kreuzbergwallfahrer gelesen.«

Ich musste lachen. »So habe ich das aber nicht geschrieben.«

»Nicht wörtlich. Nein.« Sidonie Schandau kniff die Augen zusammen. »Was wollen Sie von mir wissen? Was Bestimmtes?«

»Ich …«

»Mein Alltag ist ziemlich langweilig. Ich komme kaum noch raus. Einmal die Woche haben wir Frauen hier, die melden sich freiwillig, um uns Senioren im Rollstuhl in die Welt hinaus zu schieben. Das ist auch langweilig. Sie meinen's ja gut, aber außer, dass ich ein paar Passanten und steinalte Kurgäste sehe, habe ich nichts von den Ausflügen.« Sie legte den Kopf schief. »Gehen Sie mit mir ins Bellevue 62?«

»Also …«

»Ich mochte es immer sehr. Es hat so was Mondänes, verstehen Sie? Früher, da kurten hier ja noch richtig kultivierte Leute. Mittlerweile mag man gar nicht mehr über die schlecht gekleideten Grauhaarigen nachdenken, die in Horden einfallen, auf niemanden Rücksicht nehmen und sich betragen, als hätten sie all die schönen Kurbauten und sogar die Residenz aus eigener Tasche bezahlt.«

»Okay, gehen wir ins Bellevue.«

Sidonie lächelte. »Sie glauben aber nicht, dass ich *so* gehe.« Sie fuhr sich mit den kleinen, knubbeligen Händen über den Oberkörper.

Ich dachte mir nichts weiter. Sie hatte ein dunkelblaues Sweatshirt an, darunter ein weißes Polo. Außerdem eine Jogginghose und Schuhe mit Klettverschlüssen.

»Klingeln Sie nach der Schwester. Ins Bellevue geht man nicht *so*.« Die Art, wie sie das letzte Wort betonte, ließ Verachtung ahnen.

Ich verließ das Zimmer und bat eine Schwester, nach Frau Schandau zu sehen. Während ich wartete, sauste die Heimleiterin auf dem Flur an mir vorbei. »Na, sind Sie schon bei Frau Schandau gewesen?«

»Ich soll sie ins Bellevue begleiten.«

»Ja, das mag sie. Eine Erinnerung an ein Leben, das sie nie hatte. Viel Spaß.« Schon flitzte sie um die nächste Ecke.

Ein Leben, das sie nie hatte? Ich unterdrückte ein Gähnen. Ich trug Jeans, Sandalen, eine bunte Tunika und einen weißen Schal. War ich mondän genug für einen Ausflug in die alte Welt? Sogar Lola Montez soll Bad Brückenau besucht haben, um hier ihren Geliebten, den Bayernkönig Ludwig I., zu treffen. Dabei interessierten mich weder adelige Eskapaden von früher noch die Vergnügungen der heutigen Kurgäste. Ich wollte eine Story, 3000 Zeichen sollten genügen, und dazu brauchte ich ein paar originalgetreue Erinnerungen einer Zeitzeugin.

*

Das Schwarze Moor 63! Lothar atmete ein paarmal tief durch. Er war viel zu schnell hier hinaufgestiegen, hatte sich treiben lassen von einem eigentümlichen Unwohlsein. Aber dieser Ort bedeutete ihm so viel. Die Birken, deren erste Blätter sich schon gelb färbten, die Weiden, die sich im ewigen Wind der Rhön schüttelten … Frieden. Und nicht weit von hier hatte es einst eine Aufgabe für ihn gegeben. Nicht so eine Aufgabe wie jetzt! In seinem jetzigen Leben saß er nur seine Zeit ab, schaufelte Papier von einer Seite auf die andere, aber er war Beamter, und er würde eines Tages eine anständige Pension bekommen. Er war erst 48, es würde schon noch eine Weile dauern, bis er rauskam aus der Verwaltung.

Es war still hier im Moor. Lothar spürte, wie der Frieden der Natur allmählich auf ihn überging. Sein Atem beruhigte sich. Er lockerte seine Schultern, ehe er weiterging. Und schnell wieder innehielt.

Eine Schulklasse kam durch den Wald. Schlagartig kehrte die mühevoll niedergerungene Missstimmung zurück. Mussten sie die Blagen denn unbedingt an einem ganz normalen Wochentag hier heraufführen? An einem Tag, an dem Lothar nicht arbeitete, weil er sich einmal im Vierteljahr einen Tag Urlaub nahm? Von dem seine Frau nichts wusste, weil er eben mal Zeit für sich brauchte?

Lothar stampfte mit dem Fuß auf. Verflucht! Er suchte sich einen Platz hinter einer Birke, duckte sich, wartete ab. Tatsächlich lief der Kinderpulk mit den bunten Rucksäcken gute 20 Meter an ihm vorbei. Er wischte sich den Schweiß von der Stirn. Ganz am Ende der Gruppe ging die Lehrerin. Sie trug einen Strohhut und schlenkerte fröhlich mit den Armen, während sie die Gruppe zur Eile antrieb.

Dann waren sie weg.

Lothar kam aus seinem Versteck. Er wollte allein sein, Himmel noch einmal, warum empfand er nur das drängende Gefühl, sich vor sich selbst verteidigen zu müssen? Kopfschmerzen kündigten sich an, das war typisch, wenn er sich ärgerte, brachen sie aus ihm heraus, seit damals, du lieber Gott, er war ein Produkt der Kriegsgeneration, er hatte schlimme Sachen gesehen, er hatte auch selbst Leute umgebracht. Das war seinerzeit eben so, das hatte er auch seiner Frau erklärt. Sie verstand das, keine Frage. Wenn er nicht aufgepasst hätte, damals, und wenn er nicht so gute Freunde gehabt hätte, Freunde, die durch eine nie zu zerstörende Loyalität mit ihm verbunden waren – auch sein Leben wäre verwirkt gewesen.

Ein Geräusch lenkte ihn ab. Es war nicht das Brummen in seinem Schädel, das von Minute zu Minute weiter anschwoll. Es war etwas Helles, Glockenhelles! Es erinnerte ihn an ... Nein! Nicht denken!

Er erinnerte sich aber trotzdem. Ein Mädchen sang. Ein kleines Mädchen. Lothar rannte. Er achtete nicht auf die seltenen Pflanzen auf seinem Weg, denen er sonst so behutsam auswich. Er lief, keuchend. Das Mädchen hockte auf einem Stein am Weg und band einen Blumenstrauß. Die letzten Blumen des Sommers. Lothar war sprachlos.

*

Ich brachte Sidonie Schandau bis ins Terrassencafé des Bellevue. Auf ihrem Schoß lag eine bauchige Handtasche aus Krokoimitat.

»Ich habe keine Kinder«, seufzte Sidonie, während ich sie an einen Tisch schob, den Sonnenschirm justierte und mich auf einem Stuhl ihr gegenüber niederließ. »Also kann ich auch auf niemanden psychischen Druck ausüben, mit mir Ausflüge zu machen. Pech.«

»Und Ihr Mann?«, fragte ich vorsichtig.

»Er ist vor zwölf Jahren gestorben.« Sie kniff die Lippen zusammen. »Wenn ich gewusst hätte … ich hätte ihm den Tod schon früher an den Hals gewünscht.«

»So schlimm?«

Sie zuckte die Achseln. »Schlimmer. Schlimmer, als Sie es sich je vorstellen können!«

»Sie sehen schick aus.«

»Ach ja?« Sie blickte stolz auf das altrosa Kostüm, das sie nun trug, die Gemme an der weißen Bluse. »Die Schuhe allerdings sind ein Albtraum. Im Heim schwören sie auf Klettverschlüsse. Die sparen Zeit.«

»Was stimmt nicht mit Ihren Beinen?«

»Das wollen Sie alles gar nicht wissen.«

Die Bedienung kam an unseren Tisch. Sidonie bestellte Kaffee im Kännchen, aber mit Sahne, mit flüssiger, und Frankfurter Kranz. Dazu Schlagsahne, aber auf einem Extrateller. Das alles zwei Mal. »Sie haben doch nichts dagegen?«, fragte sie mich.

Ich schüttelte den Kopf. Sie hatte Perlenohrstecker angelegt, das fiel mir erst jetzt auf. Gerade wollte ich etwas Nettes dazu sagen, als sie mir zuvorkam.

»Sie wollen von mir eine Geschichte für die Zeitung? Das habe ich doch richtig verstanden?«

»Genau. Ich …«

»Dann hören Sie zu. Ich habe Geschichten auf Lager, dass Sie mit den Ohren schlackern. Verstehen Sie, was ich meine?« Sie klopfte auf die Krokotasche. »Jetzt trinken wir Kaffee und verspeisen unseren Frankfurter Kranz, und dann fange ich an.«

Ergeben fügte ich mich in mein Schicksal. Sidonie Schandau war offenbar keine Frau, die auf eine klassische Interviewtechnik ansprechen würde. Sie hatte ihre Version der Dinge, und die würde sie mir zuspielen. In ihrem Tempo. Aus ihrer Sicht. Damit musste ich mich abfinden.

*

All die Enttäuschungen, die Rückschläge, die lähmenden Stunden des Alltags – sie waren vergessen, abreagiert. Er fühlte sich vollkommen erfrischt. So war es schon einmal gewesen.

Damals.

Deswegen wusste er auch, was nun folgen würde. Das Mädchen starrte ihn nur an, sagte keinen Ton. Ein paar Kratzspuren durchzogen ihre Wangen. Das blonde Haar war zerzaust, Laubreste hingen darin. Sie trug noch das Kleid, er hatte es bloß hochgeschoben.

Bestimmt würden sie bald nach ihr suchen. Sie hatte den Anschluss an ihre Klasse verpasst, tagträumend, wie Kindern das eben so passierte.

Was für schöne, blaue Augen sie hatte. Er drückte zu. Es knackte.

Es war genauso einfach wie damals.

Er warf den noch warmen Körper ins Dickicht.

Dann ging er davon. Mit schnellen, resoluten Schritten.

*

Sidonie hatte das Fotoalbum auf dem Tisch ausgebreitet, nachdem die Kellnerin unsere Kuchenteller abgeräumt hatte. Nur die Kaffeekännchen standen noch da. In gewissen Abständen bestellte Sidonie Nachschub.

»Ich war immer eine Kaffeetante«, entschuldigte sie sich. »Im Heim ist der Kaffee miserabel. Schlimmer als damals in der schweren Zeit, als es nichts gab!«

Genau auf die schwere Zeit wollte ich zu sprechen kommen. »Die Nazis«, fing ich an, »was haben die für Ihr Leben bedeutet?«

Sie warf mir einen verblüfften Blick zu.

»In der Zeit, auf die Sie anspielen, waren wir alle Nazis.« Sie blätterte im Album. »Ich auch. Ich war im Reichsarbeitsdienst. Wissen Sie, was das war?«

Ich nickte.

»Ich war zum Einsatz auf etlichen Höfen hier in der Gegend. Auch drüben in Thüringen.« Sie lachte. »Sehen Sie, ich sage immer noch ›drüben‹. Obwohl die Grenze schon über 20 Jahre wieder weg ist. Aber sie hat uns abgeschnitten von unserem Leben.«

»Die Nazis …«

»Die Nazis haben den Krieg angezettelt, sich unmöglich aufgeführt und neben Millionen anderen ihr eigenes Volk ins Verderben geführt. Aber damals wussten wir das ja nicht.« Sie wies auf ein Foto. Drei Mädchen im Mantel mit dem RAD-Abzeichen. »Hier machten wir einen Ausflug zur Kirchenburg nach Ostheim 64. Wussten Sie, dass der Ort damals noch zu Thüringen gehörte? Eine richtige Enklave war das. Aber zur Nazi-Zeit zählte ohnehin nur Deutschland.«

Ich betrachtete das Foto. Ein massives Fundament aus Stein, oben Fachwerk, wie fast überall in der Rhön.

»Wir hatten keine schlechte Zeit. Wir waren gute Freundinnen. Als der Krieg aus war, war ich 22 Jahre alt. Heute würde man sagen, da fängt die Zukunft an. 1946 habe ich geheiratet. Da war die Zukunft schon wieder vorbei.«

»Glauben Sie das wirklich?«

»Glauben ist nicht das richtige Wort. Mein Mann hat sich irgendwie davongestohlen aus dem braunen Sumpf, von dem leider noch ziemlich viel übrig war. Er war ...« Sie nahm einen Schluck Kaffee und beendete ihren Satz nicht.

»Er war was?«

»Sie fragen aber ziemlich direkt.«

»Er war selbst ein Nazi?«

»Ein überzeugter. Ist es bis zu seinem Lebensende geblieben. Aber er hielt damit hinter dem Berg. Er war ein Einzelgänger. Inzwischen ist mir auch klar, warum.«

Sie schlug eine neue Seite im Album auf. Sie selbst im Hochzeitskleid mit Krönchen, sehr dünn, sehr ernst dreinblickend. Ihr Mann in einem schwarzen Anzug mit weißem Sträußchen am Revers. »Man hat uns damals ganz schön rausgeputzt. Wir haben in Münnerstadt 65 geheiratet. Lothar wohnte damals dort. Kuschelig, mit viel Zusammenhalt unter den Bewohnern. Aber das war nach dem Krieg ohnehin so. Ein hübscher Ort.«

»Was hat Ihr Mann denn beruflich gemacht?«

»Gemeindeverwaltung.«

Mist. Ich kam einfach nicht an Informationen über die Musterhöfe. Wahrscheinlich war ich doch gezwungen, im Archiv nachzusehen, was an Unterlagen noch übrig war.

»Die landwirtschaftlichen Experimente der Nazis ...«

Sie winkte ab. »Mein Mann und ich hatten beide keinen bäuerlichen Hintergrund. Ich habe Abitur gemacht! Meine Mutter wollte das so. Aber die Nazis hatten es nicht so mit der Intelligenz, deswegen mussten im RAD auch wir Abiturientinnen am meisten einstecken. Die gemeinsten Schikanen galten uns. Mein Mann fand nach dem Krieg schnell eine Stelle in Münnerstadt, also lebten wir dort.« Sie blätterte weiter. Ich sah sie mit ihrem Mann, dessen Haaransatz an der

Stirn schon deutlich zurückwich, Sidonie hielt ein Baby im Arm. In akkuraten Buchstaben stand ›Karl 1957‹ darunter.

*

Der Mord ging groß durch die Zeitungen. Lothar bewahrte die Nerven. Das Schwarze Moor war weit genug weg von Münnerstadt, und es gab keinen Grund, ihn zu verdächtigen. Ein halbes Jahr später bekam er eine Stelle in der Bischofsheimer Verwaltung angeboten. Er dachte, es sei gut für Sidonie, so eine Veränderung. Weil sie allmählich verwelkte. Er liebte sie nicht. Er hatte sie nie geliebt, aber er fühlte eine gewisse Verantwortung. Außerdem gefiel ihm Bischofsheim, weil es direkt am Fuß des Kreuzberges lag und näher an der Hohen Rhön 66. Er mochte die herben, baumlosen Flächen einfach, ebenso die etwas tiefer gelegenen dichten Laubwälder, und er hatte es sich zum Hobby gemacht, Tiere zu beobachten. Die Wochenenden verbrachte er draußen. Er ging auch zum Skilaufen. Sidonie bekam von all dem nichts mit. Zu jener Zeit redete man nicht offen über die Krankheit, an der sie litt, aber sie würde ziemlich bald tödlich enden, davon war er überzeugt. Sidonie lag nur noch im Bett, in einem abgedunkelten Zimmer, sie sprach nicht und aß nur, wenn er sie dazu überredete. Für die Schönheiten ihrer neuen Heimat hatte sie nichts übrig.

Sie machte ihn fertig. Und deshalb ...

Es ging wieder ganz leicht.

*

»Eine Zeit lang haben wir in Bischofsheim gewohnt«, erzählte Sidonie. Ihr langer, kräftiger Zeigefinger tippte auf ein Foto. »Ein nettes Städtchen. Aber ich hatte keine gute Zeit dort. Hier, sehen Sie, da stehen Lothar und ich vor dem Zentturm 67.«

»Und Ihr Kind?« Ich dachte daran, wie sie vorhin darüber geklagt hatte, sie hätte keine Kinder, auf die sie Druck ausüben könnte, damit sie Besuch bekam.

Sidonie legte die Hand auf das Foto. »Wie gesagt, ich hatte keine gute Zeit dort. Aber wir sind auch nicht lange geblieben. 1970 zogen wir nach Fladungen. Wussten Sie, dass Fladungen die nördlichste Stadt in Franken ist? Das Städtchen klemmte damals noch ganz knapp unter der Grenze zur DDR. Dort oben war nichts. Niemand verirrte sich dorthin. Obwohl die Landschaft berauschend ist.«

»Ich mag die Rhön sehr. Ich stamme zwar nicht von hier, aber ...«

»Nein, Mädchen, nein. Die Rhön ist, wie sie ist. Sie ist herb und grausam. Wenn es im Sommer unten im Tal mal kurz regnet, stürmt es auf den Höhen, und der Hagel schlägt Ihnen ein Loch in den Kopf. Denken Sie nicht, die Rhön, das sind die verschnörkelten Bildstöcke, die hübsch umfriedeten Kirchen mit ihren herrschaftlichen Fassaden, die manchmal mehr an eine Burg als an eine Kirche erinnern. Nein, die Rhön, das sind die Höhen, über die der Wind rast, der Bäume entwurzelt und ...« Sie brach ab.

Lange Zeit blieb sie still. Ich hatte das Gefühl, sie war auf dem Weg in eine Vergangenheit, zu der sie die Tür nicht mehr fand.

»Aber wissen Sie«, fuhr sie schließlich fort. »In Fladungen wurde mein Leben gerettet. Ich begann, im Museum mitzuarbeiten. Im Rhönmuseum 68. Dadurch bekam ich endlich eine Aufgabe.«

Ich wollte nicht mehr nach ihrem Kind fragen. Das

konnte ich einfach nicht. Ich war hier, um über die Nazi-Zeit in der Rhön zu recherchieren. Aber das konnte ich mir anscheinend auch abschminken.

»Der Kaffee ist kalt«, beschwerte sich Sidonie. »Bedienung, ein Kännchen frischen, bitte!«

*

Lothar hatte keine Probleme, sich versetzen zu lassen. Es ging nach Fladungen, da war er weit ab vom Schuss. Sidonie fand ihr Leben wieder. Er selbst geriet nie in den Ruch der Verdächtigen. Nur einmal noch brach es aus ihm heraus, als er am späten Abend schwimmen war, am Frickenhäuser See [69]. Manchmal fuhr er mit Sidonie im Sommer dorthin, es war ja kein Weg von Fladungen, und er schwamm gern. Sidonie auch. Das war eigentlich das einzige Vergnügen, das sie miteinander teilten.

Sie blieben lange sitzen, weil die Nacht ungewöhnlich mild war. Sidonie hatte Brote geschmiert. Sie aßen die Brote und tranken ein Bier dazu. Das Bier war schon warm, aber das machte ihnen beiden nichts aus.

Da kam ein Vater mit seiner Tochter. Sie spielten am Ufer Ball. Das Mädchen war nackt. Ab und zu flitzte es ins Wasser, bis es bis zu den Knien drinstand, kreischte und spritzte und kam wieder zu seinem Vater gelaufen.

Da regte sich etwas bei Lothar. Er trug nur diese ganz leichten Baumwollshorts. Sidonie sah ihn an. Sie guckte auf seine Hose und blickte ihm dann in die Augen.

Er wandte den Blick ab.

Er war sich sicher, sie hatte in diesem Moment alles verstanden. Doch er würde nicht darüber reden. Er nicht.

*

Mein Herz machte Doppelsaltos wegen all dem Kaffee, den ich an diesem Nachmittag getrunken hatte. Sidonie wurde nervös. Sie klappte das Fotoalbum zusammen.

»Jetzt wissen Sie fast alles«, sagte sie.

»Ich – was?«

»Lothar starb 2001. Er hatte Lungenkrebs. Stellen Sie sich das vor – ein Naturbursche, hat nie geraucht.«

»Das tut mir leid.«

»Mir nicht.« Sie lächelte. »Ich habe geraucht. Bis ich 60 wurde. Dann habe ich aufgehört.«

»Wollen Sie damit sagen, dass er als Passivraucher ...«

»Ich habe ihn sozusagen umgebracht. Das hat er mir vorgeworfen, als er die Diagnose bekam. Ich habe mir die schlimmsten Vorwürfe gemacht. Die Ärzte haben ihm noch sechs Monate gegeben. Daraus wurden acht. Er hat es mir vorgehalten, oh, wie er es mir vorgehalten hat.«

»Das wird sich doch nie nachweisen lassen.« Etwas Dümmeres fiel mir nicht ein.

»Ha! Als wenn es darum ginge! Die heutige Zeit verkauft die Leute für dumm, indem sie die Wissenschaft zum alles entscheidenden Kriterium macht. Früher wurde den Leuten gesagt, dies oder das ist so, wie es ist, weil Gott das so gemacht hat. Punktum. Heute reden sie den Menschen ein, etwas ist so oder so, weil die Wissenschaft es festgestellt hat. Was sagen sie in 30 Jahren? Holen sie dann wieder Gott aus der Truhe? Oder einen Geheimdienst? Oder einen Guru oder irgendwelche Naturerscheinungen? Mädchen, Sie können doch nicht so naiv sein.«

Ich zog den Kopf ein.

»Er hat es mir gestanden. Auf dem Sterbebett.«

»Er – was hat er gestanden?«

»Das mit den Mädchen.«

Ich verstand nur noch Bahnhof.

»Er hat drei Mädchen ermordet. Er hat es mir gestanden. Kurz bevor er in die Bewusstlosigkeit abglitt. Danach kämpfte sein Körper noch 48 Stunden gegen das Ersticken an, aber er bekam nichts mehr davon mit. Ich hätte ihm jede Sekunde Qual gegönnt.«

»Er hat drei Mädchen ermordet?«

»Vergewaltigt und ermordet. Er geriet nie unter Verdacht. Deswegen zogen wir soviel umher, verstehen Sie?«

»Aber – haben Sie etwas davon gemerkt?«

Sie schüttelte den Kopf. »Bei uns passiert so was doch nicht. Bei uns doch nicht.«

Sie rief die Bedienung, zahlte. Dann schob sie ihr Fotoalbum in die Krokotasche.

»Jetzt möchte ich Sie bitten, mich ins Heim zu bringen.«

Stumm nickte ich.

Als wir durch die Eingangstür gingen und vor dem Fahrstuhl warteten, fragte ich:

»Und Ihr Sohn? Was ist mit Ihrem Sohn passiert?«

»Ein Unfall. 1966. Mit einem Trecker.«

Die Lifttüren öffneten sich mit einem aggressiven PLING. Sidonie packte die Räder ihres Rollstuhls und manövrierte sich geschickt hinein.

»Ich komme alleine nach oben. Wiedersehen!«

*

Ich stürmte in die Redaktion und stürzte mich ins Archiv. Musste nicht mal lang suchen.

Karl Schandau starb, gerade neunjährig, weil er an einem regnerischen und stürmischen Tag an der Landstraße zwischen Münnerstadt und Bad Neustadt gespielt hatte. Er war ein Naturbursche, wie sein Vater. Dabei wurde er in einer Kurve von einem Wagen erfasst und durch die Luft geschleudert. Er war sofort tot.

Ein Wagen, kein Trecker.

Den Wagen hatte sein Vater gefahren.

Ich rieb mir die Augen.

Ein paar Minuten noch saß ich bewegungslos da. Schließlich verabschiedete ich mich von den Kollegen, schnappte mir meinen Laptop, fuhr heim und begann zu schreiben.

FREIZEITTIPPS:

[59] Rhönradweg; er erstreckt sich über ca. 180 km von Hammelburg nach Fladungen, ist gut in Etappen zu radeln und führt u.a. durch das Biosphärenreservat in der Zentralrhön, das neben etlichen anderen Tier- und vielen Pflanzenarten auch das schwarzköpfige Rhönschaf schützen soll.

[60] Bad Kissingen; stilvolles Kurbad, wo schon Zar Alexander II. und das österreichische Kaiserpaar Franz Joseph und Elisabeth kurten. Architektonisch und atmosphärisch eindrucksvoll ist u.a. die zu Beginn des 20. Jahrhunderts errichtete Brunnenhalle.

[61] Kreuzberg; zweithöchster Berg der Rhön (928 m), auf dem sich ab dem Mittelalter ein Wallfahrtsort entwickelte. Mittlerweile pilgern die meisten Besucher auf den Gipfel, um in der Klosterbrauerei ein süffiges Bier zu trinken.

[62] Hotel Bellevue, Bad Brückenau; klassizistischer Bau mit mondäner Atmosphäre, Restaurant, Terrassencafé und Kellerschenke.

[63] Schwarzes Moor; mit 60 Hektar größtes Rhönmoor, in der Hochrhön gelegen. In ca. drei Stunden kann es auf einem eigens angelegten Naturlehrpfad umwandert werden.

[64] Kirchenburg, Ostheim; ehemalige thüringische Enklave in Bayern. Die Kirchenburg ist die größte

Anlage ihrer Art in Deutschland. Sie fungierte in Kriegs- und Plünderungszeiten als Schutz für Mensch, Tier und Vorräte.

65 Münnerstadt; malerisches Fachwerkstädtchen. Besonders sehenswert ist die St. Magdalena Kirche mit dem von Tilmann Riemenschneider geschnitzten Hochaltar, der Maria Magdalena nur mit ihrem Haar bekleidet darstellt.

66 Die Hohe Rhön; beeindruckende Mittelgebirgslandschaft mit reicher Flora und Fauna. Ideal zum Wandern. Auch auf einer Fahrt entlang der Hochrhönstraße von Fladungen nach Bischofsheim mit dem Auto zu erleben.

67 Bischofsheim; Städtchen am Fuß des Kreuzberges. Der Zentturm stammt aus dem 13. Jahrhundert, ist 26 m hoch und beeindruckt durch seine Trutzigkeit.

68 Rhönmuseum, Fladungen; die nördlichste Stadt Frankens hat viel Fachwerk und eine gut erhaltene Stadtmauer zu bieten. Das Rhönmuseum beherbergt Volkskunst der Rhön sowie eine vor- und frühgeschichtliche Sammlung.

69 Frickenhäuser See; bei Mellrichstadt gelegener, kreisrunder natürlicher See. Er hat einen Umfang von knapp 400 Metern und ist eine beliebte Badestelle.

FRAU SCHERZINGER WILL NICHT URLAUB MACHEN
– HASSBERGE, STEIGERWALD UND EIN AUSFLUG AN DEN MAIN –

»Tötungsdelikte sind Beziehungstaten; Tötungsdelikte sind Beziehungstaten.«

Wie ein Mantra murmelte Hauptkommissarin Ruth Stein diese kriminalistische Binsenweisheit vor sich hin. Es war heiß. Sie saß unter der Markise einer Eisdiele und betrachtete die spätgotische Stadtpfarrkirche 70. St. Kilian, Kolonat und Totnan. Mit zwei Werken des berühmten Tilman Riemenschneider darin. Ein bisschen dick aufgetragen für Haßfurt. Fand die Stein. Sie dachte eben eher sachlich. Nicht emotional. Wobei sich das vielleicht ändern würde. Sie hatte einen Liebhaber. Erst seit ganz Kurzem.

Endlich brachte der junge Mann in der Bistroschürze das Spaghettieis. Er stellte das Tablett mit dem Schälchen vor Ruth Stein ab. »Wissen Sie schon was Neues?«

»Neues?«

»Wegen ... dem Mord.«

Klar. Im kleinen Haßfurt war ein Mord eine Sensation und ein Thema. Man lebte nicht in der Bronx. Schade eigentlich, dachte die Stein.

»Mord ist ein großes Wort. Wir haben noch nicht mal eine Leiche.«

»Aber die Frau Scherzinger ist seit gut anderthalb Monaten verschwunden, und das passt nicht zu der!«

Ein Schildchen am schwarzen T-Shirt wies den jungen Mann als Marco aus.

»Hören Sie, Marco ...«

»Mirko.«

Ruth Stein fuhr den Zeigefinger aus. »Steht hier nicht Marco?«

»Ja, aber das war ein Fehler bei der Herstellung.«

Die Stein verdrehte die Augen. In Zeiten vor ihrem Liebhaber hätte sie jetzt eine trockene Bemerkung gemacht. Inzwischen gab sie sich milder.

»Also, Mirko, kennen Sie Frau Scherzinger?«

»Lisa hat mit mir dieses Jahr Abitur gemacht.«

Lisa. Die Tochter der Scherzingers. Gerade 19 geworden. Traumatisiert vom Verschwinden ihrer Mutter an einem verregneten Junitag. Jetzt war August. Die Sonne stach von einem wolkenlosen Himmel. Ruth Stein, die Jeans trug und ein kurzärmeliges Hemd ihres Lovers, griff nach der Sonnenbrille. Die hatte sie sich für den ersten gemeinsamen Urlaub gekauft. In zwei Wochen. Sie wollten nach Dänemark. Aber vielleicht schien da keine Sonne. Die Stein hatte keine Ahnung. Kühles, verregnetes Wetter lag ihr ohnehin mehr. Bei ihrem kompakten, runden Körperbau traute sie sich nicht aus Jeans und Holzfällerhemd heraus.

»Haben Sie Kontakt zu Lisa?«

»Sie ist verzweifelt.« Marco-Mirko zögerte. »Die wollten doch in den Urlaub, die Scherzingers. Noch mal zu dritt, weil ihre Eltern meinen, dass sie jetzt, wenn sie anfängt zu studieren, das Interesse an der Familie verliert.«

Die Stein löffelte ihr Eis.

»Danke, Mirko. Das ist wirklich eine Tragik. Nicht wahr?«

*

M., ihr Lover, hatte sich in die Haßberge verliebt. Letzten Sommer, auf einer Fahrt entlang der Straße der Fachwerkromantik 71. Man konnte es ihm nicht verdenken. Er war Architekt. Für einen Menschen, der Sinn für Schönheit besaß, man könnte fast sagen, für einen Ästheten, war die Gegend geradezu ideal. Fachwerkhäuser aller Art und Renovierungsstand, mit Wein bewachsene Gartenzäune, Hänge voller Rebstöcke, Hügel, der mäandernde Main, den man noch nicht überall gebändigt hatte, Streuobstwiesen.

Ein Jahr nach seiner Reise hatte M. sein Büro in Zeil am Main aufgemacht. Die Stein war froh, dass er nicht in Haßfurt wohnte. Sie konnte gut mit den Leuten, aber wenn man in ihrem Alter Gehversuche mit der Liebe machte, dann war es sinnvoll, nicht sofort allen alles mitzuteilen. Die Nachbarn würden sich sofort vorstellen, wie Ruth ihren knuffigen Körper in Reizwäsche presste. Ein Frösteln überlief ihren Körper.

Dumm nur, dass die Familie Scherzinger, von der momentan nur Vater und Tochter übrig waren, auch in Zeil lebte. Die Stein fuhr hin. Aktuell gab es zwar keine Neuigkeiten, aber sie hielt den Kontakt zu den Angehörigen der Vermissten für wichtig.

Sie konnte es nicht lassen, nahm die Straße durch den Ort und schielte, ohne anzuhalten, auf M.s Büro am Marktplatz 72. Er hatte sich natürlich den beeindruckendsten Platz in dem Weinstädtchen ausgesucht.

Scherzingers wohnten am Hang, etwas oberhalb des Städtchens, auf dem Weg zum Käppele 73. Nur Lisa war zu Hause.

»Haben Sie meine Mutter gefunden?«

Die Stein ertrug die immer gleiche Frage schlecht. Sie glaubte nicht mehr daran, dass Annegret Scherzinger gefunden würde. Jedenfalls nicht lebendig. Eine Frau ihrer Persönlichkeitsstruktur verduftete nicht einfach, während die

Tochter, die eben noch ihr bestandenes Abitur gefeiert hatte, und der etwas langweilige, aber alles in allem annehmbare Ehemann vor Angst wahnsinnig wurden. Nein, die Stein ging von einem Mord aus. Vielleicht auch von einem vertuschten Unfall. Außerdem glaubte sie nicht an den großen Unbekannten. Es musste einen dunklen Fleck geben, unter dessen Firnis das Geheimnis um die verschwundene Frau Scherzinger ruhte.

»Leider habe ich keine Neuigkeiten«, erwiderte die Stein. »Darf ich reinkommen?«

Lisa nickte.

Im Wohnzimmer sah alles aufgeräumt aus und so trist wie beim ersten Mal, als Ruth Stein hergekommen war. Ein braunes Sofa, Blumentöpfe mit ausgefransten Grünpflanzen auf dem niedrigen Sims. Raffrollos.

»Ist dein Vater nicht zu Hause?«

Rolf Scherzinger war von seinem Arbeitgeber beurlaubt worden.

»Er ist in Münsterschwarzach 74. Ausspannen.«

Die Stein runzelte die Stirn.

»Kloster auf Zeit?«

Lisa zuckte die Achseln. Sie war ein blasser Typ mit milchweißer Haut und hellblonden Locken, und die Sorgen der vergangenen Wochen hatten sie noch bleicher werden lassen.

»Sag mal, Lisa, ihr hattet vor, in den Urlaub zu fahren? Die ganze Familie?« Ob man wollte oder nicht, fand die Stein, man gewöhnte sich daran, Menschen zu quälen. Die Ermittlungsarbeit erforderte Fragen wie diese. Die Polizei war nicht dazu da, Salbe auf Wunden zu streichen.

Lisa rang um Fassung.

»Ja. Wir wollten nach Ibiza. Zu dritt. Papa wollte das

gern. Wir haben schon lange keinen Urlaub mehr gemacht. Nur mal in der Fränkischen Schweiz. Ein paar Tage wandern oder so.«

»Ibiza! Schöne Insel.« Die Stein hatte keine Ahnung von Ibiza. Es zog sie nicht in den Süden. Schon der Gedanke an gleißende Sonne und glühenden Sand trieb ihr den Schweiß aus den Poren.

Lisa sagte nichts. Sie hatte mit den Tränen zu kämpfen.

»Hattest du denn keine eigenen Pläne? Wenn man gerade Abitur gemacht hat, dann zieht es einen doch mit den Freundinnen weg. Oder dem Freund.«

Lisa hatte keinen Freund. Sie war solo. Seit einem Jahr. Vorher hatte es einen gewissen Bertram gegeben. Einen Studenten. Dem Lisa vermutlich zu kindlich gewesen war.

»Eine Freundin und ich, wir wollten nach Thailand. Zwei Monate rumreisen. Sobald meine Eltern und ich aus Ibiza zurückgekommen wären, hätten wir uns auf den Weg gemacht. Aber ich habe alles abgesagt. Ich kann jetzt doch nicht weg. Kann ich nicht, oder?«

Die Stein wiegte den Kopf, aber dann antwortete sie, was Lisa hören wollte.

*

Sie fuhr zurück nach Haßfurt, marschierte in ihr Büro, schloss das Fenster, ließ den Rollo hinunter. Im Halbdunkel resümierte sie:

Annegret Scherzinger, 45, am 7. Juni verschwunden. Kein Streit in der Familie, keine Schulden, wenngleich die finanzielle Situation nicht rosig aussah. Rolf Scherzinger war Buchhalter in einer kleinen IT-Firma, die jedes Jahr mit einer schwarzen Null abschloss, es bestand also Grund zu der Annahme, dass man sich einen Buchhalter irgendwann nicht mehr leisten konnte.

Trotzdem ein Urlaub nach Ibiza. Mit einer angepassten Tochter.

Die Stein dachte an ihre eigene Jugend. Nach dem Abitur: Rucksack, Turnschuhe, Interrail. Mit der Clique, zwei Jungs, zwei Mädchen. Damals hatte sie angefangen, sich eine gewisse Resistenz gegen Enttäuschungen und ein Durchhaltevermögen anzueignen, um das die Kollegen sie beneideten. Mit ihren Eltern nach Ibiza? Unmöglich. Ihre Eltern wären da gar nicht hingefahren. Zu prollmäßig. Zu üblich. Behaupteten sie und fuhren täglich an den Ellertshäuser See 75 . Weil man in einer guten halben Stunde von Haßfurt aus hinkam. Quer durch die Berge und Wälder fahren, auf schmalen Straßen, den einen oder anderen Traktor überholen, dann auf der Wiese liegen, alle zwei Stunden ins Wasser hüpfen. Damals war Unterfrankens größter See ein schattiger Geheimtipp mit einer Kneipe beim Parkplatz, wo man sich ein Eis am Stiel leistete, bevor man nach Hause fuhr. Jetzt gab es einen Bootshafen, Toilettenhäuschen, Imbissbuden, Gedränge und Geschiebe. Die Stein fuhr manchmal am späten Abend raus und schwamm einmal durch den See. An der schmalsten Stelle. Dann lag das Wasser dunkelgrün vor ihr, und ab und zu schnellte ein Fisch in die Luft und kehrte platschend wieder in sein Element zurück. Mit M. war sie noch nicht dort gewesen. Man musste nicht alle Geheimnisse teilen.

Sie fuhr nach Münsterschwarzach.

*

Rolf Scherzinger hockte in der Kirchenbank und starrte vor sich hin. Er trug eine Anzughose, grau, und ein weißes

Hemd. Den üblichen Schlips hatte er sich verkniffen. Vielleicht, weil er nicht nur eine Auszeit vom Leben nahm, sondern auch eine vom Dresscode.

Die Stein schlüpfte neben ihn. Er schrak zusammen.

»Sie?«

»Kloster auf Zeit?«

»Ich kenne einen der Brüder hier. Ich brauche …« Er verstummte. Unter seinen Augen hatten sich tiefe Schatten gebildet. Der Dreitagebart stand ihm nicht. Ihrem Lover dagegen schon. Fand die Stein.

»Sie brauchen Beistand. Das ist nur zu verständlich.«

»Gibt es etwas Neues von meiner Frau?« Er murmelte seine Worte mechanisch, hatte genau diesen Satz schon zu oft genau so ausgesprochen, mit einer läppischen Hebung der Stimme am Ende, die den Satz aussehen lassen sollte wie eine Frage.

Die Stein verstand. Es war keine Frage. Er wartete nicht auf eine Antwort. Er wollte die Antwort nicht wissen.

»Und Lisa?«

»Lisa?«

»Lisa wollte nach Thailand.«

»Erst Ibiza. Dann Thailand. Das war abgesprochen.«

Die Stein nickte. Es war ganz still in der Klosterkirche. Ein Monumentalbau aus der Hitlerzeit, wie seltsam, dachte sie. Und wie angenehm wäre es, wenn ich eine Leiche hätte.

Rolf Scherzinger war ein Mensch, der Wert darauf legte, recht zu haben. Der Pläne machte und darüber wachte, dass sie eingehalten wurden. Sie fragte sich, wie er als Partner war. Als Liebespartner. Wie es war, neben dem korrekten Mann, der auch in seiner Freizeit Anzüge trug, einzuschlafen. Ob er schnarchte. Ob eine Frau mit ihm reden konnte. Über Träume. Ängste. Zweifel.

Ihre Antwort lautete ›Nein‹.

Orgelmusik setzte ein.

Annegret Scherzinger hatte einen Geliebten gehabt. Die Stein wurde sich immer sicherer. Frauen machten das so. In der Lebensmitte begann alles noch einmal von vorn. Aber egoistischer. Klarer. Ohne Rücksicht auf Ehemann und Kind, weil die endlich mal alleine zurechtkommen sollten. Die Stein dachte an ihre eigene Gereiztheit, wenn die Kollegen ihr hinterherliefen wie Entenküken, unfähig, eigene Entscheidungen zu treffen.

Neben ihr barg Scherzinger sein Gesicht in seinen Händen.

Aber es gab keinen Geliebten. Annegret Scherzingers Freundinnen jedenfalls hatten keinen Schimmer. Die Damen sangen zusammen im Chor, verkauften an Weihnachten Unicef-Karten, besuchten Lesungen und Konzerte. Sie waren Vertraute. Keine von ihnen wusste etwas von einem Lover, und die Stein glaubte ihnen.

»So eine Reise, drei Mann hoch, nach Ibiza, zur Hochsaison. Ist nicht billig. Und nach Thailand ...«

Scherzinger hob den Kopf. »Die Thailandreise hätte Lisa sich selbst verdient. Sie hat sich einen Ferienjob besorgt. Aber jetzt ...«

Der Mann verfiel wieder in Schweigen. Seine Hände zitterten. Als er merkte, dass die Stein es merkte, schob er sie zwischen seine Knie.

*

Im Büro sortierte die Stein ihre Akten. Blieb bei Annegret Scherzingers Freundinnen hängen. Sie waren allesamt Chorfreundinnen. Keine Arbeitskolleginnen.

Die Stein hatte lange darüber gegrübelt. Annegret Scherzinger arbeitete als Lehrerin am Regiomontanusgymnasium in Haßfurt. Aber erst seit einem Jahr. Sie war auf halber Stelle. Keine gute Ausgangssituation für das Schmieden von Freundschaften.

Die Stein fuhr zum Schulzentrum. Im August lag tiefe Stille über dem Komplex. Flachbauten, viel Grau, dazwischen Grün. Ein riesiger Parkplatz. Sie ging ins Sekretariat.

Nein, der Sekretärin war nichts bekannt, also nichts über Freundschaften oder besondere Vorlieben von Frau Scherzinger. Sie war eine angenehme Kollegin. Englisch und Geografie, das war eine gute Kombination, keine allzu unbeliebten Schulfächer, und in Geografie, da konnte man Exkursionen anbieten, das gefiel den Schülern, die waren durch den Steigerwald gekrochen, auf allen Vieren, und hatten Gesteinsproben und in Kooperation mit dem Biologielehrer auch Pflanzenproben genommen.

»Mit dem Biologielehrer?«

»Ed Sinsheim.«

Ein Lichtblick. Die Stein setzte sich ins Auto und trommelte geschlagene fünf Minuten mit den Fingern auf das Lenkrad. Es waren ihre Gedanken, die Amok liefen. Natürlich waren alle Kollegen der verschwundenen Annegret befragt worden, routinemäßig, und Routine, so fand die Stein, war immer Mist.

Ed Sinsheim. Wohnhaft in Königsberg. Der Mann war ein Lichtblick.

M. rief an.

»Sehen wir uns heute Abend?«

In Ruth Steins Magen rotierten die Verdauungssäfte.

»Wir sehen uns.«

Sie legte auf und fuhr nach Königsberg.

*

Ed Sinsheim lebte mitten in Königsberg 76 . Er war nicht nur Lehrer, sondern auch Schöngeist, er malte und dichtete und scheute sich nicht, seine Gemälde und seine Gedichte auf Leinwand gepinselt an die Wände seines Fachwerkhauses zu hängen. Er hatte die Stauferburgreste gemalt, die hoch über Königsberg aufragten, den Regiomontanusbrunnen, außerdem mindestens 20 verschiedene Versionen eines Rosenstocks vor einer Fachwerkfassade. Seine dürren Beine ragten aus Kaki-Shorts. Er trug ein T-Shirt mit der Aufschrift: ›Berlin, mon amour‹.

Die Stein hatte geforscht. Er war geschieden. Die Ex-Frau hatte den gemeinsamen Sohn in die neue Ehe integriert. Er lebte allein. Keinerlei Auffälligkeiten, für die die Polizei sich interessieren könnte.

Er war inspiriert und einsam. Hatte nicht einmal Kaffee im Haus und schlug vor, in das Café im Kunsthandwerkerhof 77 zu gehen. Da gäbe es auch Kuchen.

Die Stein folgte ihm. Ihre Sneakers tappten lautlos über das Kopfsteinpflaster. Die Stadt lag wie ausgestorben.

»Diese Hitze!«

»Sie unterrichten Biologie und Chemie?«

»Genau. Ich sollte Apotheker werden, konnte mich meinem Vater aber widersetzen.«

»Und mit Annegret? Wie lief das so?«

Sie gingen auf den Kunsthandwerkerhof zu. Die kleinen Werkstätten, in denen die Künstler arbeiteten, und das Café standen weit offen. Das Leben verlief ruhig, schläfrig, sommerlich. Ein Golden Retriever kam aus der Gasse vor dem Hof und sackte ermattet vor Ruth Stein auf das Pflaster. Sie nahm die Sonnenbrille ab.

»Mit Annegret?« Ed Sinsheim sank auf einen Stuhl und bestellte ein Radler. »Verdammt, ist das heiß!«

»Sie hatten eine Affäre.« Die Stein genoss das Wort: Affäre. Wenn man sich Mühe gab, konnte man es richtig französisch aussprechen. Dann klang es noch gefährlicher.

Ed Sinsheim sah aus, als habe man ihm weiße Farbe ins Gesicht gespritzt. Er öffnete den Mund, würgte, hustete. Aus einer der Werkstätten tönte Musik. Klang türkisch. Oder arabisch. Die Stein kannte sich damit nicht aus. Sie beobachtete Sinsheim. Er konnte nicht sprechen. Sie wartete, bis sein Radler und ihre Apfelschorle kamen. Beide hoben sie die Krüge, als seien sie Verdurstende.

Das Radler von Sinsheim verdunstete innerhalb von fünf Sekunden zur Hälfte.

»Sie und Annegret hatten eine Affäre«, stellte die Stein fest. »Gut verborgen. Selten gelebt. Aber stark. Intensiv. Glühend.«

Er brach zusammen. Es stimmte, sagte er, sie hätten eine Beziehung gehabt, Annegret sei seine große Liebe, und über kurz oder lang hätte sie ihren sauertöpfischen Ehemann verlassen, um mit ihm hier in Königsberg zu leben. Scheidung wäre doch okay heutzutage, die Städtchen in den Haßbergen sähen zwar mittelalterlich aus, aber dennoch könnte man sich umentscheiden, neue Pläne machen und umsetzen, wer sollte einen daran hindern.

»Der Tod«, entgegnete die Stein.

Er fing an zu schreien, die Trauer brach aus ihm heraus, das jahrzehntelang angestaute Gefühl, vom Universum ungerecht behandelt zu werden, und zwar stets. Die Musik aus der Werkstatt brach ab. Fenster wurden geöffnet, Gardinen bauschten sich.

Er habe Annegret geliebt, heulte Ed Sinsheim, aber er habe sie nicht umgebracht, wie die Stein darauf käme.

»Ich habe nicht behauptet, dass Sie sie getötet haben. Wir haben ja nicht mal eine Leiche.«

»Sie würde niemals einfach so verschwinden.«

»Dann wissen Sie, wo sie ist!«

»Nein!« Er flennte. Er konnte nicht mehr. Die Unsicherheit hatte ihn zermürbt.

Wieder einer, dem die Stein glaubte.

Sie erhob sich, warf einen Schein auf den Tisch.

»Warten Sie!« Er heftete sich an ihre Fersen. »Wir kannten uns ja noch nicht lang. Aber sie ertrug diesen Mann nicht mehr. Scherzinger ist ein Idiot, ein verbohrter Spießer, ein Desaster für eine Frau wie Annegret. Bei mir konnte sie sich wieder wie eine Frau fühlen. Wir passten ideal zusammen. Ich liebte ihren Körper und ihre Seele. Ja, wirklich! Mit mir hatte sie wieder Spaß. Im Bett. Und auch sonst. Sie hat sich so gewandelt. In nur ein paar Wochen. Sie wurde eine richtige Femme fatale. Niemand hat was gemerkt, das versichere ich Ihnen!« Sinsheims Lippen klebten beinahe an Ruth Steins Ohr. Sie ging schneller. Er hielt mit. »Sie wollte, dass Lisa erst Abi macht. Dann würde sie es ihrem Mann sagen. Sie würde ihn verlassen. Wir sind zusammen nach Nürnberg gefahren. Da haben wir eingekauft. Ich habe ihr ein Sommerkleid gekauft, ein richtig schickes Teil, wir wollten im September nach Sizilien, und sie hat sich Wäsche gekauft. In der Großstadt, sie konnte das nur in der Großstadt machen. Die Wäsche! Also, hier bei uns ... da gibt's so was gar nicht, und selbst wenn, solche Fähnchen hätte sie nie kaufen können, das hätte sich doch rumgesprochen. Spitze, Seide, das kauft eine Frau an einem Ort, wo sie keiner kennt. Ich wollte das alles für sie bezahlen, auch die Slips und so, aber sie bestand darauf, das selbst zu machen.«

Die Stein beherrschte sich, obwohl sie am liebsten laut gelacht hätte.

»Damit niemand was merkt, sind wir immer rausgefahren. Ich habe einen Van, da ist genug Platz, und es hat mir sogar Spaß gemacht, den Wagen auszurüsten. Wir sind rumgefahren, und ganz oft haben wir uns bei Kirchen irgendwo draußen hingestellt. Das mochte sie. Kennen Sie Maria Limbach [78]? Da oben waren wir, sie liebte Balthasar Neumann. Sie interessierte sich für Kunst. Ihr Mann ja gar nicht. Wir waren am Abend da und schauten auf den Main hinunter, das war schön, das war Leben, wirkliches Leben. Sie hatte noch nie in den Armen eines Mannes einfach so in einer milden Nacht auf einem Hügel gestanden und in die Lande geschaut. Und als dann keine Besucher mehr da waren, ich meine, so viele Leute kommen doch nicht nach Maria Limbach, da haben wir es getan. Im Wagen.«

Tränen liefen über Ed Sinsheims Gesicht. Er war nicht mehr zu stoppen. Die Sonne brannte vom Himmel, doch die Stein wagte es nicht, sich in den Schatten der Gassen zu flüchten. Er durfte nicht aufhören zu reden.

»Wir waren oft im Steigerwald. Ihr Mann war ja kaum zu Hause. Hat Überstunden gemacht, obwohl in seiner Firma so viel nicht zu tun war. Er hatte Angst, seinen Job zu verlieren. Eilfertig und devot hat er in vorauseilendem Gehorsam im Büro gehockt und Minesweeper gespielt. Dann hatten wir Zeit. Wir entdeckten Kunstschätze und tolle Sachen, für die ich früher nie einen Blick hatte. In Großbirkach [79] waren wir. Sie mochte die Dämonenfiguren so gern, die an dem Turm von der Pfarrkirche. Da hat sie sich immer gefragt, wovor diese rätselhaften Gesellen die Kirche schützen sollen, so hoch oben.« Durch einen Schleier von Tränen sah er die Stein an. »Und jetzt? Und jetzt?«

Die Kommissarin nickte ihm zu und ging.

*

Sie saßen in der Weinschenke auf dem Stollberg 80, Frankens höchstem Weinberg. Der Himmel glänzte so klar, dass man bis zum Main sehen konnte. Die Stein fand den Blick nicht sonderlich interessant. Auch nicht die Jets, die unter dem blauen Firmament dahinzogen. Ihre Aufmerksamkeit wurde von weniger angenehmen Dingen okkupiert.

M. hob sein Glas.

»Der Bacchus ist hier oben gewachsen. Also die Rebe, meine ich.«

»Hm.«

»Steinchen?«

Die Stein stellte ihr Glas ab. Beugte sich über den Tisch und berichtete von ihrem Gespräch mit Ed Sinsheim. Von seiner Verzweiflung.

»Er war ein Mann mit Träumen.« M. lachte. Sein lockiges Haar ergraute an den Schläfen. Er strich die Strähnen zurück. Hier oben war es angenehm warm, nicht heiß. Bald würde die Sonne untergehen. Es war August. Das Gefühl von Sommer und Leichtigkeit lag über dem Land. Wiesen, Felder, Wald. Wein. Ein zartes Säuseln im Kopf.

»Sie hat Reizwäsche gekauft. Mit ihm zusammen. Aber sie hat bezahlt. Das will mir nicht in den Kopf.«

»Warum? Meinst du, er hätte bezahlen müssen?«

»Annegret Scherzinger hat halbtags gearbeitet. Aber erst seit einem Jahr.«

M. schwenkte das Glas und sah dem Bacchus zu, wie er sich in die Kurve legte.

»Ich frage mich, warum sie erst in diesem Schuljahr in den Schuldienst zurückging.« Die Stein sah in M.s grüne Augen. »Frag die Tochter!«

Sie rief Lisa an. Die druckste herum.

»Also, Papa fand, das sei nicht nötig, dass sie arbeitet.«

»Nicht nötig?«
»Na, finanziell.«
»Danke«, sagte die Stein. Sie trank ihr Glas leer. M. bestellte sofort ein neues.
»Den Scherzingers ist das Geld ausgegangen. Rolf Scherzingers Job hängt am seidenen Faden.«
»Deswegen hat er seiner Frau erlaubt, dass sie arbeiten geht?« M. schüttelte den Kopf. »Wenn sie das Geld so dringend brauchen, wäre es sinnvoller, er bringt seine Frau nicht um.«
»Urlaub. Gemeinsam mit der Familie. Zum letzten Mal. Danach hätte sie ihren Mann verlassen.« Die Stein ärgerte sich plötzlich über das Säuseln im Kopf. Bestellte ein Mineralwasser. »Ich brauche ein starkes Motiv. Fremdgehen ist ein Motiv, aber ist es stark genug, dass er unter diesen Umständen seine Frau um die Ecke bringt?«
M. hob beide Hände. »Ich bin nun kein forensischer Experte.«
»Du bist ein Mann.«
»Du meinst ... was könnte mich in dieser Lage so extrem reizen, dass ich den Schürhaken nehme und zuschlage?«
Die Stein ließ ihm Zeit zum Nachdenken. Sie legte den Kopf in den Nacken und blickte in den samtblauen Abendhimmel. Im Westen färbte sich der Horizont rosa. Das warme Licht schwappte über die Wälder und Hügel.
»Also«, fing M. endlich an. »Es ist doch so. Er hat vielleicht von der Affäre mitgekriegt und wurde sauer ...«
Die Stein schnitt ihm mit einer Geste das Wort ab. Sie rief einen Kollegen an und bat ihn, sofort bei Lisa vorbeizuschauen und nach der Urlaubskasse zu fragen. M. starrte sie verblüfft an.
»Du meinst ...«

»Scherzinger kann die Affäre hinnehmen, weil seine Frau Geld heimbringt. Vielleicht weiß er auch selbst, dass er ein Ausbund an Langeweile ist und seine Frau etwas Besseres verdient hat. Doch ...«

»... dass sie Reizwäsche kauft, zusammen mit dem Rivalen ...«

»Nein! Dass sie die Reizwäsche aus der Urlaubskasse bezahlt!«

»Hat sie?«

»Wir haben alle Kontobewegungen gecheckt. Spitze ist teuer. Aber wir haben keine passende Abbuchung gefunden.«

M. grinste. »Das ist zweideutig.«

»Das ganze Leben ist zweideutig.«

»Sie wollte ein anderes Leben!«

Die Stein antwortete nicht.

Sie tranken Wasser und Wein und sahen in den Abend hinaus, bis der Kollege zurückrief. Lisa hatte nicht lange herumgedruckst. Die Urlaubskasse der Scherzingers bestand aus einem alten Topf, der in der Speisekammer stand und 2000 Euro enthalten sollte. Es waren aber nur 1500 drin.

»Die Bürger werden wieder vorsichtiger«, kommentierte M. »Sammeln Bares in der Speisekammer. Der Staat fragt zu viele Daten ab!«

Die Stein schwieg. Die Abendsonne ergoss sich über die Weinberge.

»Wegen 500 Euro ...«, murmelte M.

»Wegen 500 Euro. Wegen der Kränkung. Wegen der Aussichtslosigkeit.«

Die Stein sprang auf und rannte den gewundenen Weg zum Parkplatz hinunter.

*

Sie verhaftete Rolf Scherzinger vor der Basilika in Münsterschwarzach. Zwei Tage später gab er schließlich zu, seine Frau erdrosselt zu haben. Er brauchte einen weiteren Tag, um preiszugeben, wo er ihre Leiche verscharrt hatte. In einem Waldstück bei Handthal. Wohin er sie mitgenommen hatte. In den Steigerwald, einen Wein trinken. Spazieren gehen. Dort hatte er sie zur Rede gestellt. Die Stein hörte seinen Erklärungen mit unbewegtem Gesicht zu. Der Mann hatte alles verloren. Aus Ängstlichkeit, seinen Job zu verlieren und als Loser dazustehen.

Sie rief die Spurensicherung und die Rechtsmedizinerin an. Im Wald bei Handthal standen sie auf Moos und Laub vom Vorjahr. Die Stein stellte fest, dass sie vor wenigen Tagen, als sie mit M. auf dem Stollberg saß, den Blick auch über diese Stelle hatte schweifen lassen.

»Fangt an zu graben«, ordnete sie an. Viel mehr musste nicht gesagt werden.

Die Leute in den Overalls gruben die Leiche aus. Alles nahm seinen Gang.

FREIZEITTIPPS:

[70] Spätgotische Stadtpfarrkirche, Haßfurt; sehenswert sind v.a. die aus dem späten 15. Jh. stammenden Figuren ›Johannes der Täufer‹ und ›Maria mit dem Kind‹, die zum Frühwerk Tilman Riemenschneiders gehören.

[71] Straße der Fachwerkromantik; sie führt von Haßfurt über Königsberg, Hofheim und Stadtlauringen nach Bad Königshofen. Am Wegesrand liegen romantische Dörfer, alte Kirchen und buckelige Wiesen.

[72] Zeil am Main; idealtypisches unterfränkisches Weinstädtchen mit einem traumhaft rund um den Marktplatz gelegenen Fachwerkensemble. Erhalten sind außerdem Reste der mittelalterlichen Stadtbefestigung und ein Torturm. Im Spätsommer findet in Zeil alljährlich ein – für die Gegend typisches – Weinfest statt.

[73] Zeiler Käppele; im Stil französischer Kathedralen gebaute Wallfahrtskapelle. Vom Kapellenberg hat man eine herrliche Aussicht auf die Umgebung von Zeil.

[74] Benediktinerabtei Münsterschwarzach; am Main zwischen Schweinfurt und Würzburg gelegene Abtei. Das bereits im frühen 9. Jahrhundert gegründete Kloster hat viele Veränderungen erfahren, bis es 1810 durch Blitzschlag so stark beschädigt wurde, dass es abgetragen werden musste. Der Neubau nach historischen Vorbildern, aber dennoch modern, erfolgte in den 1930er Jahren.

75 Ellertshäuser See; größter See Unterfrankens südlich von Stadtlauringen, beliebt bei Schwimmern, Surfern und Seglern.

76 Königsberg in Bayern; ehemals zum Haus Coburg-Gotha gehörende sächsische Enklave, die seit 1920 Teil Bayerns ist und sich deshalb ›Königsberg in Bayern‹ nennt. Reizvoll-romantisches Fachwerkstädtchen mit kopfsteingepflasterten Gassen, engen Stadttoren und vielen lauschigen Winkeln.

77 Kunsthandwerkerhof Königsberg; Kunstgalerie, Café, Laden, Begegnungsort und Werkstätten von Künstlern. Die Gebäude in der Gasse direkt an der mittelalterlichen Stadtmauer fungierten einst als kommunales Brauhaus.

78 Wallfahrtskirche Maria Limbach; idyllisch zwischen Zeil und Eltmann gelegen. Kunstgeschichtlich gehört sie zu Balthasar Neumanns Spätwerk.

79 Evangelische Pfarrkirche Großbirkach; der Kirchenbau geht auf eine karolingische Gründung zurück und vereinigt viele Epochen und Stile in sich. Die Reliefplastik im Altarraum, die Johannes den Täufer zeigt, ist vermutlich mehr als 1000 Jahre alt.

80 Der Stollberg bei Handthal; mit einer Höhe von 440 Metern ist er Frankens höchster Weinberg.

DIE SCHERBEN MEINES SPIEGELS SIND DIE SCHERBEN MEINES ICHS
– NÜRNBERG –

Ich habe meinen Mitmenschen das Leben zur Hölle gemacht. So ist es nur zu verständlich, dass ich mich früher oder später durchringen muss, ihr Leiden zu beenden. Die Stringenz des menschlichen Daseins hat es möglich gemacht, dass ich an einem Ort sterbe, an dem der Tod über lange Zeit gewirkt hat. Behördlich genehmigt und historisch belegt.

Nürnberg ist eine alte Stadt. Eine Reichsstadt. Ein machtvoller Ort, an dem es Geld gab. Einst.

Unter mir fließt matt die Pegnitz dahin. Es riecht aber nicht mehr so schlecht wie früher. Es riecht frisch. Aus grauem Maihimmel nieselt endlos der Regen. Wir schreiben das Jahr 2013. Ein Jahr, in dem die Menschen bis zum 15. April ihre Wintermäntel trugen und vom Winter direkt in den Herbst katapultiert wurden. Das Hochwasser, vor dem alle warnen, wird noch ein paar Tage auf sich warten lassen. Ich werde es nicht mehr erleben. Es ist mir auch egal, ob das braune Pegnitzwasser bis hinauf ins Henkerhaus 81 steigt. Denn in ein paar Stunden bin ich tot. Ehe die nächste Touristengruppe die schmale Holzstiege hinaufklettern und den Erläuterungen eines engagierten jungen Historikers lauschen wird, über den Henker Franz Schmid, in dessen Dienstwohnung ich mich gerade befinde, hoch über dem Fluss, wird mein Blut über den Boden sickern. Klebrige Spuren werden sich durch das schmale Brückenhaus ziehen und allmählich eintrocknen.

Dann seid ihr mich endlich los und euer Leben wird wieder lebenswert sein.

*

Dante Wischnewski, Journalist, Tausendsassa und Alleskönner, hyperaktiver Freiberufler und Wortverdreher, tänzelte durch die Straße der Menschenrechte [82], wobei er von Säule zu Säule hüpfte, sich eine Weile daran festhielt, den jeweiligen Text auf Deutsch überflog und sich dann an einer Übersetzung aus dem fremdsprachigen Text versuchte, der ebenfalls in die Säule gemeißelt war. Besonders schwer konnte es nicht sein, denn erstens kannte Dante die Artikel der Erklärung der Menschenrechte beinahe auswendig, und zweitens stand der Text ja auf Deutsch da. Er fand es einfach spannend, herauszufinden, ob er auch mit rudimentären Kenntnissen, zum Beispiel des Russischen, ein paar bekannte Wörter auszumachen imstande war. An der armenischen Säule musste er jedoch scheitern. Er konnte die Buchstaben nicht identifizieren. Genauso wenig wie die tibetischen, an der Säule war er schon vorbeigekommen.

Ein eisiger Wind pfiff durch Nürnberg. Das Wetter fühlte sich eher wie November an als wie Mai. Die Kartäusergasse vor dem Germanischen Nationalmuseum [83] sah trist und grau aus. Touristen in bunten Regenjacken hetzten auf den Haupteingang zu und verschwanden schnellstmöglich durch die Drehtür. Im Museum regnete es wenigstens nicht.

»Na endlich!« Dante löste sich von der armenischen Säule und eilte der Frau entgegen, die in einem eisblauen Parka auf ihn zugestapft kam. »Frau Palfy! Ich wäre beinahe festgefroren!«

Sie lachte. Zog die Kapuze vom Kopf.

»Wow, Ihr Haar ist ja noch kürzer als gestern. Sie machen

mir Konkurrenz!« Er nahm seine Ohrenklappenmütze ab. Dante Wischnewski hatte kaum noch Haare auf dem Kopf, allenfalls einen dünnen Flaum, der an einen frisch geschlüpften Vogel erinnerte.

»Verraten Sie mir, warum Sie mich bei dem Scheißwetter nach Nürnberg zitieren?«

»Sie sind die Einzige, die Licht ins Dunkel bringen kann.« Dante nahm Katinka beim Arm. »Beruflich. Als Privatermittlerin, meine ich. Sie kennen doch Thorleif Schwerte? Den Journalisten?«

»Da muss ich passen.«

Sie stiegen die Stufen zum Museum hinauf. »Ich habe ihn hier getroffen. Gestern. Im Museum. Zu einem Interview.«

»Hilfe, Wischnewski ...«

»Die Zusammenhänge werden Ihnen schon noch aufgehen. Er ist Publizist, Kritiker, Künstler. Kam nach Nürnberg, um ein Bild anzusehen. Nur eines. Die ›Verkündigung an Maria‹ von Konrad Witz. 15. Jahrhundert. Hängt im Germanischen Nationalmuseum. Also hier. Wollen Sie es sehen? Ich lade Sie ein.«

*

Im Henkerhaus haben sie Toiletten, warmes Wasser. Ich habe mich einfach einschließen lassen. Mich auf den Klodeckel gesetzt und die Füße hochgezogen. Hier habe ich alles, was ich brauche. Mit dem Tod habe ich keine Eile. Er ist ohnehin schon im Anmarsch. Als die Stimmen der Besuchergruppe verklungen sind, höre ich, wie sich unten im Schloss der Eingangstür ein Schlüssel dreht. Kurz werde ich klaustrophobisch. Aber wirklich nur kurz. Wenn der Sensenmann sein Kommen ankündigt, gibt es ohnehin kein Entrinnen.

Ich stelle mich eine Weile vor den Spiegel.

Er hat immer geschwärmt, wie schön ich sei. Er ist wirklich nie müde geworden, mir genau das zu sagen. Meine Freundinnen haben mich um so einen Mann beneidet. Sie bekommen anscheinend niemals Komplimente. Etwas Nettes zu einer Frau zu sagen, fällt den Männern dermaßen schwer. Nicht, weil sie sich nicht trauen würden, oh nein, sie fragen ja auch, willst du mit mir schlafen, willst du einen Drink, könntest du mal das Waschbecken sauber machen, aber nur, wenn es dir nichts ausmacht. Ich glaube, ihnen fehlen einfach die Worte. Sie wissen nicht, wie sie ein Kompliment in Worte kleiden können.

Dazu sollte es mal einen Volkshochschulkurs geben. Wie man Komplimente macht.

Ich berühre meine Wangen. Ich habe hohe Wangenknochen, große Mandelaugen, dunkelbraun, hohe, gewölbte Augenbrauen, kräftige Wimpern. Meine Lippen sind voll und ideal geschwungen. Ja, ich bin schön.

Aber nicht mehr lang.

Ich berühre mein Haar. Es ist lang, reicht mir bis weit über die Schultern. Ich packe den Schopf und hebe das Haar hoch, fühle, wie schwer es ist.

Nicht mehr lang.

Mein Zeigefinger tippt an den Spiegel und fährt die Linien meines Gesichtes auf dem kalten Glas nach. Noch ist alles intakt.

Aber nicht mehr lang.

*

»Hier ist mir ein bisschen zu viel Verkündigung an Maria!« Katinka drehte sich in dem riesigen Ausstellungssaal ein paar Mal um die eigene Achse. »Sie sagten, es ginge um ein bestimmtes Bild? Hier sind ein paar Dutzend Verkündigungsengel inklusive Marias.«

Dante packte sie sanft an den Schultern und schob sie zu einem Gemälde. »Hier. Das ist es. Was fällt Ihnen auf?«

»Maria liest ein Buch. Hinter ihr steht ein Engel. Blond gelockt. Seine Augen treten zu weit hervor. Er scheint ein Schilddrüsenproblem zu haben.«

»Engel haben keine Schilddrüsen.« Dante kicherte. »Ein Buch also. Sehr seltsam, oder? Zur Zeit der echten Maria gab es noch keine Bücher. Und betrachten Sie das Zimmer, in dem die beiden stehen: Der Mörtel rinnt am Türstock herunter, das Holz der Balken ist gerissen. Kein einziges Möbelstück. Und Maria sieht den Engel nicht an.«

»Wischnewski, ich habe keinen Bedarf an einer Unterrichtsstunde in Kunstgeschichte oder Theologie.«

»Ich denke, dass das alles mit dem Bild zusammenhängt.«

»Was: ›das alles‹?«

Dante sah sich um und senkte rasch die Stimme.

»Die Polizei behauptet, Schwerte hätte seine Frau umgebracht.«

»Die Frau, die man tot im Henkerhaus gefunden hat?«

»Egal, ob er es war oder nicht: Entscheidend ist, dass sie nach ihm fahnden, ihn aber nicht finden.« Er senkte die Stimme. »Schwerte hat mir eine SMS geschickt. Er ist unschuldig. Nehmen Sie den Auftrag an?«

Katinka seufzte. »Wischnewski, unsere alte Freundschaft in Ehren, aber ...«

»Sie werden nicht umsonst arbeiten. Ich verspreche es. Schwerte hat Geld, und er hat ein ziemlich übles Problem an der Backe.«

Katinka Palfy, die im Augenblick eine flaue berufliche

Phase durchlebte, die sie auf das miserable Wetter schob, zuckte die Achseln.

»Sie wollen, dass ich seine Unschuld beweise?«

»Er selbst will es. Ich sollte den besten Privatdetektiv anheuern, der unter dem fränkischen Sternenhimmel zu finden ist. Was meinen Sie, Frau Palfy, warum sieht Maria den Engel nicht an? Weil sie ihn sowieso nicht sehen könnte?«

»Das liegt nahe.«

»Oder weil sie sich nicht für ihn interessiert?«

»Weil sie es womöglich für selbstverständlich hält, dass er da ist.«

Dante nickte frenetisch. »Vermutlich. Wollen Sie wissen, wie sie gestorben ist? Schwertes Frau? Jemand hat ihr das Gesicht zerschnitten und sie dann erdrosselt. Vorher wurde ihr noch das Haar abgeschnitten.«

»Ich muss hier raus, Wischnewski. Zehn Minuten im Museum, und ich fange an zu gähnen. Wo finde ich diesen Schwerte?«

Dante sah auf die Uhr. »In genau 20 Minuten auf dem Johannisfriedhof 84.«

*

Ich habe ihn nur nach Nürnberg begleitet, weil er mich so sehr darum gebeten hat. Wegen des Bildes bin ich bestimmt nicht hierher gekommen. Ich bin kein sehr kunstbeflissener Mensch. Als ich noch Energie genug hatte, interessierte ich mich für Politik. Das Alltagsgeschäft der Parteien, die gesellschaftlichen Verlogenheiten und Intrigen waren auch einmal Thorleifs Geschäft. Als wir heirateten, lagen wir gleich auf. Wir wollten immer zusammenbleiben, unsere Themen teilen. Es kam dann so: Ich teilte Thorleifs Themen. Meine starben ab. Thorleif ging in die Kunst, den Film. Ich glitt neben ihm her. Während ich meine Züge im Spiegel mustere, sehe ich, was ich ihm alles war: eine schöne Begleiterin mit einem Ehering am Finger, die ihm das Gerede ersparte. Die ihn davor bewahrte, von den Damen aus der Branche vernascht zu werden. Er ist ein spröder Mensch. Das liebte ich, dieses hölzerne Gebaren, die Schüchternheit, das Zaghafte. Am Anfang. Später sah ich nur die Entscheidungsschwäche. Sein Zögern. Das unendliche Abwägen. Wenn sie mich finden, dann werde ich nichts mehr erklären können. Das ist schade.

*

Auf dem Johannisfriedhof drängten sich die Sandsteingrabmäler dicht an dicht, schmale Gassen bildend, in denen Katinkas Füße im Schlamm versanken. Gummistiefel wären das Schuhwerk der Wahl gewesen.

Der Regen rauschte vom Himmel. Die Bäume wollten ihr Laub abschütteln, und am Himmel schien das Grau erdrückend wie ein Zementgewölbe.

Ein Mann kam um die Kapelle herum. Er trug einen durchweichten Trench und eine Baskenmütze. Katinka ging auf ihn zu.

»Thorleif Schwerte?«

Er zuckte zurück.

»Ich bin Ihre Privatermittlerin.«

»Wischnewski hat ...«

»Ich nehme an, Sie haben einen Mann erwartet. Das ist nicht ehrenrührig. Sollen wir uns hier unterhalten?«

»In der ehrwürdigen Gesellschaft von Veit Stoß und Albrecht Dürer werden wir wenigstens nicht belauscht! Die

Toten sind diskret.« Schwerte hielt das Gesicht gen Himmel. Die Regentropfen liefen ihm in Sturzbächen über die Haut.

»Haben Sie Ihre Frau umgebracht?«

»Nein!«

Katinkas Blick schweifte über die Epitaphien. Die Grabmäler waren nummeriert. Einige zeigten sich schlicht, andere prunkvoll.

»Ich habe gelesen, dass in Albrecht Dürers Grab noch mehr Menschen bestattet sind. Seine Frau Agnes, ein paar Patienten aus dem Heilig-Geist-Spital und einige andere«, sagte Schwerte. Sie gingen langsam an den Grabplatten entlang. »Hier ist es. Nr. 649.«

»Wenn Sie es nicht waren: Wer hat Ihre Frau dann umgebracht?«

»Das würde ich selbst gern wissen.« Er verzog das Gesicht.

»Sind Sie traurig?«

»Ich weiß nicht, was ich bin.«

»Haben Sie Ihre Frau geliebt?«

»Oh ja!«

»Sie sind also zusammen nach Nürnberg gefahren?«

»Um ein Bild anzuschauen. Ich schreibe über Kunst. Das ist mein Metier.«

»Sie haben vor, über das Gemälde von Konrad Witz zu schreiben.«

»Ich weiß nicht, ob ich es jetzt noch kann.«

»Sie haben wirklich keinen Verdacht, wer Ihre Frau getötet haben könnte?«

»Ich habe keine Ahnung. Nicht die geringste. Sie schloss sich einer Besuchergruppe an. Es sollte eine Führung durch die Rechtsgeschichte der Stadt Nürnberg sein. Lochgefängnisse und was weiß ich. Der Abschluss war im Henkerhaus.

Danach zerstreute sich die Gruppe. Meine Frau muss im Museum geblieben sein.«

Tod im Henkerhaus, dachte Katinka. Es lebe die Ironie!

»Haben Sie einen Verdacht?«

Schwerte sah sich um. »Finden Sie Kaffke.«

»Wie bitte?«

»Kaffke. Wie Kafka, nur ein bisschen anders eben. Marius. Er kann vielleicht helfen.«

Kurz legte er einen Finger an die Mütze, dann glitt er durch die Regenschnüre wie durch einen Perlenvorhang und verschwand hinter der Kapelle.

Na warte, Wischnewski, dachte Katinka grimmig. Du und deine Aufträge. Ich gebe dir genau 24 Stunden.

*

Natürlich hat es zeit unserer Ehe immer Männer gegeben, die mir nachstellten. So auch jetzt noch, obwohl ich älter geworden bin und daher nicht mehr in das Beuteschema passe. Wobei es aber tatsächlich Männer gibt, die reifere Frauen mögen, und mit Mitte 30 ist eine Frau reif, danach beginnt der sehr ausgedehnte Herbst des Lebens.

Ich sehe mein Spiegelbild und versuche mir vorzustellen, wie Kaffke es gesehen hat. Er hat mich nur ein paar Mal getroffen. Aber Thorleif wurde sofort eifersüchtig. Kaffke ist ein Spinner, ein Maler, der tausend Projekte gleichzeitig lostritt, der sich verbrennt und für seine Bilder quält. Aber er ist gut, er ist talentiert, er ist begnadet.

Wenn ein solcher Mann ein Angebot macht, dann sagt eine Frau nicht Nein.

*

Kaum hatte Katinka den Friedhof verlassen, ließ der Regen nach. Sie eilte in die Innenstadt zurück, orientierte sich an den Türmen der St. Sebaldus-Kirche 85 . Irgendwo nicht weit weg mussten auch die Lochgefängnisse sein, von denen Schwerte gesprochen hatte. Nürnberg, so hatte Katinka irgendwann gelesen, bestand zunächst aus zwei Innenstädten, die durch die Pegnitz getrennt waren. Da es keine Brücken gab, waren die Bürger gezwungen, durch den Fluss zu waten. Erst mit dem Anwachsen der Bevölkerung waren die Sebalder Stadt und die Lorenzer Stadt zu einem Ganzen zusammengefasst und von einer Mauer eingefasst worden. In diesem kalten Mai wäre es auch bestimmt kein Spaß, sich die Zehen nass zu machen, dachte Katinka.

Als sie vom Hauptmarkt Richtung Lorenzer Altstadt abbog, brach die Sonne durch. Auf der Brücke drehte sie sich um und sah die Kaiserburg vor einem Stück blankem Blau liegen.

Im nächstbesten Café zückte sie ihr Smartphone und googelte nach Marius Kaffke.

Ein Maler.

Wohnhaft in Nürnberg.

Na, bitte.

*

Wie er mit dem Pinsel über meine Wangen strich!

Sogar hier, in dem ungeheizten Waschraum in einem Museum, wo die Leere hallt, fühle ich wieder das borstige Marderhaar auf meiner Haut. Er nahm die Linien meines Gesichtes auf. So geschehe es immer, sagte er, dass er sich in die Konturen seiner Modelle verliebte.

Die alte Stiege draußen knarrt. Ich fahre aus meinen Tagträumen. Aber ich habe den Schlüssel nicht im Schloss gehört. Es kann noch keine Gruppe kommen. Ich habe Zeit. Zeit, alles zu beenden, was ohnehin nie mehr zu einem Ende gebracht werden kann.

Aber der kurze Schreck, die dem Knärzen des Holzes geschuldete Aufmerksamkeit, hat den Strom an warmen Gefühlen unterbrochen. Ich sehe nur noch das blasse Gesicht in dem Spiegel, das meines ist.

*

Katinka traf Kaffke am Hauptmarkt 86 . Die Sonne schien und bestrahlte die Frauenkirche, die in ganz Deutschland vor allem wegen eines einzigen Ereignisses bekannt war: Das Nürnberger Christkindl eröffnete hier turnusmäßig den Weihnachtsmarkt. Dabei hatte der Platz durchaus eine dramatische Geschichte zu bieten: Das an seiner Stelle liegende jüdische Getto wurde im 14. Jahrhundert niedergebrannt, und die Nationalsozialisten benannten den Hauptmarkt in Adolf-Hitler-Platz um. Hier waren außerdem die ›Nürnberger Gesetze‹ verkündet worden. Katinka war sich sicher, dass es auch zwischen diesen Daten genug Mord und Totschlag auf dem Kopfsteinpflaster gegeben hatte.

»Sie haben es ja eilig«, bemerkte Marius Kaffke. Er trug eine Filzjacke, die über seinem ausladenden Bauch spannte. Sein Gesicht war rot und zeigte die untrüglichen Spuren intensiven Alkoholkonsums.

Katinka lächelte ihn an. In ihrem Parka wurde ihr schnell heiß. Auch auf Kaffkes Gesicht standen Schweißperlen.

»Sie sind doch Porträtmaler?«

»Einen Termin bekommen Sie sofort, wenn Sie wollen. Die Preisliste ist im Internet. Erste Sitzung: Skizzieren. Dann nach Absprache.«

»Ist es weit zu Ihrem Atelier?«

»Über den Fluss und dann rechts.«

Katinka ging neben ihm her. Er sprach nicht viel. Grüßte den einen oder anderen Passanten. Sah dabei nicht unbedingt unfreundlich aus. Eher ungeduldig. Genervt. Als widere das Leben ihn an. Er führte Katinka in eine steil ansteigende Straße, um ein paar Ecken in einen Hinterhof. Eine Treppe hinauf. An der Tür gab es kein Schild, das auf ein Atelier hinwies. Katinka berührte behutsam die Beretta, die im Holster unter ihrer Achsel steckte.

Das Atelier bestand aus einem einzigen Raum mit Dachfenster, von dem aus man die Burg 87 sehen konnte. Katinka erkannte den allseits bekannten runden Turm mit dem spitzen Dach.

»Wussten Sie, dass es in Nürnberg mal einen kuriosen Flaggenstreit gab? Auf Anordnung des bayerischen Innenministers durften nur die deutsche und die bayerische Flagge gehisst werden.« Kaffke lachte trocken.

»Und jetzt?«

»Irgendwo weht inzwischen auch die rot-weiße Frankenfahne. Gedöns.«

»Sie sind nicht von hier?«

»Nein. Ich lebe hier wegen der Kunst. Die Frankentümelei ist mir ein Gräuel.« Er machte sich an einer Kaffeemaschine zu schaffen.

Katinka nahm das Atelier näher in Augenschein. Etliche Frauenporträts. Tierbilder. Frisch mit Leinwand bespannte Keilrahmen. Sie lehnten in Regalen, standen auf dem Boden. In einer Ecke befand sich ein ramponierter Tisch voller Farbflecke, auf dem in einem wirren Durcheinander Pinsel, Spachtel, Paletten und Farbtuben lagen.

»Das Genie beherrscht das Chaos. Manchmal restauriere

ich auch Bilder. Aber meistens lebe ich meine eigene Kreativität aus.«

Katinkas Blick fiel auf ein unfertiges Gemälde, das ihr irgendwie bekannt vorkam. Eine Frau mit langem dunklen Haar war darauf abgebildet, in einem grünen Kleid, das bis zum Boden reichte. Links von ihr deutete sich die Gestalt eines Mannes in klaren Kohlestrichen an.

Sie sah von dem Bild zu Kaffke und wieder weg. Die Atmosphäre im Raum veränderte sich.

»Ist etwas?«, fragte Kaffke.

»Ich mag dieses Bild. Ist es auch eine Auftragsarbeit?« Sie zeigte auf die Frau im grünen Kleid.

»Ist es. Aber ob es jemals fertig wird, steht in den Sternen.«

*

Thorleif kann rasen vor Eifersucht.

Aber ich liebe ihn. Immer noch.

Ich sehe mein Gesicht an.

So wie Kaffke hat noch nie jemand mein Gesicht berührt. Aber ich liebe Kaffke nicht.

Hätte er es erwartet?

Ich glaube nicht. Er kann gar nicht lieben. Ich bin nur eine Inspiration für ihn. Ein Objekt für eine seiner neuen Ideen, die er selbst als vortrefflich bezeichnet. Wenn er mal spricht.

Ich bin nicht oft in seinem Atelier gewesen. Er verhängte dann immer das Dachfenster, setzte Kaffee auf und begann mit der Arbeit. Die ersten zwei Male interessierte ich mich gar nicht für seine Skizzen und Entwürfe. Meistens schickte er mich bald weg, weil er allein weiterarbeiten wollte.

Wie gesagt, er interessierte sich nicht für mich. Thorleif liegt falsch. Es gibt überhaupt keinen Grund zur Eifersucht.

Ich habe oft davon geträumt, wie es wäre, mit einem anderen Mann zusammenzusein. Aber ich habe nie die Initiative ergriffen, jemanden kennenzulernen. Ich bekam Angebote. Lehnte sie ab. Mehr nicht.

Mit dem Malen nach Modell wird es von nun an vorbei sein. Kaffke muss sich auf seine Skizzen verlassen, denn das Original wird in ein paar Minuten außerordentlich unansehnlich sein.

Meine Hände greifen nach dem Spiegel. Sie nehmen ihn von der Wand – wie einfach das geht, wo Thorleif doch immer sagt, ich hätte zwei linke Hände – und zerschlagen ihn auf den Fliesen.

*

Der Regen war zurück, als Katinka das Atelier verließ. Sie wollte gerade Dante anrufen, um nach diversen Hinweisen zu fragen, die der Journalist üblicherweise in der Hinterhand hatte, als ihr Handy klingelte. Unbekannte Nummer.

»Palfy?«

»Gibt es was Neues?« Thorleif Schwerte.

»Sie rufen nicht mit Ihrem eigenen Handy an, oder?«

»Im Café geklaut.«

»Beruhigend.«

»Haben Sie Kaffke getroffen?«

»Ich möchte lieber *Sie* treffen. Wir müssen reden.«

»Ich stehe vor dem Dokuzentrum am Reichsparteitagsgelände. Nehmen Sie die Straßenbahn.«

*

Ein paar Schulklassen drückten sich vor dem Dokumentationszentrum herum. Katinka sah klitschnasse Regenjacken,

Schirme, Lehrer mir durchweichten Rucksäcken und zerfledderte Kekspackungen, die herumgereicht wurden. Das Wetter war mies für Touristen, aber ideal für jemanden, der sich versteckte. So wie Schwerte.

»Warum haben Sie Kaffke im Verdacht?«, fragte Katinka.

»Habe ich das?«

»Hören Sie: Sie haben im Gegensatz zu mir richtig was zu verlieren. Sie werden von der Polizei gesucht. Das wird nicht einfach für Sie!«

»Im Knast ist es wenigstens trocken.«

»Ist unsere Zusammenarbeit damit beendet?«

»Ach, lassen Sie das. Meine Frau kam mit meinem Humor auch schlecht klar. Ich weiß ehrlich gesagt nicht, ob ich Kaffke zutrauen soll, sie umgebracht zu haben. Aber sie war völlig in ihn vernarrt! Vor ein paar Monaten hat er ihr angeboten, sie zu malen. Sie wollte ihm Porträt sitzen, und ich Esel habe das auch noch für gut gehalten. Wissen Sie, warum? Wir hatten ja dieses Jahr nicht die Spur von Frühling, sind vom Winter direkt in den Herbst gefallen. Sie litt so sehr unter der Dunkelheit, dem endlosen Regen ... ich dachte, wenn sie nur irgendetwas aufmuntern könnte, egal was, dann soll es mir recht sein. Gehen wir ein Stück über das Reichsparteitagsgelände 89 ?«

Sie umrundeten den imposanten Rundbau, der eine Kongresshalle hatte werden sollen, doch nie ganz fertig geworden war.

»Sehen Sie sich das an: Größenwahn pur.« Schwerte schüttelte den Kopf. »Albert Speer plante ein Stadion, einen hufeisenförmigen Tribünenbau von gigantischen Ausmaßen. Haben Sie schon mal überlegt, was passiert wäre, wenn Hitler-Deutschland den Krieg nicht verloren hätte?«

»Hatte Ihre Frau eine Affäre mit Kaffke?«

»Ich weiß es nicht. Sie war eine Schönheit, Frau Palfy.« Schwerte hob sein Gesicht in den Himmel. Die Regentropfen pladderten auf seine bläulich schimmernde Haut. Eine lange Flucht würde der Mann nicht durchhalten. »Schauen Sie rüber zum Silbersee: Er ist aus der Baugrube für das Stadion entstanden. Weiter sind sie damals nicht gekommen, die Nazis. Hatten anderes zu tun.«

»Warum hat Ihre Frau Sie nach Nürnberg begleitet?«

»Um Kaffke zu treffen. Natürlich.«

»Hat Sie Ihnen gegenüber das so geäußert?«

»Nein. Sie sprach nie über ihre Porträtsitzungen. Die letzte liegt auch eine Weile zurück. Drei, vier Wochen. Wir leben in München, es ist ja kein weiter Weg hierher.«

»Was war der Anlass Ihrer Reise?«

»Beruflich.« Schwerte kniff die Lippen zusammen.

Sie liefen über die große, mit Granitplatten gepflasterte schnurgerade Straße nach Südosten. Die ›Große Straße‹ war als Aufmarschstraße geplant und lag nun seltsam deplatziert in all dem grauen Nass. Sie gingen zwischen den beiden Teichen durch. Katinka sagte nichts mehr. Sie wusste, dass Schwerte log. Dante gegenüber hatte er durchblicken lassen, er sei nur wegen des Gemäldes von Konrad Witz nach Nürnberg gekommen. Weshalb konnte er ihr das nicht bestätigen?

Der Regen wühlte den Dutzendteich auf. Ein paar Enten setzten zum Landeanflug an. Ein Jogger rannte ihnen entgegen, seine orange leuchtenden Sportschuhe patschten in die Wasserlachen. Sie gingen über das Zeppelinfeld, dessen oberes Ende durch die überdimensionierte Tribüne gebildet wurde. Katinka sah ein paar Leute in identischen roten Regenjacken, die auf der Führerempore Fotos schossen. Aus alten Wochenschauen kannten die meisten Geschichtsinteressierten Filme von den Aufmärschen während der Reichsparteitage und zu anderen Gelegenheiten. Ihr lief ein Frösteln über das Rückgrat. Hatten die Leute, die damals voller Inbrunst an die Nazi-Ideologie geglaubt hatten, nur einen Funken Zweifel gekannt?

»Wie heißt übrigens Ihre Frau?«, erkundigte sich Katinka.
»Maria.«

*

Ich hatte eigentlich ein gutes Leben. Von außen würde jeder sagen, ich habe den großen Wurf gemacht. Aber der Blick von außen ist Blendung. Ich allein kenne mein Leid. Die innere Einsamkeit. Thorleifs Unfähigkeit, mich zu verstehen, obwohl er sich Mühe gibt. Aber er verliert eben leicht die Geduld und wird von anderen Dingen abgelenkt.

Ich glaube, er bekam Angst, dass Kaffke mich verstehen würde. Auf seine wortlose, grantlerische Art.

Mein Gesicht spiegelt sich in den Scherben, die vor meinen Füßen liegen. In meinen Ohren hallt noch der Lärm des zersplitternden Spiegels. Ich bücke mich und nehme eine Scherbe in die Hand. Jetzt sehe ich mich so, wie ich mich fühle: Nur ein Fragment bin ich. Ein Stück Nase, ein Stück Augenbraue. Ein Ohrläppchen.

Wie kam Kaffke nur darauf, mich so, genau *so*, zu malen? Hat ihn mein Name inspiriert?

Er hat die Farben getauscht. Schließlich habe ich dunkles Haar, und er hat das Kleid schulterfrei angelegt. Unmöglich für das 15. Jahrhundert! Aber es ist eindeutig dasselbe Motiv. Ich frage mich, ob er es fertig malen wird. Ob er es verkaufen wird, zu Geld machen, und wie er das Geld dann investieren wird. Natürlich hat sein Bild Format. Seine Werke sind alle unglaublich. Sie besitzen Stärke, strahlen einen gewissen Größenwahn aus, der sich aus der Unverfrorenheit des Meisters speist. Ein sakrales Bild, ein zentrales Motiv der christlichen Religion, wird eine Liebeserklärung.

Obwohl ich genau weiß, dass das Gemälde eben keine Liebeserklärung ist. Sondern eine Rache an Thorleif. Ich bin nur der Fehdehandschuh.

Mit der linken Hand packe ich mein Haar am Nacken und schneide es mit der Scherbe ab. Die scharfe Kante kann die dicken Strähnen nur nach und nach durchtrennen. Es zieht und reißt. Ich sehe das Haar zu Boden fallen. Ich fühle nichts.

*

Katinka drückte sich vor Kaffkes Atelier herum. Als der Künstler endlich ging, war es Viertel nach sechs und düster. Er zog sich eine Kapuze übers Gesicht und eilte davon, ohne sich umzusehen.

Katinka flitzte durch das Treppenhaus, öffnete die Ateliertür mit ihrem Dietrich und trat ein. Es roch stark nach Terpentin. Die Dachluke stand einen schmalen Spalt offen. Wahrscheinlich würde Kaffke nicht allzu lange wegbleiben.

Das Bild stand noch da, wo sie es zuletzt gesehen hatte. Eine Frau in einem grünen Kleid, aber anders als bei Konrad Witz, natürlich, 600 Jahre später sieht man die Welt in neuem Licht. Ihr Haar war nicht blond, wie auf dem Original, sondern dunkelbraun. Ihre Lider hielt sie nicht gesenkt, sie schaute den Betrachter vielmehr direkt an. In ihrem Blick lagen Verachtung und Trauer. Beides zusammen. Kaffke war ein grandioser Maler.

Der Verkündigungsengel war nur angedeutet, aber nun erkannte Katinka doch gewisse Parallelen mit dem Originalbild, das Dante ihr im Museum gezeigt hatte. Dieser

Engel besaß keine Flügel, trug stattdessen einen Rucksack, in einer Seitentasche steckten Stifte, aus dem Reißverschlussfach lugte ein Laptop hervor.

Die Gesichtszüge waren nur angedeutet: Sollten sie Thorleif Schwerte abbilden?

Katinka fotografierte das Gemälde mit dem Handy und schickte es an Dante.

›Recherchen erbeten‹, schrieb sie dazu. ›In Sachen Interaktion Marius Kaffke, Thorleif Schwerte.‹

Dann machte sie, dass sie wegkam.

*

Ich spüre, wie mein Kopf durch den Verlust des Gewichts meines Haares wackelt. Als könne er die Leichtigkeit nicht ertragen. Er pendelt vor und zurück. Wellen von Entsetzen laufen mir über den Rücken. Jetzt, da ein Anfang gemacht ist, kann ich nicht mehr zurück. Die Ereignisse sind losgetreten.

Ich nehme eine neue Scherbe zur Hand. Blase auf die Bruchstelle. Sie soll schön scharf sein. Dann tut es nicht so weh. Gemessen an all den anderen Schmerzen sollte ein sauberer Schnitt sowieso leicht zu ertragen sein.

Behutsam setze ich die Scherbe mit der Spitze auf einen Punkt unter meinem linken Auge. Drücke. Ein kurzer Stich. Nicht schlimm. Ich hole tief Atem, spüre Schweiß auf meiner Handfläche. Dann, die Entscheidung fällt schnell, schießt meine Hand auf meinen Mundwinkel zu, wobei sie die Scherbe fest gegen meine Haut drückt.

Schmerz. Blut rinnt in meinen Mund. Ich lecke es weg. Neues Blut fließt nach.

*

»Spannend, Frau Palfy, spannend!« Dante wartete vor der Lorenzkirche 90 auf sie. »Was für ein Mistwetter. Kaffee?«

»Ich glaube, dafür habe ich keine Zeit, wenn ich heute noch vor Mitternacht ins Bett möchte.« Sie berichtete von ihrem Besuch bei Kaffke und dem Verkündigungsbild.

»Sie sind also ganz dicht dran«, freute sich Dante. »Doch ich war auch nicht untätig. Ich habe recherchiert. Setzen wir uns in die Lorenzkirche? Ich meine, weil es dort trocken ist.«

Katinka warf einen Blick auf die Westfassade mit der großen, steinernen Rosette über dem Portal.

»Na dann, ein bisschen Unterstützung von oben kann nicht schaden!«

Sie eilten durch den Nieselregen.

»Also.« Kaum saßen sie in der Kirche in einer Bank, holte Dante seinen Tablet-Computer hervor. »Thorleif Schwerte und Marius Kaffke sind alte Feinde. Aus einem ganz und gar banalen Grund. Man kennt das.«

»Sagen Sie schon, Wischnewski.« In der Kirche war es dunkel und klamm. Jemand übte an der Orgel. Touristen gingen mit tropfenden Jacken auf und ab.

»Kaffke hat als Postkartenmaler angefangen. Wie – na, wie wer?«

»Adolf Hitler. Wenn wir schon in Nürnberg sind.«

»He, das hat diese Stadt nicht verdient!« Dante schüttelte entrüstet den Kopf. »Aber Sie haben richtig getippt. Kaffke und Schwerte kennen sich vom Studium. Kaffke verschlug es an die Kunsthochschule in München, Schwerte studierte Germanistik, in irgendeinem Wirtshaus liefen sie sich über den Weg und wurden Freunde.«

»Eine Freundschaft, von der nicht viel übrig geblieben ist?«

»Ich habe einen Kumpel in München um Infos gebeten. Der meinte, Kaffke war wohl ständig klamm. Schwerte dagegen, ein

Ehrgeizling, der schrieb, um Geld zu verdienen, hatte Kohle. Also half er Kaffke aus. Immer wieder. Kleinvieh macht auch Mist. Kaffke schuldet ihm 20.000 Mäuse. Um den Dreh.«

Katinka pfiff durch die Zähne. »Mittlerweile hat Kaffke aber Kies. Nehme ich an.«

»Ja, er ist eine Nummer in der Szene, hat Galeristen in Hamburg, München und Florenz.«

»Warum zahlt er Schwerte seine Schulden dann nicht zurück?«

»Ha!« Dante grinste. »Er steht auf dem Standpunkt, das Geld sei geschenkt. Ein Geschenk kann man nicht zurückgeben.«

»Stellt sich die Frage, wer von den beiden geiziger ist.«

»Mein Kollege wusste ziemlich gut Bescheid, weil es vor zwei Jahren eine witzige Geschichte gab: Schwerte hatte angeblich beim Umräumen alte Schuldscheine gefunden. Unterzeichnet von Kaffke. Aber der behauptet, die Unterschrift sei gefälscht. Schwertes Klage ist bei Gericht abgewiesen worden.«

Katinka rieb sich die Augen. »Gut. Das heißt, Kaffke will Schwerte ärgern. Bringt seine Frau dazu, ihm Porträt zu sitzen.«

»Wäre es nicht umgekehrt logischer? Wenn Schwerte eine neue Methode suchen würde, um Kaffke ans Leder zu gehen, damit er ihm endlich sein Geld zurückgibt?«

Katinka wiegte den Kopf. »Auch wahr.«

»Mein Kollege sagt, mit Schwertes Frau stimmte was nicht.«

»Ach? Was denn?«

»Sie hat all die Jahre ihrer Ehe Gesellschaftsdame gespielt und ihren Mann überall hin begleitet. Aber seit zwei Jahren ist Sendepause. Schwerte nimmt wie immer etliche öffentliche Termine in der Kulturszene wahr – aber sie zeigt sich nicht mehr mit ihm.«

»Ehekrise?«

Dante zuckte die Achseln. »Ich glaube einfach nicht, dass Schwerte seine Frau umbringt und seinem Widersacher die Schuld in die Schuhe schiebt.«

»Gegeben hat es das aber schon«, widersprach Katinka. »Außerdem ist verletzter Mannesstolz ein starkes Motiv.«

»Ich glaub's nicht.«

»Warum? Weil Schwerte auch ein Schreiberling ist? So wie Sie? Gibt es unter euch Tintenklecksern einen Ehrenkodex?«

Dante stieß Katinka in die Seite. »Sie sind aber mies drauf.«

»Ich laufe seit Stunden durch den Regen.«

»Berufsrisiko.«

*

Meine Beine zittern. Dann geben die Knie nach. Ich sinke auf den Boden, gleite zwischen die Scherben, die Haare, das Blut. Alles dreht sich um mich. Ich lege mich auf den Rücken. Mir ist kalt. Nur meine Hand ist noch einsatzfähig. Ich strenge mich an, Konzentration jetzt! Führe die Scherbe an meine Oberlippe. Vorsichtig taste ich mit dem Finger bis zum Mundwinkel.

Meine Freundinnen beneiden mich, weil ich meine Lippen ohne Spiegel schminken kann.

Das kommt mir jetzt zugute.

*

Katinka rief Kaffke an. Er sagte, er habe einen Termin in der Staatsoper. »Sie können mich dort treffen. Ich bin mit dem Intendanten verabredet, aber ich kann mich freimachen.«

Er klang sogar ein wenig erfreut über die zu erwartende Unterbrechung.

Inzwischen bemerkte sie den Regen gar nicht mehr. Sie eilte mit gesenktem Kopf den Frauentorgraben entlang, hielt ihre Kapuze gegen den Wind in Position und achtete auch nicht auf die anderen Fußgänger, deren Laune mindestens ebenso finster war wie Katinkas. Dieser Frühling kann einen zum Zyniker werden lassen, dachte sie grimmig.

Die Oper 91 lag wie ein massiger Klotz auf der anderen Straßenseite, der Stein drückte sich grau-braun gegen den dunklen Himmel. Doch trotz der Trutzigkeit ihrer Architektur hatte das Gebäude auch etwas Verspieltes. Man musste nur näher hinschauen. Katinka hob den Blick. Die große Loggia sah italienisch aus, trotz des Wetters. Es fiel nicht schwer, sich einen samtblauen Himmel als Hintergrund vorzustellen, vor dem die vielen Giebel und Türmchen gut zur Geltung kommen würden. Und vor allem das sanft golden schimmernde Mosaik über dem Eingang.

Katinka betrat die Oper. Auf ihren Anruf kam Kaffke sofort nach unten.

»Sie haben es aber eilig«, kommentierte er.

»Warum geben Sie Schwerte nicht einfach sein Geld zurück?«

»Welches Geld?«

»Das er Ihnen geliehen hat.«

»Er hat mir kein Geld geliehen.«

»Im Gegenteil, da müssen an die 20.000 im Spiel sein. Er wollte sogar einen Gerichtsprozess anstrengen, um an seine Kohle zu kommen. Aber da wurde nichts draus.«

»Ich male Sie«, fuhr Kaffke Katinka an. »Sie müssen mich bezahlen, und wenn Sie zu den Leuten gehören, die ständig über Geld quatschen, aber keines haben, dann stelle ich Ihnen lieber hier und jetzt eine Rechnung und beende unsere Zusammenarbeit.«

»Sie heißt Maria.«

Kaffke zögerte mit der Antwort zu lange. »Wer?«

»Schwertes Frau. Und Sie haben sie als Maria gemalt. Das gleiche Setting wie das Bild von Konrad Witz. Nur eben modern. Warum?«

Kaffke grinste geschmeichelt. »Es ist gut, nicht wahr?«

Die ersten Opernbesucher des Abends kamen ins Foyer. Sie schüttelten ihre Schirme und redeten über das Wetter.

»Es ist eine Rache an Schwerte. Sie werden das Bild fertigstellen und irgendwann ganz groß ausstellen. Dabei ist seine Frau tot. Warum tun Sie ihm das an?«

Kaffke grüßte einen Mann, der aus seinem Mantel schlüpfte und im Sakko nach der Opernkarte suchte.

»Ich habe keine Zeit für Kokolores. Ihre Skizzen schicke ich Ihnen zu. Eine Rechnung stelle ich nicht. Spende für die Allgemeinheit.« Brummelnd drehte er sich um und schickte sich an, zu verschwinden.

»Haben Sie Maria Schwerte umgebracht?«, rief Katinka ihm nach.

Die Gespräche um sie her erstarben. Dutzende Augenpaare richteten sich auf Katinka. Nur Kaffke ging ungerührt durch die Glastüren, an denen bereits die Kartenabreißer Position bezogen hatten, und geriet außer Sicht.

*

Ich habe mir die Lippen abgetrennt. Das ist gar nicht schwer. Jetzt rinnt das Blut aus mir heraus. Ich werde nie mehr sprechen können. Das weiß ich. Es macht nichts. Ich werde sterben. Endlich. Endlich. Endlich.

*

Die einzige Chance, die Katinka hatte, bestand darin, Kaffke und Schwerte zusammenzubringen. Sie würden sich an die Gurgel gehen, davon war sie überzeugt. Unter dem Vordach der Oper stehend, rief sie Dante an.

»Gut, dass Sie sich melden. Wissen Sie, was ich glaube?«

»Nämlich?«

»Kaffke hasst Schwerte. Ich habe die Beweise.«

»Beweise?«

»Schwerte hat ein paar böse Kritiken über seine Werke geschrieben. Eigentlich nur drei. Danach hat er Kaffke ignoriert. Aber die drei haben es in sich.«

»Gut möglich, dass das der Grund für Kaffkes Rachsucht ist.«

»Rachsucht?«

»Ich bitte Sie, er malt Maria Schwerte. Mit dem Bild hat er bestimmt etwas vor. Das wird irgendwo in einer Galerie oder sonstwo hängen, und die Madonna hat das Gesicht von Maria Schwerte. Du lieber Himmel, Wischnewski!«

»Den Himmel können wir in dem Fall tatsächlich anrufen.«

»Trotzdem wissen wir nicht, wer von den beiden die Frau auf dem Gewissen hat.«

»Ich glaube ...«

Jemand zupfte Katinka am Ärmel. Sie fuhr herum. Schwerte!

»Ich melde mich wieder!« Sie würgte Dante ab, steckte das Handy ein.

»Was treiben Sie hier?«

»Ich suche Sie. Gibt es was Neues?«

»Sie suchen mich?«

»Haben Sie endlich Indizien, die meine Unschuld bezeugen?«

»Was haben Sie eigentlich an dem Tag gemacht, an dem Ihre Frau getötet wurde?«

»Ich war im Museum und habe das Bild angesehen. Zur Tatzeit war ich schon wieder im Hotel und habe geschrieben.«

»Allein.«

»Natürlich allein.« Er funkelte sie böse an. »Ich kann nur schreiben, wenn ich allein bin. Meine Frau machte ja diese Stadtführung mit.«

»Sie denken, es war Kaffke.«

Immer mehr Menschen drängten sich vor der Oper. Sie kamen aus der U-Bahn gehastet oder stiegen aus Taxis.

»Wer sonst?«

»Dann legen Sie mal die Karten auf den Tisch.« Katinka packte Schwerte am Ärmel und zog ihn beiseite. »Los, reden Sie schon. Sie verübeln Kaffke, dass er Ihnen Ihr Geld nicht zurückzahlt. Dafür texten Sie ein paar gehässige Kritiken über seine Bilder. Kaffke schaltet auf stur. Jetzt kommen Sie gar nicht mehr an Ihr Geld. Schlimmer noch: Kaffke kriegt Ihre Frau dazu, sich von ihm malen zu lassen. Ich habe das Bild gesehen. Er hat die Verkündigung an Maria neu gemalt. Die von Konrad Witz. Und Sie wissen das – warum sonst hätten Sie das Germanische Nationalmuseum aufsuchen sollen! Wischnewski sagt, Sie wollten nur ein einziges Gemälde sehen. Sie standen stundenlang davor!«

Schwerte wurde bleich. »Lassen Sie uns woanders weiterreden.«

»Okay.« Katinka schob die Hände in die Taschen und ging Richtung U-Bahn.

»Nein! Da sind überall Kameras!«

»Gut, warten Sie hier. Mein Wagen steht im Parkhaus da drüben. Ich hole Sie ab, und dann fahren wir ein bisschen spazieren.«

*

Die Schritte sind zu laut. Meine Ohren funktionieren noch. Sie brausen, aber sie tun ihren Dienst. Ich liege auf dem Boden. Das Blut ist warm, es durchdringt meine Kleidung. Es riecht nach Metall und nach etwas anderem. Auch meine Nase funktioniert also.

Dann wird die Tür am oberen Ende der Stiege geöffnet. Jemand kommt ins Museum. Ich höre die Schritte auf dem alten Holzboden. Ich möchte lächeln, denn so ist er immer gelaufen, mit Nachdruck, resolut, entschlossen ... aber ohne Lippen lächelt man nicht mehr. Nebel schweift durch meinen Kopf. Ich richte mich auf, stemme mich auf die Ellenbogen, um ihn zu begrüßen.

Sein Gesicht ist vertraut, aber es lässt mich verteufelt gleichgültig. Als wäre er nur ein Fremder, den ich zufällig öfter auf der Straße sehe. Im Angesicht des Todes sind die meisten Dinge nicht mehr wichtig. Der Tod ist ganz nah. Jemand ist schon hier, um mich abzuholen. Jetzt wird es schnell gehen.

*

Katinka steuerte ihren Beetle um die Altstadt. Den Ring entlang, immer wieder. Er hat recht mit den Kameras, dachte sie irgendwann und folgte einem Schild zur Autobahn. Dann stand ›Tiergarten‹ auf einem anderen Schild. Sie ordnete sich ein.

Währenddessen redete Schwerte. Sie hatte das Gefühl, dass er endlich die Wahrheit sagte. Dass er hier in dem dunklen Auto, während der Regen auf das Verdeck und die Windschutzscheibe trommelte, den Mut fand, Klartext zu reden. Die Dinge zu sagen, die er sich selbst bisher nie eingestanden hatte.

»Wir beide, Kaffke und ich, kannten Maria vom Studium her. Sie studierte Politikwissenschaften und engagierte sich für alles Mögliche. Sie wollte Journalistin werden. Ich auch.

Das führte uns zusammen. Aber Kaffke war eine schillernde Persönlichkeit. Er war mit seinen Pinseln und Farben und den tausend Möglichkeiten, die er sich offenhielt, einfach interessanter als ich. Verstehen Sie, ich hatte ein Ziel. Ich wollte schreiben, und ich wollte damit meinen Lebensunterhalt bestreiten. Nach dem Examen hatte ich die feste Absicht, mir zwei Jahre zu geben. Wenn ich bis dahin nicht ausreichend Geld für mich und eine Familie verdienen würde, dann würde ich mir einen anderen Job suchen.«

»Was ja nicht so einfach ist.« Katinka steuerte an ein paar geduckten Sandsteinhäusern vorbei. Waren sie wirklich noch in Nürnberg? Die Scheibenwischer bewältigten die Sturzfluten fast nicht mehr. Ihr Handy vibrierte einige Male in ihrer Tasche. Wahrscheinlich versuchte Dante, sie zu erreichen. Allerdings wollte sie Schwertes Redefluss nicht abwürgen. Sie beschloss, den Reporter später zurückzurufen.

»Maria wollte auch schreiben. Aber sie lebte vom Idealismus. Sie wollte die Welt verändern. Meine Güte!«

»Das passte nicht mit Ihren Vorstellungen zusammen.«

»Ich bin ein gottverdammter Realist! Was nicht geht, geht nicht.«

»Deswegen hat sie sich mehr zu Kaffke hingezogen gefühlt. Nicht wahr?«

»Kaffke spielte den Gutmenschen. Sie war dumm genug, drauf reinzufallen. Er tat einfach so, als sei Geld ihm egal. Diese Indifferenz interpretierte Maria als Idealismus. So fing er sie ein. Cleverer Bursche. Maria war eine wunderschöne Frau. Er suchte sie als seine Muse. Er hat Bilder von ihr gemalt ... zu Dutzenden! Dann hatte Kaffke eine Ausstellung. In Stuttgart. Das war keine allzu große Sache, er hatte dort einen Mäzen aufgetan, der ihm eine Chance gab. Zu der Zeit schrieb ich bereits als Freelancer für ein Kunstmagazin. Ich baute mir eine Position bei mehreren Redaktionen auf. Im Prinzip war ich schon gut im Geschäft. Meinen Stand musste ich natürlich festigen. Daher ...«

Katinka konnte es sich denken. »Sie haben Kaffkes Werke verrissen. Um in der Redaktion zu reüssieren. Vorher haben Sie die Stimmungen ausgelotet. Entsprechend haben Sie Ihren Artikel geschrieben.«

Sie stellte den Motor ab. Sie standen mitten im Wald, so kam es ihr vor. Irgendwo hier musste der Eingang zum Zoo sein. Der Regen schien nachzulassen, aber die Bäume um sie herum tropften und schüttelten sich im Wind.

»Genau!« Schwerte schlug sich auf die Schenkel, als beglückwünsche er sich noch heute zu dieser Meisterleistung. »Und wissen Sie was? Mein Text hat Maria die Augen geöffnet. Jawohl, das hat er. Sie hat erkannt, was für ein Schlappsack Kaffke ist. Sie hat ihn verlassen. Hat sich mit mir zusammengetan. Wir wurden ein Team. Wir heirateten.«

Wieder vibrierte das Handy. Katinka drückte den Anruf weg. Schwerte hatte Kaffke nicht nur die frühe Anerkennung vermasselt, er hatte ihm auch die Frau weggenommen.

»Sie haben Maria dennoch an ihn verloren, wie es scheint«, sagte sie endlich.

Schwerte seufzte tief, dann riss er die Autotür auf und stieg aus. Rannte in die Dunkelheit.

*

Du bist also gekommen, will ich sagen. Aber ich kann nicht mehr sprechen. Also lege ich diese Feststellung in meinen Blick. Dabei sehe ich ihn schon gar nicht mehr richtig. Weißer Nebel verschleiert sein Gesicht. Er hat es zu einer entsetzten Grimasse verzogen.

Ja, mein Lieber, du denkst, du hättest mich so nie gesehen. Das schöne Gesicht in Fetzen. Die perfekt gewölbten Augenbrauen vom Blut verklebt. Die herrlichen Lippen – Vergangenheit! Doch in Wirklichkeit sehe ich schon lange so aus. Du wolltest es nur nicht wahrnehmen. Du hast eine Hülle gesehen, eine schöne, makellose Hülle. Nun, mit dem zerfetzten Gesicht, sehe ich aus, wie ich im Inneren bin.

Meine Ellenbogen geben nach. Ich sinke zurück in die Blutlachen. Wälze mich zur Seite, um mich auf die Knie zu stemmen und aufstehen zu können. Einmal will ich dir auf Augenhöhe begegnen, einmal noch.

*

Katinka kletterte über die Absperrung am Eingang zum Tiergarten 92. Laternen schalteten sich ein. Geblendet vom grellen Licht konnte sie sich nur an Schwertes Keuchen und dem Rhythmus seiner Schritte orientieren. Seine Sohlen hämmerten auf den Asphalt. Katinka schloss auf.

»Schwerte! Das hat doch keinen Sinn! Ich bin nicht Ihre Feindin, falls Sie das glauben!«

Irgendwann wurde er langsamer. Er beugte sich über eine steinerne Brüstung. Katinka blieb neben ihm stehen. Er hechelte, bekam kaum noch Luft.

»Das ist nicht gut für Ihr Herz.«

»Nichts ist gut für mein Herz. Nichts. Ich habe Maria verloren!«

Unter ihnen bewegte sich etwas Helles. Katinka musste zweimal hinsehen, bevor sie einen Eisbären erkannte, der auf einem Felsen lag und neugierig zu ihnen hochsah.

»Ich habe sie schon lange verloren. Sie war schon tot, bevor ... also vorher. Sie lag wochenlang im Bett, dunkelte das Zimmer ab. Dabei spürte sie, wie wenig ich mit der Situation zurechtkam. Sie sagte mal, sie hätte mir das Leben zur Hölle gemacht. Das stimmt nicht. Ich habe sie geliebt! Seit dem letzten Winter ging nichts mehr. Sie stand nicht mehr auf, vernachlässigte sich, vernachlässigte alles. Sie sah aus wie eine Pennerin. Nahm ab. War tagelang nicht ansprechbar. Wenn sie redete, machte sie mir grauenhafte Vorwürfe. Dann schrie sie und schlug um sich. Dabei kam sie mir vor wie eine Alkoholikerin auf Entzug. Ich dachte, wenn die dunkle Jahreszeit erst einmal vorbei ist, wenn der Frühling kommt, dann geht es ihr besser. Sie kam mit dem Winter einfach nicht zurecht. Ich habe ihr schon vorgeschlagen, unseren Jahresurlaub in den Februar zu verlegen. Nach Bali zu reisen. Egal wohin, nur in die Sonne, damit es ihr besser geht. Aber in diesem Jahr war im Februar schon nichts mehr mit ihr anzufangen. Ich hätte ja alles gemacht, ein Hotel gebucht, einen Flug ... aber ich hätte sie nicht mal aus ihrem Bett bekommen, geschweige denn in ein Flugzeug.«

Der Eisbär unter ihnen rekelte sich und richtete sich zu voller Größe auf. Instinktiv wich Katinka ein Stück zurück, obwohl der Bär keine Chance hatte, die senkrechte Mauer zu erklimmen, um sie oder Schwerte zu erreichen. Anscheinend hatte er das auch nicht vor. Er trat an den Rand seines Teiches, glitt ins Wasser und führte seine Schwimmkünste vor.

»Herr Schwerte, ist Ihnen schon mal in den Sinn gekommen, dass Ihre Frau Depressionen hatte? Richtige Depressionen? Nicht nur den Winterblues?«

Schwerte gab ein schmerzverzerrtes Geräusch von sich.

»Hat Ihre Frau mal versucht, sich umzubringen?«

Schwerte beugte sich weit über die Brüstung. Katinka hielt ihn am Mantel fest.

»Sie hat es versucht, nicht wahr? Machen Sie es ihr nicht nach, verdammt noch mal.«

Schwerte sprach, als befinde er sich ganz woanders. Nicht hier im Tiergarten, sondern an einem Ort weit weg. Einem Ort, den er nie wieder betreten wollte.

»Sie lag in ihrem eigenen Blut. Hatte sich das Gesicht zerschnitten. Die Haare abgerupft. Sie lag auf den Fliesen, an ihrer Jacke klebten das Blut und die Haarsträhnen. Ihr ganzes Gesicht war zerschlitzt. Ihr wunderschönes Gesicht.« Schwerte schluchzte. »Ich dachte im ersten Moment, das ist alles nicht schlimm, alles nicht schlimm, es gibt gute kosmetische Chirurgen, noch lebt sie ja, die können alles wieder richten, alles gut machen. Aber dann versuchte sie aufzustehen. Sie wollte mich anlächeln.«

Der Eisbär kletterte aus dem Wasser, stemmte sich flugs auf einen Felsen und machte einen Bauchplatscher zurück in den Teich. Das Wasser spritzte bis zu Katinka und Schwerte hinauf. Es roch modrig und nach totem Fleisch.

»Sie hatte keine Lippen mehr!« Schwertes Stimme klang ganz hoch. Dünn wie eine Saite, die bald reißen würde. »Sie hat sich die Lippen rausgeschnitten!«

Katinka starrte ihn entsetzt an. Von irgendwo her glaubte sie, Stimmen zu hören, verhalten und vorsichtig. Bitte nicht jetzt, dachte sie. Nicht jetzt, wo er redet.

»Ich konnte sie doch so nicht liegen lassen. Ich musste etwas für sie tun. Das alles zu Ende bringen. Ohne Lippen kann man nicht leben, nicht wahr? Sie wollte ja nicht mehr. Schon lange nicht mehr. Da habe ich ... ich habe die Vorhangkordel abgerissen, sie ihr um den Hals gelegt ... und ... und dann war alles aus.«

Katinka stieß einen langen Seufzer aus. Leute waren im Anmarsch. Sie konnte Bewegungen im Dunkeln wahrnehmen. Dante musste die Polizei verständigt haben, und die hatten ihr Handy geortet. Nichts leichter als das.

Für ein paar Sekunden richtete sie ihre Aufmerksamkeit auf den dunklen Zoo jenseits des Eisbärengeheges.

Da entschlüpfte ihr Schwerte. Er stieß sich mit den Füßen ab und kullerte über die Brüstung. Unten im Gehege stürzte er in den Eisbärenteich.

Katinka riss sich die Jacke herunter, nahm die Pistole aus dem Halfter und sprang ihm nach.

FREIZEITTIPPS:

81 Henkerhaus; am Henkersteg gelegenes Brückenhaus, das die Pegnitz überspannt. Es handelt sich um die ehemalige Dienstwohnung des Nürnberger Henkers, die heute ein kleines Museum zur Kriminalgeschichte Nürnbergs beherbergt. Die erhaltenen Tagebücher des Henkers Franz Schmid gewähren einen umfassenden Einblick in die Alltagsgeschichte der Reichstadt Nürnberg um 1600.

82 Straße der Menschenrechte; in der Kartäusergasse befinden sich 30 Säulen in einer Linie ausgerichtet, auf denen die Artikel der Allgemeinen Erklärung der Menschenrechte auf Deutsch und in jeweils einer Fremdsprache abgebildet sind.

83 Germanisches Nationalmuseum; das bedeutendste Museum für deutsche Kultur und Geschichte mit ca. 1,2 Millionen Objekten zur Kunst- und Kulturgeschichte. Jährlich mehrere Sonderausstellungen.

84 Johannisfriedhof; westlich der Altstadt gelegen. Viele berühmte Nürnberger sind hier bestattet, u.a. Albrecht Dürer, Veit Stoß, Willibald Pirckheimer. Bewundernswert sind die vielen verschiedenen Epitaphien.

85 St.-Sebaldus-Kirche; kulturgeschichtlich die wichtigste Kirche in Nürnberg. Bedeutend ist u.a. das von Peter Vischer gestaltete Sebaldus-Grab.

86 Hauptmarkt; zwischen Burg und Pegnitz gelegen ist er der Ort des weltberühmten Nürnberger Christkindlesmarktes.

87 Burg; die Nürnberger Burg besteht streng genommen aus drei Burgen: der Kaiserburg, der Burggrafenburg und der reichsstädtischen Burganlage. Das Gelände ist riesig und sehr eindrucksvoll. In der Kaiserstallung ist die ganz neu hergerichtete Nürnberger Jugendherberge untergebracht.

88 Dokumentations-Zentrum am Reichsparteitagsgelände; eine Dauerausstellung über die nationalsozialistische Ideologie, den Aufstieg der NSDAP, den Stellenwert der Reichsparteitage und die Nürnberger Prozesse.

89 Reichsparteitagsgelände; von Albert Speer geplante Anlage für die Aufmarschszenarien der Nationalsozialisten. Wegmarken u.a.: Kongresshalle, Große Straße, Zeppelinfeld mit Tribüne.

90 Lorenzkirche; zweite große Stadtkirche in Nürnbergs Innenstadt nach St. Sebaldus und dieser nachempfunden. Kunstgeschichtlich bedeutend ist u.a. das Sakramentshäuschen von Adam Kraft im Ostchor.

91 Staatsoper Nürnberg; Vierspartenhaus, Heimat der Staatsphilharmonie Nürnberg. Der Bau (1901–1905) hat knappe viereinhalb Millionen Reichsmark gekostet, wodurch der Nürnberger Theaterbau seinerzeit der teuerste in Europa war.

92 Tiergarten Nürnberg; der Zoo liegt im Osten Nürnbergs. Im Jahr 2008 brachte die Geburt des Eisbärenbabys Flocke den Tiergarten in die Medien, ebenso die 2011 fertiggestellte Delfinlagune.

GRAFFLGELD –
DIE GESCHICHTE EINER FLUCHT
– FÜRTH, STEIN, SPALT,
SCHWABACH UND ROTH –

Fürther Grafflmarkt 93 *: Alles muss raus! Schätze zeigen und verkaufen. Flohmarktexperten versus Krämerseelen.*

Reporter Dante Wischnewski formulierte eine Menge weiterer Schlagzeilen dieses Typs, während er über den Grafflmarkt schlenderte. Graffl: Das war all der Krempel, den man nicht mehr brauchte und gewinnbringend an einen Liebhaber abzustoßen versuchte. Dazu gab es den Markt in Fürth. Dante zückte seine Kamera und schoss ein Bild: Eine runde, fröhliche Frau Mitte 40 stand hinter einem raumgreifenden Stapel Kassetten. Alles von Benjamin Blümchen, Bibi Blocksberg und den Drei ???, was jemals als MC auf den Markt geworfen worden war. Die Händlerin war hinter ihrer Auslage kaum noch zu sehen.

»Wie kommen Sie denn zu all den Kassetten?«, fragte Dante.

Sie begann zu erzählen. Er schrieb mit. Dann folgten die Fragen:

»Wie heißen Sie?«

»Selma Langner.«

»Wie lange machen Sie das schon mit dem Kassettenhandel?«

»Hinlänglich lange.«

»Darf ich Sie zitieren? Und ein Foto veröffentlichen?«

»Nichts dagegen.«

*

Es war eine Schande. Ein Ausverkauf. Ein Drama. Das hatte die Gesellschaft nun diesem grässlichen Internet zu verdanken!

Gregor Jakobs schüttelte sich vor Ekel. Es hatte eine Zeit gegeben, da hatte man noch Respekt vor solchen wichtigen Kulturgütern. Eine Enzyklopädie war doch nichts anderes als ein Kulturgut! Mehr als nur ein 20-bändiges Druckerzeugnis, ein Kostenfaktor, mehr als ein Monstrum, das Platz im Wohnzimmer beanspruchte!

Es war heiß. Zu heiß. Eine richtige Backofenhitze, die heute Abend, wenn man der Wettervorhersage glaubte, von Gewitterstürmen abgelöst werden sollte. Gregor beschloss, in die Stadt zu gehen. Er hatte nichts weiter vor, und auf dem Grafflmarkt boten sie auch Bücher feil. Er hatte schon manches Juwel unter all dem Schnickschnack entdeckt.

Bücher waren sein Leben! Nur gerade diese Enzyklopädie, die er so begehrte, würde er auf dem Grafflmarkt nicht finden. Die neueste Ausgabe. Es würde die letzte sein, die jemals als Druckwerk herauskam. Sagte man. Sagte der Verlag. Sagte die Presse. Sagten alle. Gregor schüttelte den Kopf, während er seine Wohnungstür zuzog und die Treppe hinabstieg. Die Straße lag wie ausgestorben. Ihm machte es nichts aus, über den heißen Asphalt zu gehen. Er konnte hart zu sich selbst sein. O ja, das konnte er. Er ließ sich nicht gehen, für ihn galten keine Parolen vom Typ ›Ich bin total fertig‹, ›Ich habe Stress‹, ›Ich habe Burn-out‹. Was für ein neumodischer Quatsch!

In Gregors innerem Zeitalter walteten andere Mächte. Wenn er für etwas brannte, dann hatte dieses Etwas Bestand. Dann glühte Gregor, und er konnte nächtelang, wochenlang mit wenig Schlaf auskommen, mit wenig Essen. Dann war die Sache, das Thema wichtiger als alles. Wichtiger als er selbst.

Aber dass es so weit kam. *Die* Enzyklopädie des Landes,

nur noch im Internet, nur noch auf einer silbernen Scheibe, dargeboten zu Schleuderpreisen oder gar umsonst ... das war billig. Zum Schämen!

Der Trödelmarkt war schon in vollem Gang. Gregor überlegte, ob er einige von seinen Schätzen hier zu Geld machen könnte, denn für den Erwerb dieser einen, letzten Ausgabe fehlten ihm die nötigen Mittel. Aber das kam nicht infrage! Selbst tauschen kam für ihn nicht infrage. Seine Bücher waren ihm heilig. Anderes Tauschmaterial besaß er nicht.

*

»Danke, Selma!« Dante steckte seinen Stift ein. »Das wird ein schönes Interview.«

»Für welche Zeitung arbeiten Sie eigentlich?« Sie schob das Schild ›jede MC 2 Euro‹ in Position.

»Mal für die, mal für jene.«

»Ach, einer von den Freien!«

»Kennen Sie sich aus im Geschäft?«

»Ich habe das auch mal gemacht. Medizin studiert, abgebrochen. Journalistik, abgebrochen. Zwei Kinder. Jetzt Trödel.« Sie lachte und zeigte eine Reihe kräftige, weiße Zähne. Ihr Gesicht war gerötet von der Hitze, und das blaue Sommerkleid zeigte an einigen Stellen dunkle Verfärbungen vom Schweiß. »Ist ja nur ab und zu. Aber so ganz ohne Geld gibt's keinen Urlaub, und die Kinder freuen sich schon auf Kärnten.«

»Dann wünsche ich gute Geschäfte!« Dante grinste. »Und eine Kassette nehme ich noch mit. Benjamin Blümchen.« Er griff sich wahllos eine heraus.

»Für Sie kostenlos.«

»Ist aber nicht gut für die Urlaubskasse!«
»Nehmen Sie sie schon mit.«

*

Gregor hatte so was noch nie gemacht. Aber die Frau war beschäftigt. Ihre Kasse stand unbeaufsichtigt. Sie quatschte und schäkerte mit einem Typ, der ein weißes Käppi trug, unter dem sich nicht mehr allzu viele Haare zu verbergen schienen, und eifrig mitschrieb, was sie zu sagen hatte. Die beiden verstanden sich anscheinend prächtig. Und die Kasse war prallvoll. Wechselgeld in Rollen, Scheine. Es war nur eine einfache Geldkassette, abschließbar, der Schlüssel steckte drin, sie stand offen.

Es war ein Reflex. Der Typ mit dem Käppi nahm sich eine MC, und die Frau in dem blauen Kleid machte eine Bemerkung.

Gregor riss die Geldkassette an sich, klappte sie zu, presste sie an seine magere Brust.

Sein Herz hämmerte, als er davonrannte, durch die Menschenmenge navigierte, die hier einen Kandelaber bestaunte und dort eine versiffte Ledertasche.

Weg. Nur weg.

*

»Aaaah!«
»Was?«
»Meine Kasse!« Selma drehte sich ein paarmal um die eigene Achse, hob fahrig eine Korbtasche, eine Jacke und ein paar andere Dinge hoch, ließ sie fallen. »Scheiße! Meine Kasse!« Die fröhliche Röte rutschte aus ihrem Gesicht. »Das gibt's doch nicht! Das gibt's doch einfach nicht!«

»Geklaut?«, stöhnte Dante.

Der Mann vom Nachbarstand mischte sich ein.

»Da war so ein magerer Kerl in Shorts, knochige Knie. Der hat sich bei dir im Stand rumgetrieben, Selma.«

»Hat er die Kasse mitgehen lassen?«, fragte Dante atemlos.

»Ich habe es nicht gesehen, hier ist ja was los!« Der Mann holte mit dem Arm aus. »Abgezwitschert ist er in diese Richtung.«

Er zeigte irgendwo hin.

Selma ließ sich auf einen Plastikstuhl sinken.

»Das ist das Ende.« Sie schüttelte den Kopf, Tränen liefen ihr über die erhitzten Wangen. »Kärnten können wir uns abschminken. Wie bringe ich das nur den Kindern bei?«

*

Er saß im Stadtwald 94 . Er war gelaufen und gelaufen, immer dichter in das üppige Grün, in dessen Schatten Menschen nach Abkühlung suchten. Jetzt hockte er auf einem Baumstamm am Silberweiher und zählte. Bei 434 stoppte er. Die Groschen, die nicht mehr Groschen hießen, konnte er sich sparen.

Er würde sein Erspartes dazulegen und die Enzyklopädie kaufen.

Ihn hatte doch niemand gesehen?

Ein Eichelhäher zischte durch die Luft, hockte sich auf einen Ast hoch über Gregor und begann mit seinen Warnrufen.

Ihn hatte niemand gesehen. Selbst wenn – niemand kannte ihn hier. Er ging in Fürth nie irgendwo hin. Er hatte einfach keine Sehnsucht nach Gesellschaft. Im Gegenteil: Menschen ödeten ihn an mit ihren Allerweltsthemen. Sie bedrängten ihn, er fühlte sich unwohl, wenn er über Banalitäten reden musste, das erstickte ihn. Deswegen ging er nicht ins Theater, nicht zum Kabarett, obwohl seine Wahlheimat mehr als genug davon zu bieten hatte. Er blieb lieber für sich. Wenn schon, dann erlaubte er sich ab und an einen Museumsbesuch. Da war das kleine Kriminalmuseum im Rathauskeller 95 sein absoluter Favorit.

Er hörte Stimmen. Eigentlich nur eine Stimme. Gregor hob den Kopf, lauschte. Jemand sang. Ein vertrotteltes Lied. *Hinterm Horizont geht's weiter.* Schöne Worte. Der Eichelhäher über ihm verstummte. Gregor kam in den Sinn, wie dämlich das aussehen würde, ein Mann in Shorts auf einem Baumstamm, eine Geldkassette auf den Knien. Eine geöffnete Geldkassette.

Ein Jogger brach lauthals singend durch die Büsche.

Gregor schlug die Kassette zu, drehte den Schlüssel um, zog ihn ab, warf den Kasten hinter sich. Es platschte.

*

Dante konnte mit Menschen. Und er hatte ein Faible für Information. Deswegen hatte er recht flott herausgefunden, wie der Mann aussah, der Selmas Geldkassette gestohlen hatte. Er postete eine entsprechende Beschreibung bei Facebook und Twitter. Dante hatte viele Facebook-Freunde und noch mehr Twitter-Followers. Der improvisierte Steckbrief und die dazugehörige Darstellung des Tathergangs inklusive Selmas Hintergrundgeschichte vom Familienurlaub in Kärnten, der durch den Verkauf von MCs – einem mittlerweile obsoleten Tonmedium – finanziert werden sollte, wurde etliche Male weitergetweetet und geteilt. Um die Fahndungsbereitschaft der Nutzer zu erhöhen, postete Dante ein Foto der tränenüberströmten Selma.

Innerhalb von wenigen Stunden bekam er 327 Nachrichten mit Hinweisen.

Selma rief ihn an.

»Sind Sie wahnsinnig?«

»Warum!«

»Mein Sohn Thomas hat eben angerufen. Er macht gerade ein Praktikum in der Stadtbücherei in Stein und hockt da wahrscheinlich die ganze Zeit am Computer. Dabei hat er Ihren Aufruf auf Facebook gesehen. Jetzt ist alles Essig.« Sie putzte sich hörbar die Nase.

»Glaube ich nicht, Selma: Ich bin mir sogar sicher, dass Ihre Kinder sich mit vollem Einsatz an der Suche nach dem Dieb beteiligen.«

»Ich möchte nicht, dass die Kinder da mit reingezogen werden!«

»Die sind ja keine Babys mehr.«

»Ich hätte es ihnen nur gern selbst gesagt.« Selma schniefte.

»Haben Sie denn schon sachdienliche Hinweise?«

»Schicke Wortwahl. Zu viele. Bin am Aussortieren.«

*

Gregor rannte nach Hause. Es hatte keinen Sinn. Er war kein Dieb. Er hatte keine Nerven. Er hatte Skrupel.

Keuchend stieg er die schmale Treppe zu seiner Wohnung hinauf. Im Parterre kam seine Nachbarin vor die Tür.

»Herr Jakobs?«

Er blieb stehen, lehnte den Kopf kurz an die Wand. Er mochte Frau Schwesinger nicht. Er mochte überhaupt keine Menschen. Am wenigsten aber solche, die sich in seine Angelegenheiten mischten. Er wollte allein sein. Und wie er das wollte! Gerade jetzt. Er musste nachdenken.

»Jaaa?«, fragte er gedehnt. Sein Herz hämmerte immer noch, von der ungewohnten Bewegung draußen in der Hitze. Von der Aufregung.

»Heiß heute, nicht?«

Das war es, was er hasste. Plattheiten. Die sinnlose Vergeudung von Wörtern. Von Gedanken. Von Konzentration.

»Ja, ist es, Frau Schwesinger.«

Sie kam ein paar Stufen zu ihm hoch. Er erhaschte ihren Geruch. Patschuli. Hatte er von jeher als aufdringlich empfunden. Sie war füllig, trug das Haar hochgesteckt. Alles an ihr war falsch, nur nicht das üppige Haar und ihr mächtiger Busen.

»Ich wollte Sie fragen … ich fahre heute Abend für ein paar Tage zu meiner Schwester nach Frankfurt … also … ob Sie meine Blumen gießen könnten? Die krepieren mir ja bei dem Wetter.«

Erleichtert nickte Gregor. Wenn es weiter nichts war.

»Und den Kater füttern?«

Das war schon schwieriger. Gregor mochte keine Katzen. Aber er wollte die Schwesinger loswerden.

»Ja. Das mache ich selbstverständlich.«

»Danke! Wissen Sie, ich fahre mit dem Zug, weil bei der Hitze … und dann in meinem Auto … ich habe ja keine Klimaanlage.«

»Ich weiß, Frau Schwesinger!«

Wie oft hatte sie bereits über ihr Auto geklagt! Sie kam sich unterprivilegiert vor, weil sie kein Auto mit Klimaanlage hatte, das musste man sich mal vorstellen. Gregor wischte sich den Schweiß von der Stirn. Er besaß nicht mal ein Auto! Sein Weg zu seinem Arbeitsplatz funktionierte nur, weil es eine Kollegin gab, die ihn treu und brav mitnahm. Er arbeitete sowieso nur 15 Stunden in der Woche.

Die Schwesinger hielt ihm ihren Wohnungsschlüssel hin.
»Da bin ich aber froh, dass ich mich auf Sie verlassen kann!«

*

Dante fuhr nach Stein. Er brauchte Verbündete. Thomas, Selmas ältester Sohn, schien ganz nach seinem Geschmack. Sie hatten telefoniert: ein aufgeweckter Knabe, der gerade 18 geworden war und Bibliothekar werden wollte. Deswegen das Praktikum.

Dante kam am Steiner Schloss vorbei. Dahinter ballten sich graue Wolken zusammen. Seltsam, dachte er, dass Stein nicht zu Nürnberg gehörte, wo es doch sozusagen mit dem Großraum verschmolz, aber eben nur beinahe. Das ›Dorf der Bleistiftmacher‹, wie Stein auch genannt wurde, hatte sich seine Eigenständigkeit bewahrt. Vermutlich unter Einflussnahme des Schlossherrn, dachte Dante. Aus einem kleinen Handwerksbetrieb war hier in Stein die größte deutsche Bleistiftfabrik entstanden. Dante besaß selbst Dutzende der grün lackierten Stifte und benutzte sie mit Leidenschaft. Sie schrieben immer. Auch bei großer Kälte, auch auf feuchtem und fettigem Papier. Anders als Kugelschreiber.

Neben der Straße erhob sich das Schloss 96 , ein repräsentativer Wohnbau des Industrieadels von einst, das inzwischen jedoch nicht mehr von der Familie genutzt wurde. Im sommerlichen Abendlicht schien die Anlage unwirklich, als sei sie als Filmkulisse gerade eben erst errichtet worden. Die Alliierten hatten dort während der Nürnberger Prozesse das internationale Pressezentrum eingerichtet, mit so berühmten Schreiberlingen wie Erika Mann und Ernest Hemingway. Dante seufzte: Journalistisch wäre das seine Zeit gewesen. Da gab es Themen! Er dagegen jagte einen Dieb vom Fürther Grafflmarkt. Aber so war eben sein Leben. Kein Grund zu motzen, es hätte schlimmer kommen können.

Thomas war ein schlaksiger Typ in zerschlissenen Jeans mit blonden Ponyfransen, die er alle 30 Sekunden in einer weit ausholenden Bewegung nach hinten frisierte.

»Echt Scheiße, Mann!«, begrüßte er Dante an der Tür zur Stadtbücherei. »Tut mir echt leid für meine Mom.«

»Du arbeitest noch so spät?«

»Habe hier alle Freiheiten. Der Computer läuft. Ich habe die Nachrichten zum Thema ›Geldkassette‹ sortiert. Auf Twitter habe ich einen Hashtag vergeben: #Grafflgeld.«

Er führte Dante in den ersten Stock des Fachwerkbaus und zeigte auf den Computer.

»Wir haben eine ziemlich gute Personenbeschreibung. Männlich, ca. 45 bis 55, mittelgroß, hager. Einige Nutzer haben beliebige Fotos vom Grafflmarkt hochgeladen. Wir können sie durchgehen, um zu checken, ob der Typ vielleicht zufällig drauf ist.«

»Dann mal los«, sagte Dante.

*

Gregor verließ das Haus im Schutz der Dunkelheit. Er trug einen Rucksack auf dem Rücken. Keinen von diesen knallbunten, ergonomischen, wasser- und winddichten, sondern einen alten Wanderrucksack aus Stoff mit Schulterriemen aus Leder. Weit weg grollte Donner. Sein Kopf schmerzte.

Das hier war nicht seins. Nicht sein Leben, nicht seine Intention. Er hatte noch nie gestohlen. Aber darüber durfte er jetzt nicht nachdenken.

Sogar im Lokalradio brachten sie die Story von Selma, der auf dem Grafflmarkt die Geldkassette entwendet worden war. Gregor besaß keinen Fernseher, aber das Radio achtete er als wichtige Informationsquelle. Seine einzige, genaugenommen, denn mit den Tageszeitungen war ja auch nichts mehr los, die Qualität war wegreformiert, es blieben Artikelstumpen zurück, sprachlich auf dem Niveau von Graffitisprüchen. Wenn überhaupt.

Im Stadtwald erschien ihm das Donnergrollen lauter. Zwei Halbwüchsige hockten am Weg und verglichen ihre Smartphones. Sie würden sich noch wundern, dachte Gregor, er jedenfalls gab nichts darauf, von Großcomputern verfolgt zu werden, die jeden seiner Schritte aufspüren konnten. Im Augenblick wäre das sogar ziemlich tödlich.

Er fand die Geldkassette. Ein bisschen Wasser war eingedrungen, aber das schadete ja nicht. In aller Hast stopfte er die Scheinbündel in den Rucksack.

Dunkelgrünes Licht waberte durch den Stadtwald. Sein Kopf brummte. Die Hitze! In der Ferne blitzte es. Jedes Mal zuckte er zusammen. Zählte automatisch, bis er den Donner hörte. 22. Das Gewitter war noch weit weg.

Er hielt die leere Kasse in der Hand. Was sollte er damit tun?

Es wäre verräterisch, sie mitzunehmen. Er dachte an die Enzyklopädie. Was für eine Idiotie zu behaupten, Wissen würde veralten. Was veraltete, waren Wertungen, und mit diesen hatte Gregor so seine Erfahrungen. Wissen konnte nur werten, wer auch wirklich Wissen besaß. Da biss sich der Hund in den Schwanz! Die wenigsten Mitmenschen waren noch imstande, Wissen zu erwerben, denn sie glitten von Reiz zu Reiz, unfähig, einen einseitigen Artikel in einer großen Zeitung zu lesen! Die hielten ja noch weniger ein ganzes Buch durch!

Es blitzte wieder. Gregor zählte. 1 – 2 – 3 – 4 – 5 – 6. Er nahm die Geldkassette und schleuderte sie ins Unterholz.

Es raschelte. Ein Vogel beschwerte sich tschilpend. 7 – 8 – 9 – 10 – 11 – 12.

Gregor schulterte den Rucksack und richtete sich auf. Das war ein bisschen mühsam. Er war nicht mehr der Jüngste, und einige Dinge in seinem Leben ließen sich nicht mehr einrenken. Aber er wollte die Enzyklopädie haben. Er war einer der Letzten, die das Wissen noch hochhielten, das Nachdenken über etwas, die akademische Auseinandersetzung, die Gelehrsamkeit. 13 – 14 – 15 – 16 …

Der Donner ließ auf sich warten.

*

»Yeah!«, jubilierte Thomas. »Hier ist eine echt hilfreiche Sache: Zwei Typen haben einen Kerl mit einem Rucksack im Fürther Stadtwald gesehen. Beschreibung passt.« Er klickte. »Schau!«

Dante beugte sich über den Bildschirm. Ein dünner, knochiger Mann mit einer spitzen Nase zwischen dunklen Bäumen. Sehr deutlich waren seine Züge nicht zu sehen, sie verschwammen mit den Schatten, aber Dante erkannte einen Rucksack, der dem Mann von der Schulter hing.

»Besser als nichts!«

»Ich poste es.«

»Was haben wir noch?«

*

Gregor stürmte ins Haus. Knallte keuchend die Tür hinter sich zu. Stand für ein paar Sekunden ganz still, lauschte nur dem Hämmern seines Herzens. Ein ungeahntes Triumphgefühl bemächtigte sich seiner. Er hatte die beiden Vögel abgehängt! Dabei waren die locker 30 Jahre jünger als er. Aber verweichlicht. Eindeutig verweichlicht vom ewigen Hocken vor einem Computer und dem unseligen Junkfood. Als er so alt gewesen war wie diese Jungs, da hatte er seine Freizeit dem Hürdenlauf geopfert.

Keuchend sank er auf die nächste Treppenstufe.

Frau Schwesinger musste schon fort sein. Aus ihrer Wohnung drang kein Licht.

Gregor wartete, bis er wieder zu Atem gekommen war, dann stand er auf und ging leichtfüßig zu seiner Wohnung hinauf. Das frühere Training zahlte sich offenbar heute noch aus.

Er schloss auf, ging in die Küche. Goss Wasser in eine Kaffeetasse und trank. Das Gewitter schien sich wieder zu verziehen. Nur ab und zu noch blitzte es, und dann leuchtete für Sekunden das schäbige Innere seiner Küche in einem unwirklich violetten Licht. Gregor spähte vorsichtig aus dem Fenster.

Einer der beiden Knaben lungerte vor der Haustür herum. Gregor stellte die Tasse ab.

Es klingelte.

*

»Die haben rausgekriegt, wo der Typ wohnt!« Thomas' Finger flogen über die Tastatur. »Außerdem haben wir etliche Mails von Leuten reingekriegt, die den Knilch vor die Linse bekommen haben. Durch Zufall.«

Dante klickte durch die stattliche Bildergalerie. Ihm wurde mulmig.

»Thomas, wir wissen doch gar nicht, ob er das ist.«

»Er hat im Stadtwald Geld aus einer Kassette genommen und in einen Rucksack gepackt!«

Dante seufzte. Ihm war klar, dass die Suche nach dem Dieb, die so locker begonnen hatte, als Spaß auf Facebook, bei dem die Leute endlich mal das Gefühl hatten, etwas Nützliches zu tun, anstatt hauptsächlich Katzenfotos zu posten, ziemlich schnell zur Hetzjagd werden konnte.

»Er wohnt in der Schwabacher Straße.« Thomas löste endlich seinen Blick vom Bildschirm. Mittlerweile vergaß er sogar, seine Ponysträhnen regelmäßig nach hinten zu kämmen.

»Wir müssen die Polizei anrufen«, sagte Dante.

»Spinnst du? Jetzt, wo wir ihn im Prinzip schon haben?« Thomas schlug mit der Faust in seine Handfläche. »Den kaufen wir uns, dann haben wir das Geld wieder und gut ist. Warum sollten wir uns Ärger mit Papierkram anlachen?«

*

Gregor nahm Frau Schwesingers Wohnungsschlüssel vom Küchenbüffet und rannte die Treppe hinunter. Im Hausflur herrschte völlige Dunkelheit. Er rammte den Schlüssel ins Schloss und stieß die Tür auf. Dabei trat er fast auf den Kater, der beleidigt maunzend davonstob.

Die Wohnung roch nach Sommer, nach der Hitze des Tages, nach Katzenklo. Und nach Patschuli. Es würgte Gregor. Auch hier wagte er nicht, Licht zu machen. Er tastete über das Schlüsselbrett. Fand den Autoschlüssel. Lief durch die Wohnung, verfolgt vom glühenden Blick des Katers. Schloss die Hintertür auf und verließ das Haus.

Der alte Fiat stand in der nächsten Querstraße. Er hechtete auf den Fahrersitz. Seit gut 20 Jahren war er nicht mehr am Steuer eines Wagens gesessen. Aber wenigstens war Frau Schwesingers fahrbarer Untersatz keines von diesen hoch technisierten Kraftfahrzeugen, die auf Knopfdruck ansprangen.

Er drehte den Zündschlüssel und gab Gas. Viel zu viel, der Wagen dröhnte, als wollte der Motor in die Luft fliegen.

Gregor trat auf die Bremse, atmete tief durch, dann versuchte er es noch einmal.

Er tuckerte aus der Parklücke.

*

»Sie haben ihn verpasst«, schimpfte Thomas. »Aus den Augen verloren, was weiß ich.«

Dante legte dem Jungen die Hand auf die Schulter. »Ich rufe jetzt die Polizei. Wir haben doch sogar seinen Namen!«

»Gregor Jakobs.«

»Na, also.« Dante klebte das T-Shirt am Körper. Er hatte Durst. Das Gewitter war abgezogen, noch bevor es drei Tropfen geregnet hatte. Ein heißer Wind wehte zum geöffneten Fenster herein.

»Ich hätte nicht gedacht, dass ihr Journalisten solche Langweiler seid!«

»Langweiler?«

»Na, ihr Reporter, ihr geht doch selbst auf die Jagd, oder?«

»Auf die Jagd nach Geschichten, aber nicht auf die Jagd nach Dieben.«

»Pffff.«

Dante schnappte sein Handy. Er tippte zweimal die 1.

»Warte mal! Hier kommt ein neuer Post!«

Dante legte das Handy weg.

»Er ist in Spalt.«

»Wo?«

»In Spalt! Hopfenland! Nie gehört?«

Dante schnaubte. Er wusste natürlich, dass Spalt im Zentrum des fränkischen Hopfenanbaus lag. Langsam machte es ihn ganz fuchsig, sich von diesem Jüngling mit den blonden Ponyfransen belehren zu lassen.

»Nichts wie hin«, bestimmte er.
»Wohin?«
»Nach Spalt!«
Thomas kriegte den Mund gar nicht wieder zu.
»Ja, mein Lieber. Wir steigen jetzt richtig ein in die Geschichte.«
»Aber jemand muss doch hier an der Zentrale ...«
»Ich habe ein Smartphone. Damit hängen wir genauso gut im Internet. Auf geht's!«

*

Das Hopfenmuseum 97 war sein Arbeitsplatz. Sein Zuhause. Denn hier kam etwas sehr Wichtiges zu Ehren: eine von jenen geheimnisvollen Pflanzen, die Gregor gern mit Cannabis verglich, weil beide zur Familie der Maulbeerbaumgewächse gehörten und berauschende Gefühle auslöste: Frankens grünes Gold. Der Hopfen.

Gregor parkte den Fiat um die Ecke. Er atmete tief durch. Ihm war nicht ganz klar, wie die beiden Jungen aus dem Stadtwald ihn bis nach Hause hatten verfolgen können. Wie kamen sie überhaupt auf die Idee? Hatten sie beobachtet, wie er das Geld in den Rucksack gestopft hatte? Hatten sie in der Dunkelheit überhaupt etwas sehen können?

Es spielte jetzt keine Rolle mehr.

Den Rucksack über die Schulter geworfen, hastete er die stille Straße entlang. Der Asphalt war feucht, es roch nach frischer Erde. In Spalt schien es also geregnet zu haben, während andere Teile Frankens immer noch in einer Art Backofen verharrten.

Gregor zückte den Schlüssel und ließ sich in das alte Kornhaus ein. Er liebte es. Es stammte aus dem 15. Jahrhundert, atmete Geschichte, und jedes Mal, wenn er die Dielen unter seinen Füßen knarren hörte, erwachte Neugier in ihm. Neugier auf alte Zeiten, auf Dinge, die verloren gegangen und nur im Museum beschützt waren, auf Geheimnisse und Rätsel, die niemand mehr aufdecken würde.

Sein Kopf schmerzte immer noch, so ein dumpfes Dröhnen. Er schrieb es dem Stress zu. Das machte er eigentlich nie. Stress hielt er für eine dumme Ausrede seitens der Weichlinge. Wie oft bekam er das zu hören, wenn er in Sachen Hopfen und fränkischer Geschichte in Schulen unterwegs war! Den Jugendlichen sei es nicht zuzumuten, von einem Tag auf den anderen 20 Seiten in einem Buch zu lesen, damit man auf der Grundlage bestimmter Fakten mit ihnen diskutieren konnte. 20 Seiten, die ihnen sogar noch kopiert vorgelegt wurden, mundgerecht, sozusagen!

Gregor legte den Rucksack auf seinen Arbeitstisch. Er hatte ja nur so ein enges Stübchen, für einen, der bloß stundenweise aushalf, hatte man nichts Besseres im Angebot, aber die Kammer genügte ihm, weil sie ihm das Wichtigste bot, was er sich vorstellen konnte: einen Rückzugsraum. Einen Ort zum Denken und Nachsinnen, still, ohne Telefon und ohne Computer.

Er nahm das Geld aus dem Rucksack und zählte noch einmal. Dann sperrte er die Scheine in seine Schreibtischschublade. Dort befand sich nicht viel. Ein Buch von Dos Passos, Orient-Express, auf Englisch, eine Taschenlampe, ein Schweizer Messer, sein Logbuch, in dem er seine Fragen und Zweifel notierte, um ihnen später nachzugehen.

Als er den Schreibtischschlüssel wieder in die Tasche seiner Shorts steckte, hörte er ein Klacken aus Richtung der Eingangstür.

*

Während Dante fuhr, checkte Thomas voller Begeisterung und unaufhörlich die Facebook-Gruppenseite ›Geldkassette‹.

»Ich brauche unbedingt auch so ein Ding«, murmelte er ein ums andere Mal.

»Na dann, schlag zu.«

»Billig sind sie ja nicht gerade. Mein Praktikum ist unentgeltlich.«

»Das ehrt dich.«

Thomas lachte auf. »Unser Mann ist im Museum. Im Spalter Hopfenmuseum.«

Dante nagte an seiner Unterlippe. »Blöderweise haben wir uns verfranzt.«

»Mann!« Empört richtete Thomas sich aus seiner halb liegenden Position auf. »Hast du kein Navi?«

»Nö!«

»Aber ein Handy. Ich fasse es nicht! Schon mal gemerkt, dass die Teile auch GPS können?«

»Echt?«

Thomas' Finger flitzten über das Smartphone. »So. Okay, hier müssten wir allmählich … klar … genau, wir verlassen gerade Wassermungenau. Wie konntest du dich nur so verfahren, Kumpel!«

»Wir sind ja schon fast in Spalt. Guck mal, tolle Häuser!« Dante wies aus dem Fenster.

»Hm.«

»Das sind Hopfenhäuser. Schau mal, dieses hier: Das Giebeldach ist fünfgeschossig. Weißt du auch, warum?«

»Hm.«

»Da wurde der Hopfen getrocknet und gelagert.« Dante hielt an der Straße an und zeigte zu einem eindrucksvollen Fachwerkhaus [98].

»Woher weißt du das?«, fragte Thomas. Es klang gequält, als informiere Dante ihn gerade in aller Anschaulichkeit über hochinfektiöse Bakterien.

»Ich habe mal einen Bericht über den Spalter Hopfen geschrieben. Du glaubst es vielleicht nicht, aber Hopfen ist nicht gleich Hopfen. Der in Spalt hat zum Beispiel viel weniger Bitterstoffe als anderswo und außerdem ätherische Öle ...«

»Pass auf!«

Ein Wahnsinnsknabe schoss ihnen auf der Straße entgegen, genau auf ihrer Fahrbahnseite. Dante gab Gas, der Wagen machte einen Satz.

»Scheiße!«, ächzte Thomas. Das Smartphone war ihm aus der Hand gerutscht. Er tastete zwischen seinen Füßen umher. »Lauter Verrückte.«

*

Er hatte handeln müssen! Für wenige Minuten hatte er überlegt, das Mädchen im Museum festzusetzen. Was für eine dämliche Kuh das auch war. Hatte sie geglaubt, ihr Minirock würde ihn beeindrucken? Frauenbeine waren so ziemlich das Letzte, was Gregor interessierte. Wobei – Frauenbeine! Das Gör war doch höchstens 14! Gerade so in das überbordende Gefühl von jugendlicher Omnipotenz hineingewachsen. Was war da schon zu erwarten.

Nein, es war nicht klug, sie festzusetzen. Jedenfalls nicht im Museum. Nicht an einem Ort, der mit ihm selbst in Verbindung gebracht werden konnte. Viel zu riskant! Auf seine Nachfragen, woher sie denn überhaupt wusste, dass er sich im Museum in Spalt aufhielt, antwortete sie: »Na Facebook!«

Nicht dass er von dieser Firma noch nie etwas gehört hätte. Das wohl! Man hörte ja in den Nachrichten nur noch von Überwachung, Datenklau und so weiter. Die Internauten hatten längst die Kontrolle über die Werkzeuge, die sie nutzten, verloren. Stattdessen kontrollierten nun die Werkzeuge die Nutzer. Schön blöd. Gregor lachte hämisch.

Er lachte nicht mehr, als das Gör ein Handy zückte und wie wild auf dem Gerät herumtippte. Er riss es ihr aus der Hand und schob es in seine Gesäßtasche. Sie starrte ihn mit Augen groß wie Teller an. Blaue Augen, umrandet von blauschwarzer Schminke.

Er schlug zu.

Sie sackte sofort zusammen. Er packte sie, hob sie hoch, warf sie sich über die Schulter und ging zum Wagen. Dort riss er sein Unterhemd in Streifen und fesselte ihr die Hände, damit sie keinen Mist baute, wenn sie wieder zu sich kam. Das würde ohnehin noch eine Weile dauern.

Dass er am ganzen Leib zitterte, merkte Gregor erst, als er den Ort hinter sich gelassen hatte und beinahe einen anderen Wagen rammte.

Verdammt!

*

Dante und Thomas brauchten nicht lang, um festzustellen, dass das alte Kornhaus dunkel und still an seinem Platz stand.

»Kacke!«, schrie Thomas.

»He, du weckst die Leute auf!«

»Verdammt!« Thomas wirkte völlig aufgelöst.

»Okay, wir sind einem Hinweis nachgegangen. Wahrscheinlich haben wir eine Niete gezogen, und der Vogel, den wir suchen, ist hier nie zwischengelandet.«

»Ist er schon.«

»Ach? Woher weißt du das?«

»Von Karina. Meiner Schwester.«
»Geht's etwas genauer?«
Thomas erzählte. Dante wurde flau im Magen.
»Du meinst ...«
»Sie kennt ihn, weil ihre Klasse vor Kurzem hier im Museum zu Besuch war. Sie geht erst in die siebte Klasse, sie ist noch ein richtiges Kind!«
»Was hat denn ein richtiges Kind in unserer Facebook-Gruppe zu suchen?«
»So läuft das halt.«
Dante verdrehte die Augen. »Erklär mir mal, wie deine Schwester, das richtige Kind, um diese Nachtzeit nach Spalt ...«
»Ihr Vater wohnt hier. Und sie wohnt die meiste Zeit bei ihrem Vater. Klar?« Thomas raufte sich das Haar. Es begann zu tröpfeln. »Das kann ich meiner Mutter nicht sagen. Das kann ich einfach nicht.«
Dante räusperte sich. Mit dem zuversichtlichsten Tonfall, den er in seine Stimme zu legen imstande war, sagte er: »Na gut. Plan B.«

*

Privatdetektivin Katinka Palfy rieb sich den Schlaf aus den Augen, während sie das Handy ans Ohr drückte und das Küchenfenster schloss. Vom Himmel rauschte Regen, und ihre Füße standen in einer kalten Wasserlache.
»Moment, Wischnewski, Sie meinen aber nicht, dass es um eine Entführung geht? Ist das nicht eine Nummer zu groß für Sie?«
»Deswegen rufe ich Sie ja an.«
»Sie sind nicht dicht! Wählen Sie die 110!«
»Wir dachten, wir könnten ...« Es folgte eine Reihe von

Erklärungen, denen Katinka kaum folgen konnte, weil Dante sich wie üblich vor Hektik überschlug, und weil sie noch viel zu verpennt war, um alle Informationen in einen sinnvollen Zusammenhang zu kriegen.

»Haben Sie wenigstens eine Autonummer?« Als keine Reaktion kam, nickte sie und sagte, wie zu sich selbst: »Okay. Ich komme.«

Sie schnappte ihren Rucksack, legte das Holster um, steckte die Waffe hinein, schrieb einen Zettel für Hardo, der friedlich im Bett schlief, und verließ die Wohnung.

Im Innenhof stand das Wasser. Ihre Sneakers durchweichten nach wenigen Schritten. Im Kofferraum lagen Gummistiefel. Irgendwie stimmte in dieser Nacht die Reihenfolge nicht. Während sie die A 73 Richtung Nürnberg hinunterraste, die Geschwindigkeitsbeschränkung von 120 Stundenkilometern in den Nachtstunden geflissentlich übersehend, verlor sich die Spur des Mannes, nach dem über eine Facebook-Fahndungsgruppe gesucht wurde, in der verregneten Juninacht.

*

Dante Wischnewski glich den Schlafmangel mit gewohnter Hyperaktivität aus, während er mit Thomas und Katinka in einem Café auf dem Schwabacher Marktplatz saß und sein Smartphone auflud.

»Ein Diebstahl entwickelt sich zur Entführung. Euch ist schon klar, warum, oder?«

Thomas, der die Übermüdung nicht so leicht wegstecken konnte, gähnte ausgiebig. »Das Problem ist, wenn Karina heute nicht in der Schule auftaucht, dann rufen die meine Mutter an. Und dann ...«

»... wird klar, dass du mit dem Detektivspiel deine Schwester in Gefahr gebracht hast«, beendete Katinka den Satz für ihn. Sie wärmte sich die Finger an der Kaffeetasse. Sie hatten den Rest der Nacht damit verbracht, Hinweisen von Facebook-Nutzern nachzugehen. Wenn wenigstens einer das amtliche Kennzeichen eines Fahrzeugs ins Spiel hätte bringen können! Aber sie brachten lediglich in Erfahrung, dass Gregor Jakobs kein Auto besaß. Diese Information hatte Katinka wenige Minuten nach acht Uhr ihrer Informantin bei der Zulassungsstelle in Bamberg aus dem Kreuz geleiert. Man kannte sich.

Während Thomas sich mit läppischen Argumenten verteidigte, blinzelte Katinka in den Regen hinaus. Das goldene Dach des Rathaustürmchens 99 tat sich schwer, unter dem grauen Himmel wenigstens ein wenig Glanz hervorzukehren. Trotz des plötzlichen Herbstwetters geizte Schwabach nicht mit seinen malerischen Reizen.

»Also: Gregor Jakobs ist angeblich hier bei der Alten Synagoge 100 gesehen worden. Das haben wir überprüft. Fehlanzeige!« Katinka erschauerte noch bei dem Gedanken an die frühmorgendliche Befragung der Nachbarschaft in der Synagogengasse.

»Schon klar«, griff Dante vermittelnd ein. »Schwarmintelligenz ruft eben auch Fehler hervor. Dafür aber umso mehr Infos.«

»Blödsinn, Wischnewski. Intelligenz ist etwas Individuelles. Deswegen kann ein Schwarm gar nicht intelligent sein. Er ist nur so hibbelig wie Sie, immer in Eile, laut, will sofortige Beachtung.«

»Darüber ließe sich diskutieren.«

Thomas, der unaufhörlich an Dantes Handy hing, schrie auf: »Er ist in Roth! Er fährt einen Fiat Panda und ist in Roth!«

Dante zückte seine Brieftasche und bezahlte, während Katinka bereits zu ihrem Auto rannte. Wenn sie den Entführer in den nächsten zwei Stunden nicht am Haken hatten, würde sie die Polizei verständigen. Sie nahm ohnehin an, dass der Mann mit dem Kidnapping lediglich auf die Verfolgungsjagd durch die Schwarmintelligenz reagiert hatte. Ohne diese Kids, die, angeheizt von Dantes Eifer, auf Diebessuche waren, wäre vermutlich gar nichts passiert. Sie ahnte, dass Gregor Jakobs schon jetzt von der Situation absolut überfordert war. Außerdem musste auch ein Entführer mal schlafen. Alles in allem keine guten Voraussetzungen, um das Mädchen da unbeschadet raus zu kriegen, fand sie.

*

Gregor hatte den Fiat mitten in das Naturschutzgebiet am Nordwestufer gesteuert. Jetzt hockte er im Schilf und starrte auf den Rothsee [101]. Er war völlig durchnässt vom Regen, aber das war ein minimales Problem verglichen mit der Frage, was er mit dem Mädchen in seinem Wagen tun sollte. Er hatte die Kleine verschnürt, und das Auto stand geschützt und unsichtbar, aber wie lange würde er diese Situation durchhalten können?

Und das alles wegen einer Enzyklopädie.

Er wollte es nicht glauben. Er hatte eine Kasse gestohlen und ein Auto, er fütterte Frau Schwesingers Kater nicht, er goss ihre Blumen nicht, nun hatte er einen gefesselten Teenager im Auto, einen Mob aus Internetnutzern an den Fersen und wusste nicht mehr weiter. Wenigstens war er so clever gewesen, das Mobiltelefon des Mädchens vor etlichen Kilometern bereits aus dem Wagenfenster geworfen zu haben.

Die grauen Wolken über dem See färbten sich ein klein wenig heller. Eine Sonne war nirgends zu sehen. Der Wind wurde stärker und wühlte die Wasseroberfläche auf. Haubentaucher hopsten in den Wellen. Im Schilf quakte und zappelte es. Es war zu kalt für Shorts und ein kurzärmeliges Hemd. Irgendein Atlantiktief schlug mal wieder voll zu. Gregor hasste das wechselhafte Klima. Aber warum sollte er sich über das Wetter aufregen, wenn er doch ganz andere Probleme hatte?

Und wenn er sich stellte? Ob man ihm gestattete, einen Großteil seiner Bücher in einer Gefängniszelle bei sich zu haben? Vielleicht wäre der Knast sogar ganz angenehm, solange er nur mit Lesestoff versorgt wäre. Ihm schwante allerdings, dass das Ambiente und damit die Impulse des täglichen Lebens nicht besonders intellektuell sein würden.

Er brauchte einen guten Plan.

Der Plan konnte nur ein Ziel haben: Er musste das Mädchen loswerden, und zwar so perfekt, so gut durchdacht, dass niemand ihm je am Zeug flicken konnte. Er blickte auf den See. Im Prinzip spielte ihm das lausige Wetter in die Hände. Andernfalls wären schon die ersten Angler, Sommerfrischler oder Sportler hier eingefallen. Gregor kniff die Augen zusammen. Wie tief war der See? Er glaubte in Erinnerung zu haben, dass es nicht mehr als 15 Meter waren. Innerlich pries er sein fotografisches Gedächtnis, mit dem er auch angeblich unwesentliche Informationen aus Texten saugte und behielt. 15 Meter waren besser als nichts. Die planschenden Kinder an der Oberfläche wollte er nicht stören.

Wohin mit Frau Schwesingers Wagen? Wenn er ihn einfach wieder zurückbrachte und parkte ... doch er hatte in dem Auto Spuren hinterlassen, und die Kleine, die sich immer heftiger hin- und herwarf und heulte und winselte, sobald er sich ihr näherte, garantiert auch. Also musste auch der Wagen weg.

Ein Plan, ein guter Plan ...

Es begann wieder zu regnen.

Wer sollte schon einen solchen Plan zu schmieden imstande sein, wenn nicht er?

*

Hätte Frau Schwesinger sich nicht mit ihrer Schwester in Frankfurt überworfen, dann wäre sie nicht so bald nach Fürth zurückgekehrt. Sie hätte keinen Anlass gehabt, nach ihrem Wagen zu suchen. Sie hätte sich nicht darüber gewundert, dass ihr sonst immer so zuverlässiger Nachbar Gregor Jakobs weder die Blumen gegossen noch den Kater gefüttert hatte.

Aber so war sie, nach nur knapp 24 Stunden Abwesenheit, zur Polizei gegangen.

Privatdetektivin Katinka Palfy hatte dort ebenfalls angerufen. Ziemlich schnell war einem findigen Beamten namens Ralf Pröls aufgegangen, was ablief; er hatte die Facebook-Gruppe aufs Korn genommen. Da Gregor Jakobs bereits an vielen unterschiedlichen Orten zwischen Fürth, Hersbruck und Roth gesehen worden war, löste Hauptkommissar Pröls eine Großfahndung aus. Die Presse hatte Wind von der Geschichte bekommen und erwies sich als anhänglich. Pröls gab großzügig Informationen weiter. Er hoffte auf die aktive Mithilfe der Bevölkerung.

Dennoch: Die Suche nach Gregor Jakobs, Karina Langner und einem Fiat Panda blieb erfolglos.

*

Sie saßen bei Selma Langner in der Wohnung. Thomas mit schwarzen Schatten unter den Augen, geknickt. Selma rauchte Kette. Ansonsten sagte sie wenig. Katinka ahnte, was Selma befürchtete: dass ihre Tochter kaum eine Chance hatte. Gregor Jakobs steckte dermaßen in der Klemme! Es gab nur einen Ausweg für ihn: sich zu stellen. Die Alternative lautete, dass er Karina umbringen würde.

»Und das alles wegen einem bisschen Bargeld!« Selma drückte ihre Zigarette aus. »Kann das irgendein Mensch verstehen?«

»400 Euro sind kein Pappenstiel«, entgegnete Katinka. »Aber ich weiß, was Sie meinen.«

Selma schüttelte nur stumm den Kopf.

Dante stand reglos am Küchenfenster. Er hatte seit ungefähr 15 Minuten keinen Laut von sich gegeben. Katinka nahm an, dass er trotz der zwei Stunden Schlaf auf Selmas Wohnzimmersofa immer noch zu zermürbt war, um klar denken zu können.

»Czernowitz.« Es kam unvermittelt. Alle starrten Dante an.

»Was, Wischnewski?«

»Czernowitz. Gucken Sie mal raus auf das Stadttheater 102.« Sein Finger tippte gegen die Scheibe, an der die Regentropfen herabrannen. »In der Ukraine steht eine identische Version des Fürther Stadttheaters. Wussten Sie das?«

»Wischnewski«, begann Katinka. »Wir ...«

»Und Sie haben vorhin über die Schwarmintelligenz gelästert.«

Katinka sprang auf. »Worauf wollen Sie raus?«

Dante wandte sich um. Verblüfft sah er Katinka an. »Na, regen Sie sich doch nicht gleich auf. Was hat Kommissar Pröls gesagt? Gregor Jakobs ist was für ein Typ?«

»Zwanghaft, verklemmt, superordentlich, isoliert, autistisch«, fasste Thomas mit eigenen Worten zusammen.

»Er mag es nicht, ein Abklatsch von etwas zu sein«, sagte Dante. »Er ist jemand, der rein theoretisch originelle Lösungen bevorzugt. Doch er bringt selber keine zustande.«

Selmas Feuerzeug klickte.

»Also«, Dante betrachtete seine Hände, als habe jemand den Text für ihn auf seine Haut gepinselt, »wird er versuchen, das Problem auf seine Art zu lösen.«

Thomas holte tief Luft, setzte an zu nörgeln, aber Katinka würgte ihn ab. »Moment, Thomas. Machen Sie weiter, Wischnewski!«

»Er gerät in Sachen rein, kommt vom Regen in die Traufe.« Katinka nickte langsam. »Er klaut, weil sich die Gelegenheit bietet. Er türmt vor zwei Jungs im Stadtwald, die ihn gesehen haben. Er greift auf das Auto seiner Nachbarin zurück, weil die ihm gutgläubig den Wohnungsschlüssel überlässt. Er kidnappt Karina, weil sie ihn aufgespürt hat.«

»Er plant also nicht!« Selma spie Rauch durch Mund und Nase aus. »Sondern er reagiert.«

»Er hat ein Mädchen in seiner Gewalt. Er hat keine Zeit und keine Nerven, sich etwas Bombensicheres auszudenken.« Dante nickte eifrig.

»Er muss das Auto loswerden!« Das kam von Thomas.

»Und wo wird er das los?«

»In einem Gewässer«, schlug Katinka vor. »Vielleicht im Seenland. Da hat er mehr als genug ... aber nein. Das funktioniert nicht. Das Ufer ist zu flach.« Sie versank ins Grübeln.

Dante packte Katinkas Handgelenk. »Er muss Auto und Mädchen mit einem Schlag loswerden!«

»Wischnewski«, mahnte Katinka den Reporter halblaut. »Sehen Sie nicht, dass Selma am Ende ist?«

»Im Rhein-Main-Donau-Kanal! Das bietet sich doch an! Er fährt an einen Kai und kippt die Karre in den Kanal!« Thomas war aufgesprungen.

»Zu riskant. Zu dichter Schiffsverkehr!« Dante schüttelte den Kopf. »Nein, es muss eine todsichere Möglichkeit sein, ideale geografische Gegebenheiten, keine Beobachter.«

»Der alte Kanal!« Selma drückte ihre Kippe aus. »Der Ludwig-Donau-Main-Kanal. Da fahren keine Schiffe mehr. Der Zugang ist relativ einfach, das Wasser vergrützt, baden will dort niemand ...«

»Tata!«, trompetete Dante. »Und wo? Die Wasserstraße ist 173 km lang.«

»Wieso wissen Sie so was eigentlich immer auswendig?« Katinka warf sich ihren Rucksack über die Schulter. »Wo sollen wir ihn suchen?«

»Schätze, irgendwo zwischen Nürnberg und Beilngries. Das können wir eingrenzen.« Dante rannte Katinka nach.

*

Gregor Jakobs hatte das Autoradio eingeschaltet. Er würde nicht mehr entkommen können. Sie würden noch ein paar Stunden brauchen, aber dann hätten sie ihn. Im Augenblick arbeitete das miese Wetter für ihn. Das verfluchte mitteleuropäische Sauwetter. Es regnete wie aus Kannen. Der Himmel war dunkelviolett, und er musste all seine Konzentration aufbringen, um den Fiat über das graue Asphaltband zu steuern, das vor seinen übermüdeten Augen zu verschwimmen schien. Mit den schweren Wolken, die sich auf die Straße herabsenkten, mit den pladdernden Regentropfen, die Blasen aufwarfen. Mit den gebeutelten Bäumen am Wegrand. Mit dem Weinen des Mädchens auf der Rückbank.

Er hatte Durst.

Er hatte alle Hoffnung verloren, die Dinge wieder in Ordnung bringen zu können.

Am allermeisten aber bedauerte er, dass er die Enzyklopädie nicht würde kaufen können. Dass das Internet alles schluckte. Das Online-Wissen würde von sich selbst immer wieder neu aufgefressen werden, das Web würde altes Wissen immer wieder überschreiben, bis in nicht besonders ferner Zukunft nur noch eine immerwährende Gegenwart existierte.

Das hatten sie dann davon. Wie bei Orwell. 1984.

Das hatten sie davon, die Internauten, die Geblendeten, die Dummen.

Das Mädchen wimmerte.

»Sei endlich ruhig!«, brüllte Gregor.

Das Weinen hörte ein paar Sekunden auf. Die Tankanzeige leuchtete auf. Er hatte keinen Schimmer, wie weit er noch fahren konnte, bevor das Benzin aufgebraucht war.

Er bog ab. Bog wieder ab. Landete im Wald. Fuhr über einen aufgeweichten Kiesweg, der den Reifen des Wagens alles abverlangte.

Dann kreuzten ein Radweg und eine Grasnarbe das Sträßchen. Links lag ein Sandsteinhäuschen. Es sah unbewohnt aus.

Gregor stieg aus dem Wagen. Er zerrte Karina aus dem Auto und riss ihr den Knebel ab. Entfernte die Handfesseln. Sie standen im Regen, beide pudelnass.

»Hau ab!«, schrie Gregor. »Na lauf schon!«

Das Mädchen machte ein paar unsichere Schritte.

»Buh!« Was war dieses Gör dämlich. Konnte sie nicht einfach die Beine in die Hand nehmen und rennen?

Endlich begriff Karina. Sie sauste davon, mitten hinein in den Wald.

Erleichtert presste Gregor Jakobs seine Stirn an das Autodach. Der Kanal war nicht sehr tief. Maximal anderthalb Meter. Damals, als König Ludwig den Kanal bauen ließ, hatten die Frachtkähne kaum Tiefgang. Jedenfalls im Vergleich zu heute.

Anderthalb Meter. Würde das reichen für Frau Schwesingers fahrbaren Untersatz?

Für ihn würde es reichen.

Er stieg ein. Ließ den Motor an. Fuhr das Auto bis an die Kanalkante. Die Vorderräder standen auf der steinernen Einfassung. Die Hinterräder im Gras. Er konnte den Kanal kaum sehen, der Regen rann wie der Zusammenfluss unzähliger Gebirgsbäche über die Windschutzscheibe.

Gregor schnallte sich an. In weniger als fünf Minuten wäre er tot. Ertrunken. Was bedeuteten schon fünf Minuten. Fünf Minuten gingen so schnell vorbei.

Er kurbelte das Fenster auf der Fahrerseite herunter. Dass er fror, merkte er kaum. Es interessierte ihn auch nicht.

Er trat die Kupplung, spielte mit dem Gas.

Fünf Minuten. Nicht mal.

*

Katinka parkte an der Waldschänke. Mannschaftswagen der Polizei warteten dort, eine Hundestaffel. Ein Mann in lila Gummistiefeln stürmte auf Selma zu.

»Puh, Karinas Vater«, bemerkte Thomas.

Pröls schälte sich aus einem Streifenwagen.

»Machen wir uns auf die Socken!«, flüsterte Dante Katinka ins Ohr. »Die Herrschaften finden sich schon zurecht.«

Sie hasteten an dem Gasthaus vorbei zum Kanal hinauf. Regen- und windgepeitscht lag er da.

»Wow, so einen Brückkanal 103 habe ich noch nie gesehen!«, staunte Katinka.

»Sehr viele von den Kunstbauten sind ja nicht mehr übrig. Aber weiter jetzt.« Sie hörten das Motorenbrummen eines Helikopters. »Vielleicht ist Gregor schon baden gegangen.«

Sie fanden den Fiat zwischen den Schleusen 57 und 58. Die Hinterreifen hatten sich im Schlamm festgefressen. Gregor Jakobs saß angeschnallt hinter dem Steuer, das Gesicht vor Anspannung entstellt. Abgasschwaden quollen aus dem Auspuff. Dante beugte sich zu ihm.

»Sie kommen nicht über die Kanalmauer. Dafür brauchen Sie Schwung, sonst hängen Ihnen die Vorderräder zwar ins Wasser, aber der Unterboden sitzt auf.«

Hasserfüllt starrte Gregor Dante an.

»Wo ist Karina?« Dante stupste Gregor an. »Sagen Sie schon!«

»Ich habe sie gehen lassen.«

Katinka öffnete die Beifahrertür und ließ sich auf den Sitz sinken. »Sie sollten sich stellen, Herr Jakobs. Und zwar bevor die Jungs in der schwarzen Montur hierher aufgerückt sind.«

Dante nickte. »Genau! Schauen Sie mal, sie sind im Anmarsch.«

Gregor umfasste das Steuerrad mit beiden Händen. Weiß traten die Knöchel hervor.

»Ich brauche die Enzyklopädie.«

»Die Enzyklopädie?«

»Die letzte, verstehen Sie?«

Er gab Gas. Der Wagen hob sich ächzend aus der Kuhle, die Gregor mit seinen verzweifelten Startversuchen in den Schlamm gefräst hatte. Die Vorderräder rutschten über die Kaimauer.

»Lassen Sie das!«, schrie Katinka.

»Vielleicht steigen Sie mal lieber aus«, schlug Dante vor.

Katinka legte eine Hand auf Gregors Hand. »Stellen Sie sich?«

Er nickte.

»Okay.«

Sie stieg aus. Die Polizisten mit den Helmen und schwarzen Visieren waren nur noch wenige Meter weg.

»Er stellt sich«, rief Dante ihnen entgegen. »Das Mädchen hat er freigelassen!«

»Aus dem Weg!«, rief ihnen einer der vermummten Männer zu.

»Schießen Sie nicht auf ihn!« Katinka winkte mit beiden Armen wie ein Fluglotse, der eine Maschine in die Parkposition einwies.

Dante zog sie weg. Mit gezogenen Schnellfeuergewehren umstellten die Polizisten den Fiat. Gregor Jakobs hob die Hände. Der Motor lief noch.

»Er wird doch nicht ...«, begann Dante.

Bevor einer der Polizisten die Fahrertür öffnen konnte, gab Gregor Jakobs Gas. Ein letztes Mal ließ er den Motor aufheulen. Die Hinterreifen manövrierten sich aus der Schlammmulde. Der Wagen bäumte sich kurz auf und kippte dann in den Kanal. Es schien, als teilte sich die Entengrütze für Momente, um die Karosserie passieren zu lassen.

Plötzlich war es still. Nur noch der Regen war zu hören, der den Kanal aufwühlte.

Die hintere Stoßstange ragte aus dem Wasser. Der Auspuff spuckte eine letzte Qualmwolke aus.

Einer der Männer riss sich den Helm vom Kopf.

Als er Gregor Jakobs endlich an die Wasseroberfläche holte, war er bereits nicht mehr am Leben.

FREIZEITTIPPS:

93 Fürther Grafflmarkt; Trödelmarkt, im Frühsommer und Herbst, jeweils von Freitag, 16 Uhr, bis Samstag, 16 Uhr in der Fürther Innenstadt.

94 Fürther Stadtwald; 560 ha großes Naturgebiet im Südwesten mit Försterei und altem Baumbestand.

95 Kriminalmuseum Fürth; auf 200 m^2 im Keller des Fürther Rathauses gelegen, bietet einen Einblick in 200 Jahre Fürther Kriminal- und Polizeigeschichte. Geöffnet ist sonntags. Das Fürther Rathaus gilt als Wahrzeichen der Stadt. Der 55 m hohe Turm ist nach dem Vorbild des Palazzo Vecchio in Florenz gebaut.

96 Schloss Stein; ehemals repräsentativer Wohnbau der Industriellenfamilie Faber-Castell, bestehend aus einem alten und einem neuen Schloss, Bauwerke, in denen sich die unterschiedlichsten Stile vereinigen. Dahinter liegt der naturbelassene Faberpark, schräg gegenüber das Museum Alte Mine.

97 Hopfen- und Biermuseum, Spalt; es ist im Kornhaus in der ehemaligen Zehntscheune untergebracht. Thema des Museums ist die Hopfenpflanze vom Anbau über die Ernte bis zur Vermarktung und natürlich ihre Rolle beim Bierbrauen. Im Kornhaus befinden sich außerdem Bücherei, Kulturzentrum und die Tourist-Info.

98 Mühlreisighaus; ein gutes Stück nordwestlich von Spalt an der Straße nach Wassermungenau gelegen.

Es handelt sich um ein klassisches Hopfenlagerhaus mit gebrochenem Steilsatteldach. Es steht auf dem Hopfengut Mühlreisig, daher sein Name.

99 Rathaus mit goldenem Dach, Schwabach; die schmucke Stadt Schwabach wird auch Goldschlägerstadt genannt. Heute gibt es noch ein gutes Dutzend Betriebe, in denen Rohgold zu Blattgold verarbeitet wird. Das goldene Dach auf dem Rathauseckturm zeugt von der Blüte der Blattgoldfabrikation.

100 Alte Synagoge, Schwabach; die frühere Synagoge in der Synagogengasse ist heute Teil des Jüdischen Museums Franken (weitere Standorte sind Fürth und Schnaittach) und dient als Kulturraum für Konzerte, Lesungen u.v.m.

101 Rothsee; zwischen Roth und Allersberg gelegener und sehr beliebter Badesee.

102 Stadttheater, Fürth; das 1902 errichtete Theater vereint Renaissance- und Neurokokoelemente. Es war seinerzeit das erste Bauwerk in der Stadt Fürth, das mit elektrischem Strom versorgt wurde. Drei Jahre später entstand ein identisches Abbild des Fürther Stadttheaters in Czernowitz.

103 Alter Brückkanal des Ludwig-Donau-Main-Kanals (Bauzeit 1836 – 1845) zwischen Feucht und Gsteinach; es handelt sich um einen Kunstbau, der es ermöglichte, den Kanal, der die Donau mit dem Main verband, über die Schwarzach zu führen. Nach den Zerstörungen des

2. Weltkrieges wurde der Kanal teilweise aufgelassen. Heute stehen der Kanal und seine verbliebenen Bauwerke unter Denkmalschutz.

DIE MONATE OHNE ›R‹
– ERLANGEN, TAUBERTAL,
AISCHGRUND UND ANSBACH –

Der Mann stellte sich zackig vor: Hauptkommissar Senkenhuber, Drogendezernat. Rang, Name, Abteilung. Grätz konnte sich nicht erinnern, jemals was mit Drogen am Hut gehabt zu haben.

»Wir möchten Ihnen einen Deal vorschlagen«, sagte Senkenhuber.

»Einen Deal.«

»Genau.«

»Genau.«

Senkenhuber senkte die Stimme, als wäre der Deal nicht ganz sauber. Nur für sie beide bestimmt. Eine Tonlage, die Grätz kannte. Weil er das genauso machte. Oder gemacht hatte. Oder wieder machen würde. Dann nämlich, wenn er hier raus wäre und seine Talente und seinen Arbeitseifer erneut zur Höchstform zu peitschen die Gelegenheit bekäme.

»Genau, ja. Wir tauschen Sie aus. Gegen Pettigrew. Q 7. Schon mal gehört?«

»Q 7.«

»Das fränkische Drogenkartell. Wir sind dicht dran. Stehen denen schon auf den Hühneraugen. Aber es klappt nie. Sie sind unser Mann.«

»Ich?«

»Exakt. Sie. Sie sehen nämlich genauso aus wie Pettigrew.«

Senkenhuber hob den Blick und musterte Grätz. Penetrant. Penetrantissimo.

»Wenn Sie die Freundlichkeit hätten, mir zu sagen, wer Pettigrew ist ...«

»Äh, natürlich.«

Und Senkenhuber redete. Er redete und gestikulierte, erläuterte und fügte hinzu, fragte und gab selbst die Antwort. Die Sprechblasen verwandelten sich vor Grätz' Blick in graue Wolken.

Auch der Raum, in dem sie hockten, war grau, wie alle Räume, in denen Grätz sich seit geraumer Zeit aufhielt. Das Fenster war staubig und vergittert, beides ließ nicht viel Licht herein, obwohl draußen der Sommer gleißte. Während Senkenhubers Sprechblasengrau gegen die Scheiben drückte, dachte Grätz daran, dass Winter wäre, wenn er hier rauskam. In einem halben Jahr. Februar. Besser als gar nicht rauskommen. So viel war klar.

Allerdings stand nun zu erwarten, dass er sogar früher die Fliege machen konnte. Sozusagen sofort. Stante pede. Er, Heinz Grätz, der Sunnyboy, der smarte Betrüger, sollte gegen einen V-Mann ausgetauscht werden. Anstelle von Will Pettigrew, dem Superdealer von Q 7, der seit zwei Jahren einsaß.

»Das geht doch nie gut.«

»Wie briefen Sie. In den nächsten drei Tagen lernen Sie alles über Q 7. Personal, Strukturen, Vertriebswege.«

»Grau, teurer Freund, ist alle Theorie.«

»Sie kommen schon klar. Wir werden immer ganz nah bei Ihnen sein. Technik ist alles.« Er legte ein Handy auf den Tisch.

Grätz wurde klar, dass der braun gebrannte, laute, blonde Kommissar mit dem Bauchansatz tatsächlich an seinen Plan glaubte. Das war schön für ihn. Aber nicht für Grätz.

*

Kotschi – der Name leitete sich von dem schönen fränkischen Namen Kotschenreuther ab – genoss mitunter das kulturelle Leben Erlangens. Freizeit war selten. Aber heute. Heute musste es sein. Wegen des Poetenfestes 104 . Die Leute lagerten auf Isomatten und Decken im Schlossgarten 105 , dem das Marktgrafenschloss seine Kehrseite zuwandte, Picknickkörbe und Weinflaschen neben sich. Sie lauschten den Dichtern und Poetry-Slammerinnen, und Kotschi fand, es war eine amüsante, saubere Welt. Nur unecht. Ganz anders als das Universum, in dem Kotschi zu Hause war. Aber Erlangen hatte eben etwas. Etwas Freiheitliches, etwas, das Kotschi im normalen Arbeitsalltag unbedingt zu verteidigen trachtete. Spielraum. Lebensraum. Freiheit.

Erlangen – neuer Lebensraum der verfolgten Hugenotten, die zum Dank für die rettende Aufnahme neue Wirtschaftszweige erschlossen und ihre Stadt von Grund auf verändert hatten. Da bestand eine gewisse Ähnlichkeit mit Q 7. Das Kartell gab Neuankömmlingen eine Chance. Verändern, da musste Kotschi grinsen, ließ es sich allerdings nicht. Im Gegenteil, man baute auf Bewährtes; insofern bedeutete es nicht nur einen Sieg gegen Senkenhuber, dass Pettigrew in wenigen Tagen frei sein würde. Dem aufgeflogenen V-Mann hingegen konnte man nur wünschen, dass er einige Jahre eingebuchtet wurde, bis die schlimmsten Erinnerungen an ihn verraucht waren. Allerdings achtete Kotschi darauf, dass es keine privaten Racheaktionen von Kartellmitgliedern gab. Revanche war Sache des Chefs.

Die Sonne strahlte von einem blauen Himmel, die Bäume im Schlossgarten säuselten leise im sanften Wind, der die Wörter der Dichter und Slammer verwirbelte und zu einem neuen Cocktail mixte, einem berauschenden Drink, fand Kotschi. Die Pflichten durften an einem solchen Tag für ein paar Stunden ruhen. Eine einzige Wolke trieb über Erlangen. Wahrhaftig nur eine einzige.

*

Grätz näselte gekonnt. Er war ein Meister im Nachahmen von Dialekten, da sollte so ein britischer Akzent, noch dazu ein zarter, kein Problem sein.

Der Austausch erfolgte zwischen Baiersdorf und Möhrendorf, die Parole lautete ›Meerrettich‹, und das war leicht zu merken, denn am letzten Tag vor seiner Verhaftung – Grätz hätte diesen und alle folgenden Tage am liebsten aus seinem Gedächtnis gelöscht – hatte er mit seiner damaligen Freundin Sarah das Meerrettichmuseum **106** in Baiersdorf besichtigt. Sarah war ein Vamp und nicht der Typ für ein Meerrettichmuseum. Nicht mal für Meerrettich, geschweige denn für ein Museum. Bis heute war Grätz sich nicht sicher, ob die Bullen von *ihr* einen Tipp bekommen hatten. Wer sonst hätte den entscheidenden Hinweis liefern können? Er war immer aufs Äußerste vorsichtig gewesen. Und die netten älteren Damen, die ihm ihr Vermögen in bar anvertrauten, damit er es langfristig vermehrte, kannten nicht mal seinen richtigen Namen. Heinz Grätz. Aus dem nun Will Pettigrew geworden war, der aus Senkenhubers Wagen stieg, die Parole näselte, in einen anderen Wagen kletterte und davongefahren wurde.

*

Kotschi erwartete Mösners Anruf auf dem Handy. In kritischen Momenten wie diesem schien ein Aufenthaltsort an einem belebten Platz, mitten unter den Erlangern, am angemessensten. Zum Beispiel in einem Bistro in der Schiffstraße **107**.

Das Telefon klingelte. Ein Gespräch von weniger als einer Minute.

Anschließend nahm Kotschi SIM-Karte und Akku aus dem Gerät. Alles war perfekt gelaufen.

*

Grätz war enttäuscht. Er hatte gehofft, an seinem ersten Tag in Freiheit in Ruhe durch Erlangen flanieren zu können. Anders als manche zugezogenen Bewohner, die nur die Universität und die zahlreichen Gebäude eines international operierenden Technologie-Konzerns kannten, lebte in ihm eine tiefe Zuneigung zu seiner geometrischen Heimatstadt. Er hatte sich gewünscht, sein Lieblingsmuseum, das Kunstpalais 108, aufzusuchen, um sich nach den langen Monaten im Knast mal wieder mit dem vollzusaugen, was außer Geld Bedeutung für ihn hatte.

Aber Mösner hatte andere Pläne mit ihm.

Der Raum, in dem sein nächstes Briefing stattfand, sah nur wenig anders aus als der Besprechungsraum im Knast, wo er mit Senkenhuber gesessen und Instruktionen erhalten hatte.

»Wir sind knapp mit Crystal Meth. Ein Hexenlabor ist über die Planke gegangen. Sieh zu, dass du deine Kontakte spielen lässt. 100 Kilo.«

»100 Kilo.«

»Lupenrein.«

»Lupenrein.«

»Genau. Liefertermin spätestens übermorgen. Muss alles sauber eingetütet werden. Der Boss schaut dir auf die Finger, Mann.«

»Auf die Finger. Klar.«

Mösner starrte Grätz in die Augen. »Hast dich verändert im Knast, Kumpel.«

»Schon mal im Knast gewesen?«

»Hab's hingekriegt, das zu vermeiden.« Mösners Augen spuckten rote Glut.

*

Grätz brauchte keinen halben Tag, um herauszufinden, dass er keine Chance hatte. Der Beschiss würde auffliegen, wenn er in weniger als 48 Stunden kein lupenreines Crystal Meth beschafft hatte. Wobei ›lupenrein‹ noch das geringste Problem war. Er brauchte überhaupt erst mal irgendein weißes Pulver. Nach 24 Stunden Schufterei kriegte er eine Zusage. Er stand mit dem Wagen, den Mösner ihm überlassen hatte, an der Straße nach Rothenburg. Konnte schon die Stadtsilhouette sehen, Türmchen, Dächer, rund, eckig, irgendwie knuffig. Walt Disney, so hieß es, hätte sich für seinen Zeichentrickfilm Pinocchio hier inspirieren lassen, wo hatte Grätz das noch mal gelesen? Rothenburg war Romantik pur, verwinkelt, historisch. Leider auch kitschig. Aber es gab ein tolles Museum hier, das Kriminalmuseum [109], ebenfalls schwerpunktmäßig mittelalterlich, sonst hätte er, Pettigrew alias Grätz, durchaus Wissenswertes aus seinem reichhaltigen Erfahrungsschatz beisteuern können.

Der Typ, der zu ihm in den Wagen stieg, hätte in einen Historienfilm gepasst. Unrasiert, wahrscheinlich seit einem Millennium. Schlapphut. Ein olympiareifer Schweißgestank.

»Wir kriegen Vorauskasse.«

»Vorauskasse.«

»So ist es. 100 Prozent.«

»100.«

»Ja.«

»War aber noch nie so.«

»Die Zeiten ändern sich, Kollege.«

»Das kriege ich bei Kotschi nicht durch.«

Der Bärtige lachte. »Wir sind seit gefühlten 300 Jahren Geschäftspartner, Kotschi und ich!«

»Einleuchtend.«

»Das Zeug ist allererste Sahne, Kumpel!«

»Übergabe wann und wo?«

»In genau«, er sah aus dem Fenster, als müsste er den Stand der Sonne überprüfen, »23 Stunden.«

»23 Stunden.«

Der Bärtige wollte sich totlachen. »Bist ein komischer Vogel geworden im Knast, Pettigrew. Da ist es doch noch taghell.«

»Taghell.«

»Morgen Nacht, Mann, ein Uhr.«

»Ein Uhr.«

»Du fährst Richtung Schillingsfürst 110 . Auf der rechten Seite kommt die Einfahrt zu einem Flurbereinigungsweg. Du fährst, bis du das Schloss sehen kannst. Dann geht's rechts in einen Schotterweg.«

»Flurbereinigungsweg. Schloss. Schotterweg.«

»Zwei Stunden vorher bringst du die Kohle. Muss aber ein bisschen mehr sein als ein Schilling.«

»Zwei Stunden.«

»Dinkelsbühl 111 . Auf dem Parkplatz beim Hallenbad. Klar?«

»Hallenbad.«

»Dich haben sie wirklich versaut, Pettigrew.« Der Mann stieg aus. »100 Prozent. Vergiss das nicht.«

*

»Spinnst du, Pettigrew? Seit wann wollen die 100 Prozent bei Übergabe? Wieso hast du aus dem Knaben nicht Kleinholz gemacht?«

»Kleinholz?«

»Scheiße, vergiss es! Kotschi wird das nicht gefallen. Ist nicht üblich bei Q 7. 50 Prozent Vorauskasse, 50 bei Übergabe. Müssen uns ja erst mal die Qualität anschauen.«

»Qualität.«

»Arschloch!« Mösner packte Grätz am Kragen.

»A... also, die Qualität ist allererste Sahne.«

»Hat wer gesagt? Ein Simpel, einer aus den unteren Chargen, kanntest du den?«

»Kennen – nein.« Shit! Grätz brach der Schweiß aus. Er kannte ja auch Mösner nicht. Und wie lange würde Mösner noch brauchen, um herauszufinden, dass er Grätz war und nicht Pettigrew?

»Gefällt mir nicht.« Mösners kalte Augen glitzerten. »Ich werde mit Kotschi sprechen.«

»Kotschi.«

Mösner stieß ihn von sich weg. »Ach, halt die Klappe, du Arsch!«

*

Grätz telefonierte mit Senkenhuber.

»Übergabe heute Nacht. Nahe Schloss Schillingsfürst.« Er gab die Wegbeschreibung des Bärtigen weiter.

»Blöder Treffpunkt.«

»Das ist ja wohl das geringste Problem. Ich fliege wahrscheinlich auf. Ich bin nicht der, den sie haben wollten, und das merken die, Senkenhuber, die merken das!«

»Halten Sie durch, Mann!«

»Sie haben leicht reden.«

»Sie sind doch ein Meister der Verstellung.«

»Mösner hat Verdacht geschöpft.«

»Kein Gewinsel jetzt!« Senkenhuber meckerte noch eine Weile weiter.

»Ich muss Schluss machen.« Grätz legte auf.

*

Am nächsten Morgen brachte Mösner ihm einen fetten Umschlag.

»75 Prozent.«

»Die wollen 100!«

»Den übrigen Zaster kriegen sie, wenn wir den Stoff haben.« Mösner bohrte seinen Zeigefinger in Grätz' Brust. »Wir behalten dich im Auge, Pettigrew. Wenn du ein krummes Ding drehst, schleife ich dir die Eier.«

»Die Eier.«

»Und Kotschi erledigt den Rest.«

»Den Rest.«

Mösner stieß Grätz von sich weg. »Arschloch!«

*

Grätz saß eine Weile im Wagen. Dann fuhr er los. Mit den 75 Prozent in der Jacke. Er fuhr nach Höchstadt. Es war ja noch Zeit. Zum Essen, zum Beispiel. Jetzt ein Aischgründer Karpfen. Mit Kartoffelsalat. Und der mit extra viel Essig. Die Henkersmahlzeit. Und danach die Aischgründer Bierstraße 112 runter. Sich volllaufen lassen. Dann merkte er wenigstens nichts mehr, wenn Mösner sich daranmachte, ihm die Eier zu schleifen. Und Kotschi daraufhin den Rest erledigte. Kotschi. Der Boss.

Er schlenderte durch Höchstadt, schwitzend in seiner Jacke, schwer tragend an den 75 Prozent. Das malerische Fachwerk konnte ihn kein Bisschen begeistern. Im erstbesten Gasthaus fragte er nach Karpfen.

»Karpfen? Da sind Sie aber recht früh dran. Abgefischt wird erst im September«, sagte der Wirt. Hinter ihm kicherte eine Kellnerin.

Grätz schlug sich an die Stirn. Sein Hirn war schon vollkommen weichgekocht. Karpfen gab es nur in Monaten mit ›r‹, also von September bis April. Im Knast hatte er das selbstverständliche fränkische Grundwissen vergessen.

»Früh dran.«

»Kommen Sie in drei Wochen wieder.«

»In drei Wochen.«

»Sie können ja Urlaub machen bis dahin!«

»In drei Wochen sind meine Einzelteile die Aisch runtergespült worden.«

»Hä?«

»Ach nichts.« Grätz ging.

*

»Pettigrew hat einen an der Waffel, Kotschi! Ich sag dir, die haben den im Knast umgedreht.«

»Behalte ihn im Auge.«

»Und wenn er abhaut?«

»Der kommt nicht weit. So blöd ist er nicht.«

»Er ist saublöd, Kotschi, strunzdumm! Quatscht einem jede Silbe nach. Mit dem stimmt was nicht.«

»Okay. Ich komme heute Nacht mit.«

»Scheiße, Kotschi, zu gefährlich. Du bist most wanted!«

»Spielt keine Rolle.«

»Seit der Sache mit Pettigrew, ach was, seit ... seit ... keine Ahnung, Mann, immer schon, wollen die Bullen dich haben.«

»Reg dich ab. Das Crystal Meth Geschäft geht über den Tresen. Ist der Weiterverkauf gesichert?«

»Darum kümmere ich mich. Das können wir nicht Pettigrew überlassen.«

»Ich mag es nicht, wenn meine Leute sich gegenseitig misstrauen.«

»Nenn es gesunde Skepsis.«

Kotschi betrachtete Mösner lange und nachdenklich.

*

Grätz kam fast bis Bad Windsheim. Er hatte sich irgendwo einen Döner geholt, der als Henkersmahlzeit nicht taugte, sondern in seinem Magen lag wie ein Klumpen Lava. An der Stelle, wo zum ersten Mal das Fränkische Freilandmuseum [113] angeschrieben war, platzte ein Reifen. Der hintere rechte. Geistesgegenwärtig lenkte Grätz den Wagen an den Straßenrand. Er dachte sofort an Mösner. Der Wirt aus Höchstadt fiel ihm ein. ›Sie können ja Urlaub machen bis dahin‹. Abhauen. Leider konnte man ja nicht in der Zeit zurückreisen, so wie das Museum in seiner Marketingstrategie einen glauben machen wollte. Eine Zeitreise 700 Jahre in die Vergangenheit. Da würde er dann doch dankend verzichten. Grätz hätte einzig und allein gern die letzten paar Tage ausgewechselt.

Er zählte das Geld. Nach der Hälfte der Scheine machte er Schluss. Sein Pass steckte in seinen Jeans. Nicht seiner natürlich, Pettigrews. Der nächste Flughafen war Nürnberg. Sie würden ihn suchen. Aber nicht vor heute Nacht. Wenn er jetzt einen Flieger nahm ... Südamerika vielleicht, Ecuador,

Bolivien ... Okay, das müsste hinhauen. Von Nürnberg nach Madrid oder Paris und von dort ... die Weltkugel drehte sich vor seinen Augen und überblendete die blühenden Wiesen, die Maisfelder, die alten Bäume am Straßenrand. Er ließ das Fenster runter und warf das Handy raus, das Senkenhuber ihm gegeben hatte. Das von Mösner folgte.

»Probleme?« Ein VW Käfer hielt neben seinem Wagen. Ein runder Kopf mit Goldrandbrille guckte raus.

Grätz fuhr zusammen. Langsam stieg er aus und schob den Wagenschlüssel in die Jeans.

»Äh, ja. Probleme. Reifen geplatzt.«

»Ersatzreifen dabei?«

»Ich ... wo könnte der nur sein?«

»Dann schauen wir halt mal nach!« Der Mann stieg aus. Einer von diesen kompakten Typen mit der ›packen wir's an‹-Ausstrahlung. Er ging um Grätz' Wagen herum und kickte gegen die Reifenfetzen, die noch an der Felge klebten.

»Böse Sache. Da haben Sie aber noch mal Glück gehabt ...«

Er verlor sich in industrietechnologischen Ausführungen. Grätz umrundete langsam den Käfer, sackte auf den Fahrersitz und ließ den Motor an. Das vertraute Rasseln gefiel ihm. Er trat aufs Gas.

Im Rückspiegel sah er den Kompakten am Straßenrand stehen und vor Wut auf und ab springen wie einen Flummi.

*

Er verfranzte sich und merkte erst kurz vor Ansbach, dass er einen Umweg fuhr. Er musste den Käfer loswerden. Der Wagen war viel zu auffällig. Es war kurz vor drei. Wenn der Reifen nicht geplatzt wäre ... Vielleicht sollte er doch nicht abhauen ... den Wagen jetzt einfach irgendwo abstellen und sich an Senkenhuber wenden. Oder Mösner anrufen ... aber die Handys ... die waren auch weg.

In einem Wohngebiet hielt er. Er öffnete alle Fenster und presste das Gesicht gegen das Lenkrad. Er hatte keine Chance. Er hatte Geld, aber keine Chance. Zwar war er ein geschickter Betrüger, einer, der alten Damen Geld stibitzen konnte, mit vollmundigen Versprechungen, denen seine Kundinnen vertrauten. Nicht, dass er sich selbst je vertraut hätte. Aber in seinem früheren Leben hatte ein anderes Betriebsklima geherrscht. Er war im silbergrauen Anzug mit lila Krawatte, gewichsten Schuhen und einem Aktenkoffer in einem klimatisierten BMW gereist. Mit Bargeld im Sakko. Aber die Kohle, die er den Ladys abgeschwatzt hatte, war Peanuts gewesen im Vergleich zu dem Betrag, der jetzt in seiner Jacke steckte und ihm von Sekunde zu Sekunde schwerer aufs Gemüt drückte. Wenn er es schaffen würde, dann könnte er mit dieser netten Summe eine ganze Weile durchhalten, da drüben, in Südamerika.

Es war ein Versuch gewesen. Das mit dem Austausch und Q 7 und einer schillernden Karriere als Dealer. Er hätte sich Senkenhuber verweigern müssen. Auf Februar warten. Aber wer harrte der Freiheit schon sechs Monate lang, wenn Sommer war und Franken am anheimelndsten. Simmungsvoller jedenfalls als in der nebligen Dauerödnis des Februars. Jetzt war alles zu spät. Grätz' Leben war verwirkt, und er wusste es. Q 7, das legendäre Kartell mit dem noch legendäreren Boss, würde ihn aufstöbern, wohin auch immer er floh. Nichts machte mehr Sinn. Vielleicht sollte er zur nächstbesten Polizeidirektion fahren und sich stellen. Sagen: Ich habe ein Auto geklaut, und buchten Sie mich bitte ein. Schnell. Aber Q 7 hatte Geduld. Sie würden abwarten. Mösner wäre da, um ihm die Eier zu schleifen. Egal wann.

Nur ein Lebenslänglich konnte ihn schützen. Jedoch: Auch im Knast wurden Leute umgebracht. So war das eben. Eine gänzlich unromantische Angelegenheit in einem romantischen Landstrich. Was bedeutete Romantik überhaupt! Kitsch? Historie? Fachwerk? Barock?

Grätz könnte natürlich versuchen, Mösner für sich einzunehmen, indem er behauptete, er hätte das Handy verloren, weil er durch die Schleuderei, während der Reifen platzte, völlig durch den Wind war. Aber Mösner würde ihm das nie abkaufen. Er traute ihm ohnehin nicht über den Weg.

Jemand klopfte an die Scheibe. Ein Freund und Helfer in Uniform.

»Sie können hier nicht stehen bleiben.«

»Äh. Nicht. Okay.«

»Alles in Ordnung?«

»In Ordnung, vollkommen.«

»Dann fahren Sie mal weiter!«

»Weiterfahren. Mache ich.« Grätz trat aufs Gas. Wirklich, er liebte das Rasseln der alten Käfermotoren!

*

Ein Parkplatz. Endlich. Er hielt, stieg aus, schlug die Wagentür zu, schloss nicht ab.

Wenn er sich mit einem Taxi zum Flughafen nach Nürnberg bringen ließ? Geld besaß er genug. Noch suchte niemand nach ihm.

Ein Taxi. Okay. Woher nehmen und nicht …

Am Bahnhof. Genau. Am Bahnhof.

Grätz hastete los, aber er hatte einen Orientierungssinn wie ein Pflasterstein, immer schon, und statt am Bahnhof landete er im Hofgarten. Wäre sein Hirn nicht mit anderen

Problemen befasst gewesen, hätte er den Bahnhof garantiert sofort gefunden. Aber irgendwas trieb ihn. So ein blöder Spruch geisterte durch seinen Denkapparat: *Du hast keine Chance, also nutze sie.* Vielleicht war das mehr als ein Spontispruch, ein ›Sagerer‹, wie die Franken derartige Weisheiten zu nennen pflegten, aber sagten das jetzt die Ober- oder die Mittelfranken? Während Grätz Antworten auf diese Fragen suchte, taumelte er durch den Hofgarten, wo Spaziergänger ihn nervös musterten. Jedenfalls kam es ihm so vor. Ein Typ, augenscheinlich ziemlich gestresst, mit einer Jacke über dem verschwitzten Hemd. Er zog die Jacke aus, aber er hatte Angst um das Geld, also zog er sie wieder an.

Er hatte Durst, der Döner drückte. Weit und breit kein Klo. Und dann passierte genau das eine, das letzte, das alles überragende Problem: Als er im Gebüsch sein Geschäft verrichtet hatte und sich auf die Füße stemmte, vertrat er sich den Knöchel.

Er hinkte weiter, bis er auf einem Weg stand, im heißen Sonnenschein, das verletzte Bein angewinkelt, mühevoll die Balance haltend, schleppte sich bis zur Orangerie. Gleich da vorn war die Kaspar-Hauser-Gedenkstätte 114. Kaspar Hauser, das Findelkind, der eventuelle Erbprinz des Hauses Baden-Zähringen, was allerdings noch nicht bewiesen war, soweit Grätz wusste. Hier war der Mann niedergestochen worden, ein Unbekannter fand den Tod durch die Hand eines Unbekannten. Das verstörte Grätz. Er starrte auf die achteckige Sandsteinsäule, die an das unglückliche Findelkind erinnern sollte, während Leute an ihm vorbeiflanierten. Sein Knöchel schwoll an.

Ein Taxi. Ein Taxi könnte ihn zum Flughafen bringen, der vertretene Fuß wäre doch mehr als ein Alibi, wer kann denn schon mit dem Zug fahren, in dem Zustand. Falls überhaupt Züge von Ansbach nach Nürnberg fuhren, das wusste Grätz nicht, er war in seinem früheren Leben ein überzeugter Autofahrer gewesen.

Ein früheres Leben ... Grätz liefen die Tränen übers Gesicht, denn der Ausflug in die Freiheit hatte sich als Witz erwiesen. Kein Karpfen, kein Kunstpalais, nicht einmal ein Bier hatte er sich geleistet.

Er sackte gegen die Sandsteinsäule, streckte das verletzte Bein aus. Sein Blick floh durch den Park. Grün, vor einem blauen Himmel, Blumenrabatten, ein Gärtner, Rasensprenger, ordentlich gestutzte Bäume.

Es wurde dunkel.

Für Grätz war es gelaufen. Sowohl für die Übergabe als auch für die Flucht war es zu spät. Er wartete auf seine Hinrichtung, wobei er fand, dass er sich genau den richtigen Platz ausgesucht hatte.

*

Mösner tauchte auf. Grätz blinzelte ein paar Mal. Die Sonne war untergegangen und die Dunkelheit übergoss den Himmel. Dennoch erkannte er Mösners kantige Figur.

»Pettigrew.«

»Mösner.«

»Hast du gedacht, du könntest abhauen? Bist du zu bescheuert, um dir auszurechnen, dass wir Maßnahmen treffen, um das zu verhindern?«

Grätz ächzte. Sah auf die Uhr. »Die Übergabe! Ich verpasse die Übergabe!«

»Spinner. Pettigrew, ich breche dir alle Knochen, und dann macht Kotschi dich kalt.«

Mösner schob die Hand unter sein Jackett. Grätz sah die

dunkle Beule. Eine Knarre. Wenigstens kein Messer. Niedergestochen zu werden, so wie Kaspar Hauser, erschien ihm jetzt doch als sehr unangenehm.

Mösner packte ihn am Revers und hievte ihn auf die Füße. Grätz' Schmerzensschrei ignorierte er. Der erste Fausthieb traf Grätz an der Schulter. Der zweite auf der Wange. Der dritte am Kiefer. Mösner stieß ihn von sich weg. Grätz taumelte, bis er auf den Boden schlug, wo er wie ein Käfer auf dem Rücken lag und sich das Kinn rieb.

Mösner wollte schon die zweite Runde einläuten, drehte sich aber plötzlich um und rief halblaut: »Kotschi?«

Grätz schloss die Augen. Es war vorbei. Sein Leben war verwirkt. Doch der Tod kam noch nicht, oder er kam auf so leisen Sohlen, dass er nichts merkte. Als er die Lider probeweise öffnete, sah er den Mond über der Orangerie stehen, so malerisch wie alles, was er an diesem Tag gesehen hatte. Eine Szenerie wie aus einem schwülstigen Liebesfilm, bloß dass er nicht mit einer schönen Frau hier im Park war, sondern mit zwei Gangstern, Mösner und Kotschenreuther, genannt Kotschi, dem legendären Boss des noch legendäreren Kartells. Q 7, das seine Geschäfte, wie Senkenhuber ihm erläutert hatte, professionell und rücksichtslos abschloss, so wie Grätz selbst das einmal gemacht hatte. Ihm wurde schlecht. Der Mond und die Orangerie begannen sich zu drehen.

Vielleicht hatte er in den folgenden Minuten das Bewusstsein verloren. Er schreckte auf, als er federnde Schritte auf dem Gras spürte.

»Kotschi!«, hörte er Mösner sagen.

Dann klickte etwas. Eine Knarre, die entsichert wurde.

Senkenhuber würde ganz schön Ärger kriegen, wenn seine, also Grätz', Leiche hier morgen früh vom Gärtner gefunden wurde, bereits zum Siedlungsgebiet diverser Kleinstlebewesen mutiert. Schadenfreude stieg in Grätz hoch. Das gefiel ihm jetzt wirklich, und so, dachte er weiter, verließ er diese Welt wenigstens mit einem Lächeln auf den Lippen.

»Der Scheißkerl grinst auch noch.« Mösner.

Ein Schatten fiel auf Grätz. Er blinzelte und sah Mösner über sich stehen, den Arm ausgestreckt. Die Pistole. Von einem Schalldämpfer verlängert. Direkt vor dem Mond. Disneymäßig.

»Den mache ich alle«, knurrte Mösner. »Kommando, Kotschi?«

In diesem Moment schloss Grätz mit allem ab. Er empfand Frieden. Dies hier war ein schöner Ort, um zu sterben. Auf dem Gras, unter dem Vollmond. Im Angesicht einer schönen Frau.

Einer Frau?

Grätz kniff die Augen zu, öffnete sie wieder. Eine Frau stand über ihn gebeugt. Blondes Haar umschmeichelte ihr zartes Gesicht. Sie trug ein eng anliegendes Kostüm, das im Mondlicht silbrig schimmerte.

»Gib mir die Knarre«, sagte sie zu Mösner.

»Aber ...«

»Gib! Mir! Die! Knarre!«

Mösner reichte sie ihr rüber.

Dann ertönten zwei Schüsse. Grätz hörte nur ein Pfeifen, wie ein unterdrücktes Husten, dann noch eines, und dann sackte etwas Schweres neben ihm ins Gras. Er wandte den Kopf und starrte in Mösners leere Augen.

»Wie Sie sehen, bin ich permanent auf der Suche nach neuen Mitarbeitern.«

Grätz stemmte sich auf die Ellenbogen. Sein Kinn brannte, und die Wange schwoll an.

»Sind Sie K...«

Sie legte den Zeigefinger auf die Lippen.

»Nicht hier, mein Lieber.«

Sie wandte sich um und stolzierte davon, so elegant die Balance auf ihren High Heels haltend, als ginge sie auf Wolken. Fassungslos starrte Grätz ihr nach. Eine Wolke schob sich vor den Mond, und als sie davonglitt, drehte Kotschi sich um. Sie streckte den Arm nach ihm aus. Nach Grätz.

Er kämpfte sich hoch und hinkte ihr nach. Nur kurz sah er sich nach Mösners totem Körper um.

Eine schwarze Limousine brachte sie nach Nürnberg. Der Wagen verließ die öffentliche Straße an der Längsseite des Flugfeldes und durchquerte ein Metalltor, das sich auf mysteriöse Weise vor ihnen öffnete und dann wieder schloss. Ein Jet stand bereit. Während Grätz hinter Kotschi die Gangway hinaufhumpelte, sah er die Kennung am Rumpf der Maschine.

Q 7.

FREIZEITTIPPS:

104 Erlanger Poetenfest; jährlich stattfindendes Literaturfestival mit Open Air- und anderen Lesungen und Veranstaltung rund um Dichtung und Dramatik.

105 Schlossgarten, Erlangen; grüne Lunge im Zentrum der Planstadt Erlangen, direkt hinter dem Schloss gelegen.

106 Meerrettichmuseum, Baiersdorf; gezeigt wird alles über Meerrettich, von seinem Anbau bis zu seiner Verwendung in der Küche und in der Medizin. Geöffnet ist samstags und sonntags.

107 Schiffstraße, Erlangen; hübsche Flaniermeile in der Innenstadt mit einer reichen Auswahl an Gastronomie und Geschäften.

108 Kunstpalais, Erlangen; im Palais Sutterheim im Zentrum der Stadt eingerichtete Kunstgalerie. Ausstellungen, Workshops und sehr ansprechende begleitende Programme.

109 Mittelalterliches Kriminalmuseum, Rothenburg ob der Tauber; präsentiert wird das mittelalterliche und frühneuhochdeutsche Rechtswesen auf vier Stockwerken in den Räumen der ehemaligen Johanniterkomturei.

110 Schloss Schillingsfürst; auf dem höchsten Punkt der Frankenhöhe erbautes hufeisenförmiges Barockschloss der Fürsten zu Hohenlohe-Schillingsfürst. Der Name ›Schillingsfürst‹ fußt auf der Legende, der damalige

Monarch habe nach dem Bau des Schlosses nur noch einen Schilling besessen.

111 Dinkelsbühl; aus einem im 8. Jahrhundert gegründeten Königshof am Ufer der Wörnitz hervorgegangene Reichsstadt. Das intakte, spätmittelalterliche Stadtbild und die bedeutenden Baudenkmäler vermitteln ein besonders romantisches Flair.

112 Aischgrund; verträumt romantische Landschaft zwischen Frankenhöhe und Steigerwald. Die Gegend ist bekannt für ihre Karpfenzucht. Die Aischgründer Bierstraße bezeichnet einen Zusammenschluss von acht Familienbrauereien zwischen Bad Windsheim und Uehlfeld. Die gut 55 km lange Strecke kann gut erradelt oder erwandert werden.

113 Fränkisches Freilandmuseum, Bad Windsheim; gezeigt werden 100 originalgetreu eingerichtete fränkische Landhäuser, die einen Eindruck davon vermitteln, wie das ländliche Leben in Franken in den vergangenen 700 Jahren aussah.

114 Kaspar-Hauser-Gedenkstätte, Ansbach; im Hofgarten gelegen, erinnert die achteckige Sandsteinsäule an den 1833 ermordeten geheimnisvollen Findling, der die letzten zwei Jahre seines Lebens in Ansbach verbrachte, nachdem er fünf Jahre zuvor in Nürnberg unter rätselhaften Umständen aufgetaucht war. Ein genetischer Fingerabdruck aus dem Jahr 2002 verhalf der These, er sei ein badischer Prinz, wieder zu neuer Vitalität.

BARRACUDA-ALARM
– BROMBACHSEE, WEISSENBURG
UND GUNZENHAUSEN –

JULI:

Quentin Plau schrieb. Oh, wie er schrieb. Das Stück musste in ein paar Tagen fertig sein, die Schauspieler wollten anfangen, ihre Texte zu lernen und zu proben. Und dann würde er es ihr endlich zeigen! Dieser Frau, dieser Klugscheißerin! Seine, Quentins, goldenen Zeiten würden endlich anbrechen, denn das, was im See auf sie wartete, würde sie nicht überleben. Quentin setzte mit Verve einen Punkt. Das Stück würde gut werden, keine Frage. Viel mehr Mühe gab er sich aber mit dem zweiten Drehbuch, obwohl das niemals jemand zu Gesicht bekommen würde, und er schrieb es auch nicht mit dem Computer. Nein, er schrieb jenes Drehbuch im Kopf, unangreifbar für Viren oder Würmer und unerreichbar für Geheimdienste. Er, Quentin Plau, verdiente endlich die Anerkennung, die ihm zustand, und wenn die Klugscheißerin erst mal Geschichte war, wenn die Wogen sich geglättet hatten, dann käme seine Stunde. Atemlos lehnte der Krimiautor sich in seinem Sessel zurück. Grüblerisch strich er über den abgewetzten Stoff auf den Armlehnen. Das fühlte sich gut an. Das Streicheln.

Okay, jetzt aber Konzentration! Er musste noch eine unerwartete Wendung in den zweiten Akt einbauen. Ein Ereignis, das den Helden seines Dramas noch tiefer ins Unglück stieß, bis er mit dem Ende des zweiten Aktes ein klein wenig Hoffnung auf Rettung schöpfen durfte, die aber dann im dritten Akt …

Quentins Finger galoppierten über die Tasten. Viel Zeit blieb ihm nicht mehr, und dann musste er ja noch in die Fischhandlung. Damit nichts auffiel, unternahm er immer weitere Fahrten mit seinem alten Saab. Bis Greding, Allersberg, sogar rauf nach Roth. Makrelen und Thunfische, manchmal auch einen Schnapper. Er achtete sehr auf Qualität – und Anonymität.

Mühevoll, gewiss. Anstrengend und vor allem teuer. Aber eben auch eine gute Möglichkeit, seine Heimat noch besser kennenzulernen. Quentin Plau stammte aus Gunzenhausen, und er liebte seine Stadt, die Metropole des Fränkischen Seenlandes, zwischen Altmühlsee und Brombachsee gelegen, um die herum sich so viel Kunst und Kultur und Geschichte erstreckte, dass die Gegend wie von selbst eine Reihe von Dichtern hervorbrachte. Wenn er nur daran dachte: Wolfram von Eschenbach, der große Minnesänger! Wolframs-Eschenbach [115] lag nicht allzu weit von Gunzenhausen entfernt, und manchmal fuhr Quentin hin, um sich in der Unberührtheit des kleinen Ortes etwas von dem zurückzuholen, was die beständige kreative Arbeit ihm allzu oft wegnahm: das Gefühl, unversehrt zu sein. Doch auch sein geliebtes Gunzenhausen [116] hatte Geschichte zu bieten: Schon die Römer hatten den Charme der Gegend erkannt, obwohl noch kein Wasserparadies lockte, damals, im 2. Jahrhundert, als sie ihr Kastell hier errichteten! Na gut, den Römern ging es vermutlich mehr um die militärische Sicherung des Limes. Aber egal.

Quentin schüttelte den Kopf. Es war an der Zeit, den Landkreis Weißenburg-Gunzenhausen nicht mehr nur als Freizeitregion zu sehen, sondern vor allem als das, was er war: eine Heimat: eine Heimat großer Talente. Wozu er sich selbst zählte. Quentin Plau.

Im nächsten Jahr bekäme er die renommierte Poetikprofessur an der Uni in Bamberg. Nicht Caren McFeather.

*

MITTE AUGUST:

»Sigbert Lufft hier«, sagte der untersetzte Mann in sein Handy. Er war braun gebrannt, obwohl der August nicht gerade ein vor Hitze brodelnder Sonnenmonat war. Zu viele Regentage hatten Freizeitaktivitäten im Seenland unmöglich gemacht. Umso zahlreicher fielen Touristen wie Einheimische über den Brombachsee 117 her, sobald die Sonne lockte. So wie heute. Wie viele Boote darf es geben auf der Welt!, dachte Lufft. Bunte Geschwader glitten über den See, Luftmatratzen, Jollen, Gummiinseln mit Gummipalmen, Surfbretter, Segelboote, und wenn er die Augen schloss, dachte er, die Geräuschkulisse könnte ebenso den Gardasee einhüllen oder irgendeinen Mittelmeerstrand. Er befand sich am südlichen Rand des Großen Brombachsee, am Ramsberger Strand. Seine Füße steckten in Nikes, seine Beine in weißen Shorts und sein Oberkörper in einem T-Shirt, auf dessen Vorderseite das Logo des Fränkischen Seenlandes prangte, obwohl er eigentlich beim Wasserwirtschaftsamt beschäftigt war. Aber in so einem See versteckten sich ja eine Menge Zuständigkeiten.

»Also«, verschaffte Lufft sich im schrillen Tumult des Badelebens Gehör, »wir haben da ein seltsames Phänomen. Jemand will angeblich Barracudas im Brombachsee gesehen haben.«

»Barracudas?«

»Ja.«

»Sigbert, man sieht die doch nicht einfach so, die gehen

ja nicht im Sonntagsanzug auf den Wellen spazieren.« Die Stimme von Luffts Gesprächspartner wurde ungeduldig. Es handelte sich um Tom Daisler, einen alten Bekannten von Lufft, der für den Zweckverband Brombachsee arbeitete.

»Das mag ja sein, aber nach dem Artikel in der Süddeutschen Zeitung neulich sollten wir vielleicht allem nachgehen, was seltsam ist, denn ...«

»Scheiße, ja, Mann!« Daisler schnaubte.

»Ich dachte, du kennst vielleicht einen Biologen, der uns sagen kann, wie wir feststellen können, ob ...«

»Schon verstanden. Ich rufe wieder an.«

*

»Nun, in der Sache Barracudas.«

Sie saßen zu dritt im abgedunkelten Besprechungsraum des Zweckverbandes in Pleinfeld. Eine angenehme Kühle hielt sich im Raum, die Segnungen der Kältetechnik, und auf einem kleinen Beistelltisch blubberte eine Kaffeemaschine. Auf dem Konferenztisch standen nebeneinander ein Laptop und ein Beamer. Ein Drucker spuckte bunte Blätter aus. Daisler ließ eine Leinwand herunter. Anschließend fuhr er den Laptop hoch und setzte den Beamer in Betrieb. Das Logo eines weltumspannenden IT-Konzerns flimmerte über die Leinwand.

Die Frau namens Sina Tegeler, die gerade den offiziellen Teil ihrer Besprechung eingeleitet hatte, war ihnen als renommierte Zoologin empfohlen worden. Sie hatte ihre Doktorarbeit über die Perciformes, die Barschartigen, geschrieben, und zu denen gehörten die Barracudas. Behauptete Daisler.

»Gut, also, wie gesagt, Barracudas sind Raubfische, leben aber üblicherweise in tropischen oder subtropischen Gewässern, und zwar im Meer. Atlantik, Pazifik, Indischer Ozean.

Nur Jungfische wagen sich auch mal in Flussmündungen und damit in Süßwasser.« Sie betätigte eine Taste auf ihrem Laptop. Binnen Sekunden flimmerte ein Foto auf der Leinwand. Türkisblaues Wasser. Eine blässliche Koralle kroch über den Boden, darüber hielt sich ein Schwarm Fische. Lange, dünne, dunkelblaue Striche.

Sigbert Lufft betrachtete Sina Tegeler, die feinen Schweißtropfen an ihrem Hals, die in ihre Bluse rannen, das schmale Silberkettchen mit einem Anhänger, der sich zwischen ihren Brüsten verlor. Zoologin also. Expertin für Barschartige.

»Man nennt die Barracudas auch Pfeilhechte.« Klick. Ein neues Bild. Ein Barracuda-Porträtfoto. Silbern mit schwarzen Flecken der Fischleib, ein gelbes Auge, eine gegabelte Schwanzflosse. »Sehen Sie den langen, schmalen Körper und die weit auseinanderstehenden Rückenflossen? Den langen Kopf mit dem großen Maul? Daran erkenn' ich meine Pappenheimer.«

Klick. Ein Barracudagesicht grinste von der Leinwand.

»Vielleicht hat dein Informant einen Hecht gesehen«, sagte Daisler zu Lufft.

»Könnte sein.« Die Tegeler nickte. »Schauen Sie, hier, der Unterkiefer ist länger als der Oberkiefer. Das gibt ihnen ein bösartiges Aussehen. Wenn man menschliche Betrachtungsweisen zugrunde legt.«

Lufft zuckte die Achseln. »Sieht schon ein bisschen aus wie ein Hecht.«

»Aber Tiere sind natürlich nicht bösartig per se, sie leben eben ihr genetisches Programm aus, um ihre Art zu erhalten«, dozierte die Tegeler weiter. »Naja, es wäre wirklich möglich, dass ein Laie einen Hecht gesehen, im Internet recherchiert und dann Barracuda-Alarm geschlagen hat.«

»Mein Informant war ein Angler. Ein ziemlich erfahrener.«

»Wie groß ist so ein Fisch?«, erkundigte sich Daisler.

Klick. Ein Barracuda-Skelett erschien.

»Sie können je nach Art 23 Zentimeter bis zwei Meter lang werden. 24 Wirbel. Und schauen Sie sich die Fangzähne an.« Sie zückte einen Laserpointer. Der rote Lichtpunkt tänzelte über das Barracuda-Maul.

»Diese Zähne gefallen mir nicht.«

»Sie ernähren sich von kleineren Fischen oder jungen Barracudas. Größere Arten vertilgen schon mal einen Tintenfisch.«

»Lecker«, murmelte Daisler.

»Also Fleischfresser?«, fragte Lufft.

»Exakt. Aber es ist nichts darüber bekannt, dass sie Menschenfleisch fressen. Allerdings sind sie in einigen Gegenden der Welt sehr gefürchtet. Mehr als Haie. Die größeren Arten können Menschen angreifen.« Das Laserpointerlicht zappelte um die Fangzähne herum. »Mit diesen Unterkieferzähnen kann ein großer Barracuda schon eine ansehnliche Wunde reißen. Am gefährlichsten für das Opfer ist der Blutverlust. Barracudas beißen gewöhnlich nur einmal zu, dann schwimmen sie weg. Sie fressen keine Menschen.«

Daisler und Lufft sahen einander an.

»Es ist also unwahrscheinlich, dass wir Barracudas im Brombachsee haben?«, fragte Daisler schließlich.

»Wie gesagt, sie brauchen warme Gewässer und bevorzugen Salzwasser. Allerdings habe ich, kurz nachdem meine Doktorarbeit angenommen war, einen Artikel entdeckt: In den Gewässern vor Bordeaux sollen Barracudas gesichtet worden sein.«

»Französische Atlantikküste; definitiv nicht die Tropen.« Daisler lehnte sich zurück. »Aber Salzwasser. Will eigentlich jemand Kaffee?«

»Nein, nicht die Tropen.« Die Tegeler lächelte Daisler an. »Und ja, ein Kaffee wäre klasse.«

Lufft starrte auf die Leinwand. Das hier würde ausgehen wie das Hornberger Schießen. Ihnen halfen weder die Zoologin noch die bunte Diashow noch alle Doktorarbeiten der Welt. Daisler stellte eine Tasse vor ihn hin. Die folgenden Höflichkeiten in Sachen Zucker und Milch dauerten nur ein paar Sekunden.

»Es werden Mutationen diskutiert.« Die Tegeler rührte in ihrer Tasse, besah sich das Logo. Eine Sonne, ein rotes Segel, Wald, eine blaue Welle. Zweckverband Brombachsee. »Die Evolution ist sozusagen das Programm, das im Hintergrund läuft, und die Organismen wandeln sich ständig, um an veränderte Bedingungen angepasst zu sein. Es gibt, so die Lehrmeinung, 26 Arten von Barracudas. Hier ist die Liste.«

Klick.

Text erschien auf der Leinwand, eine nummerierte Aufzählung. Hauptsächlich lateinisches Gewäsch.

»Mein französischer Kollege hat die Liste nun um eine zusätzliche Art erweitert. Damit ist er noch nicht ins Allerheiligste der Wissenschaft vorgedrungen; man prüft. Aber er hat die Art, die er vor Bordeaux gefunden hat, Jinx-Barracuda getauft.«

Daisler stieß lautstark seinen Atem aus. »Und?«

»Es kann nicht ausgeschlossen werden«, Sina Tegeler klappte den Laptop zu, »dass im Brombachsee Barracudas leben könnten. Alles ist möglich: Sie könnten ein paar Tage überleben und dann sterben. Dann würde man die toten Fische finden und hätte Klarheit.«

»Mein Informant hat mich gestern angerufen«, beeilte Lufft sich zu versichern. »Ich habe mich gleich bei dir gemeldet, Tom.«

»Dann müssen wir abwarten. Kann aber auch sein, dass es eine Art ist, die Süßwasser mag und mit den niedrigen Temperaturen klarkommt. Zumindest bis in den Herbst hinein. Dann hätten wir ein schönes Beispiel für Überlebensstrategien im Sinne Darwins.«

»Soll das heißen, die könnten sich im Brombachsee einnisten?« Daisler sah entgeistert drein.

Eine Weile saßen die drei Menschen still im Besprechungszimmer, in dem es ohne das Licht der Computerpräsentation plötzlich sehr dunkel war.

»Könnte sein«, sagte die Tegeler. »Ausgeschlossen ist es jedenfalls nicht. Aber vom jetzigen Stand der Wissenschaft her ist es unmöglich, dass sie über den Winter kommen.«

»Wie haben sie es überhaupt bis nach Franken geschafft?«, bohrte Lufft nach.

»Da muss ich passen.« Sina Tegeler trank ihren Kaffee aus.

*

ENDE AUGUST:

Caren McFeather bereitete sich stets akribisch auf ihre Lesereisen vor. Sie legte nicht nur Tage zuvor bereits ihre Arbeitsunterlagen zurecht, zu denen signierte Exemplare ihrer Kriminalromane, ein Notebook mit Surfstick, Notizpapier und Faber-Castell-Bleistifte gehörten, sondern auch einen Reiseführer ›Mittelfranken‹ und ein paar Ausdrucke aus dem Internet. In Weißenburg würde sie aus ihrem neuesten Krimi lesen, der erst vor ein paar Wochen herausgekommen war. Bislang hatte es noch nicht viel böses Blut gegeben, aber das würde sicher nicht lange auf sich warten lassen, denn die Kollegen lagen immer auf der Lauer, um anderen in der Branche etwas anzuhängen. Die Reaktion auf ihren Plot würde die Schakale auf den Plan rufen, soviel war klar. Ungestraft durfte kein Schreiberling so ein heißes Thema auf den Tisch legen: Mobbing unter Autoren! Aber Caren war bestens vorbereitet.

Das Krimifestival 118 im September war für sie zudem ein willkommener Anlass, sich endlich wieder mit Inspiration zu versorgen. Immerhin würde es sie in eine alte Römerstadt führen. Sie hatte den ganzen Sommer über an der Schlussfassung eines Romans gearbeitet. Ihr erster Pulp-Roman, und sie hoffte, damit ganz groß rauszukommen. Sie lebte jetzt schon erklecklich von ihren Tantiemen. Wahrscheinlich war sie eine der wenigen in der Branche, die gut auskamen. Einen Brotjob brauchte sie jedenfalls nicht mehr. So stand in allen Klappentexten ihrer Bücher, dass Caren McFeather als freie Autorin in Schottland lebte. Das mit der freien Autorin stimmte, das mit Schottland nicht. Sie wohnte in Ingolstadt in Bayern, also im richtigen Bayern und nicht in Franken, und das passte einigen ihrer Kollegen nicht, die sich Aufkleber mit dem Frankenrechen auf die klapprigen Autos klebten und mit Überzeugung Dialekt sprachen. Aber eine Schriftstellerin, die sich Caren McFeather nannte, musste zwangsweise in Schottland beheimatet sein. Diese Spielereien mit der Wahrheit, so nannte Carens Verlag die kleinen Lügen, taten dem Marketing gut. Die teilweise erfundene Biografie enthielt auch einen schottischen Ehemann. Das Leben war sowieso nichts anderes als Fiktion, fand Caren.

Überhaupt war Ingolstadt ein perfekter Standort, um sich an den Vorbereitungen für das Fränkische Krimifestival zu beteiligen. Mit dem Auto brauchte sie keine Stunde bis Weißenburg, einmal über den Berg, und das war's. Deswegen würde sie in dem Theaterstück mitspielen, auch wenn Quentin es geschrieben hatte. Quentin hasste sie. Ihr selbst war der Mann vollkommen gleichgültig.

Sie freute sich auf die beiden Auftritte: einmal als Schauspielerin zum Auftakt des Krimifestivals auf dem Schiff, in Quentins Stück. Seltsam, dass er damit einverstanden war, dass ausgerechnet sie das Mordopfer spielte. Womöglich fand er genau diese Rolle für sie passend. Bei seinem morbiden Getue war das Finsterste am wahrscheinlichsten. In der Mitte des zweiten Aktes wurde sie getötet. Man würde sie über Bord werfen, ein extra Gag für die Zuschauer, die zur Reling rennen und nachsehen konnten, aber keine zwei Minuten später würde ein kleines Beiboot sie an Bord nehmen. Zum Schlussapplaus wäre sie schön trocken längst wieder auf der Bühne.

Caren betrachtete den Band mit dem Titel ›Die Vogelwelt Mitteleuropas‹, der auf ihrem Schreibtisch bereitlag. In näherer Zukunft schwebte ihr ein Vogel-Krimi vor, und sie hatte im Internet einen Bericht über einen Lehrpfad auf der Vogelinsel im Altmühlsee [119] gelesen, die vom Landesbund für Vogelschutz betreut wurde. Wenn sie dort den zuständigen Ornithologen bezirzte, ihr eine Führung zu geben, als Krimirecherche, dann hätte sie auch gleich noch ein interessantes Setting für eine neue Geschichte. Vogelschutzgebiete an Gewässern waren doch ideale Leichenfundorte. In Krimis, selbstverständlich.

*

Sigbert Lufft und Tom Daisler standen, mit den Visitenkarten der Zoologin ausgestattet, an der Spitze der Landzunge, die in den Kleinen Brombachsee hineinragte. Er war eine Vorsperre des Großen Brombachsees und von diesem durch einen Damm getrennt. Was sich nun als Segen erwies, denn für den Fall, dass Barracudas im großen See herumschwammen, würden sie sich hoffentlich keinen Weg an die beliebte Halbinsel bahnen, die unter dem Namen ›Badehalbinsel Absberg‹ 120 ein Eldorado für Freizeitaktivitäten darstellte. Lufft dachte an die Grillplätze, Spielfelder, Bootshäuser und Strände, die vermutlich sehr schnell verwaist wären, wenn …

Daisler unterbrach seine düsteren Prognosen, als habe er seine Gedanken gelesen. »Das mit der miesen Wasserqualität hat auch nicht gestimmt!« Er stieß die rechte Faust in die geöffnete linke Hand. Über ihnen rauschten die Kiefern. Wolken trieben über den See. Es wurde Abend. Von irgendwo drang der Geruch nach gegrilltem Fisch zu ihnen.

Lufft seufzte. Tatsächlich hatte es eine Studie zur Wasserqualität gegeben, die eine zu hohe Konzentration von Escherichia-Coli-Bakterien am Strand von Ramsberg ermittelt hatte. Allerdings nur im Flachwasser, aber eine solche Nachricht wirkte bedrohlich auf Eltern mit kleinen Kindern. Dennoch hatte die Studie dem Badespaß keinen Abbruch getan, weil relativ schnell eine zweite Studie auftauchte, die der ersten Pfusch vorwarf. So lösten die Negativnachrichten sich in nichts auf.

»Barracudas sind was anderes als Coli-Bakterien, Tom.« Lufft bohrte seinen Schuh in den Sand. Er war nervös. Normalerweise liebte er den Anblick des Sees in den Abendstunden, wenn die Segel im Zwielicht wie blaue Schatten über das violett schimmernde Wasser glitten.

»Wir haben aber keine gefunden. Entweder gibt es die Biester nicht, oder sie sind clever.«

»The Survival of the Fittest«, murmelte Lufft.

»Hä?«

»Ach nichts.«

Daisler legte Lufft eine Hand auf die Schulter. »Ich muss dann.«

»Servus.«

Daisler ging und ließ Lufft zurück, der sich nicht losreißen konnte von dem würzigen Grillfischduft.

*

SEPTEMBER:

Das Krimifestival warf seine Schatten voraus. Die Theatergruppe hatte Quentins Stück einstudiert. Der Autor rieb sich die Hände. Er selbst würde an Bord gar nicht anwesend sein, statt dessen im Adlerbräu absacken, wo man ihn kannte. Das perfekte Alibi. Es war geradezu ideal! Er war zur Lesung am Samstag im Klostergarten 121 in Weißenburg eingeteilt, mehrere Autoren würden sich dort ein Stelldichein geben, im Rhythmus von 30 Minuten. Mit Profi-Moderatoren vom Bayerischen Fernsehen. Nach ihm stand Caren McFeather auf dem Programm. Aber sie würde nicht lesen ... Quentin lächelte. Alles fühlte sich jetzt so leicht an. So leicht.

Morgen Abend um 19.30 Uhr würde die MS Brombachsee 122 auslaufen, vom Segelhafen Ramsberg, an Bord die Theatergruppe und natürlich das Publikum, während er selbst im Adlerbräu ein Pils trank. Caren McFeather allerdings würde den Schlussapplaus nicht genießen, genauso wenig wie das Dreigängedinner. Dafür täten sich ein paar andere an ihrem Fleisch gütlich, und allein die Vorstellung war eine Labsal für Quentins gemarterte Seele.

Nur noch einmal musste er sich überwinden und hinaus auf den See schippern. Das machte er jetzt jede Nacht. Gewöhnung war ja viel wert. Man gewöhnte sich daran, sich täglich an den Schreibtisch zu setzen und zu schreiben, obwohl man oft das Gefühl hatte, es würde einem nichts einfallen. Man gewöhnte sich an ein schwankendes Boot, an einen stinkenden Außenborder, obwohl man wahrlich kein Wassersportfan war. Und die Fische gewöhnten sich auch. An das Futter, das Quentin möglichst frisch besorgte, so wie in den Artikeln des Franzosen beschrieben, an die nächtliche Fütterung und an den genauen Ort auf dem See. Morgen würden sie allerdings was anderes zwischen die Fangzähne bekommen als Makrelen und Thunfisch.

Insofern spielte es keine Rolle, dass er heute noch einmal hinaustuckern musste. Nur heute. Und dann wäre alles vorbei. Für McFeather. Nicht für ihn. Doch noch war die Sonne nicht untergegangen. Quentin blieb genug Zeit, die Schlüsselszene in der Exposition seines neuen Romans zu überarbeiten.

*

Lufft hatte Besuch von Schweizer Freunden. Das Paar kam aus Sankt Gallen, eine Urlaubsbekanntschaft. Gerd und Annekäthi. Sie wollten Franken sehen, sagten sie. Sie arbeiteten als Architekten, unterhielten gemeinsam ein Büro und lasen in ihrer Freizeit Romane. Gerd liebte Lektüre, die ihn in die Römerzeit zurückführte, Annekäthi bevorzugte alle Arten von Krimis, gern auch historische. Deswegen hatte Lufft ihnen vorgeschlagen, im September zu kommen. Sie würden gemeinsam die Römerthermen [123] besichtigen und den Limes [124], besser das, was von dem ganzen Römerkrempel noch übrig war, und außerdem hatte er Karten für das morgige Krimidinner auf der MS Brombachsee. Gerade jetzt wollten sie grillen. Gerd brachte schon drei Flaschen Schneiderbräu. Annekäthi las noch einen Krimi aus. Sie hielt sich das Buch dicht vor die Augen. Lufft erhaschte einen Blick auf den Einband. Aha, von der schottischen Autorin, die aus irgendwelchen Gründen Krimis schrieb, die in Franken spielten. Das hatte er bisher nie begriffen, vermutlich war der Landstrich auch international attraktiv.

Lufft hatte die Bratwürste schon auf dem Rost, als sein Handy klingelte. Typisch.

»Lufft?«

»Daisler hier.«

»Hallo, Tom.«

»Die Sache mit den Barracudas ist wieder heiß.«

Lufft wedelte mit einem Pappdeckel, um die Kohlen noch mehr zum Glühen zu bringen.

»Was bedeutet das?«

»Sina Tegeler hat mich angerufen. Sie hat Kontakt zu diesem Franzosen aufgenommen, und der wiederum ... nun, das ist eine komische Sache. Am besten kommst du nach Ramsfeld. Die Tegeler fährt mit uns raus auf den See.«

Lufft fluchte. Gerd zeigte Verständnis, übernahm das Grillen und versprach, ein paar Bier im Kühlschrank zu lassen.

»Tschüss, Annekäthi!« Lufft winkte der blonden Frau zu. Sie war schon ganz rot von der Spätsommersonne. Oder von der Aufregung.

»Du Sigbert ... dieses Buch ... die Handlung kommt mir seltsam vor ... ich ...«

»Wir sprechen später darüber, in Ordnung?«

Lufft eilte zu seinem Wagen.

*

Am Segelhafen in Ramsberg warteten Daisler und Sina Tegeler an Bord des gut sieben Meter langen Daycruisers, der dem Zweckverband gehörte und üblicherweise zu Inspektionszwecken eingesetzt wurde.

»Willkommen an Bord!«

Daisler half ihm an Deck, die Tegeler nickte ihm zu. Sie trug Bootsschuhe, Jeans und einen navyblauen Troyer. Lufft hatte seine Shorts nicht gewechselt, nur schnell einen Pulli über die Schultern gelegt. Es würde kalt werden auf dem Wasser.

»Wir sollten flugs los, ehe es dunkel wird.«

Während Daisler den Motor anließ, schilderte Sina Tegeler die neuesten Erkenntnisse.

»Charles Moreau ist ein echter Crack in der Barracuda-Forschung. Er hat Experimente mit ihnen gemacht und … naja, das interessiert Sie vielleicht nicht so, aber er hat festgestellt, dass die neue Unterart, der Jinx-Barracuda, außerordentlich tough ist. Er mag kühlere Temperaturen und vermehrt sich auch in Süßwasser wie verrückt. Sofern …«

»Sofern?«

Lufft begann sich an das gleichmäßige Schlagen des Bootes zu gewöhnen. Daisler drückte ganz schön aufs Gas, und sie bretterten über die allmählich dunkler werdende Wasseroberfläche. Gegen die Gischt waren sie durch eine gebogene Plexiglasscheibe geschützt, aber je weiter sie sich vom Ufer entfernten, desto kälter schnitt ihnen der Wind ins Gesicht. Klar. Es war September. Der Sommer war vorüber, die noch leidlich sonnigen Tage konnten nicht darüber hinwegtäuschen.

»Sie brauchen ordentlich was zu fressen. Dieser Jinx-Barracuda hat einen enorm hohen Grundumsatz.«

»Was finden die hier Leckeres? Nehmen sie es mit Hechten auf oder schnappen sie sich einen Haubentaucher zu Mittag?«

»Das ist der springende Punkt. Moreau sagt, bisher hätte noch kein Jinx im Süßwasser durchgehalten, ohne dass zugefüttert wurde.«

»Ich habe bei den Anglern nachgefragt.« Daisler drosselte

den Motor. Sie befanden sich in etwa in der Mitte des Sees. »Es gibt hier ja etliche, die Raubfische angeln. Der Brombachsee hat einen guten Fischbestand, weitgehend noch natürlich. Zander, Wels, Karpfen und so weiter. Neulich hat ein Knabe einen 17-Kilo-Karpfen rausgezogen. Jedenfalls, die Angler waren ziemlich interessiert an meiner Anfrage. Denn seit ein paar Wochen verhalten sich die Fische anders.«

»Ach so?« Nachdem das Jaulen des Motors verklungen war, dröhnten Lufft die Ohren.

Sina Tegeler mischte sich ein. »Sie beißen nicht mehr so gut. Sie haben auch ihr Jagdverhalten verändert. Möglicherweise profitieren sie von Zufütterung.«

»Stop!« Lufft rieb sich die Ohren. Das Dröhnen wurde leiser. Nun hörte er den Schrei einer Möwe und das zarte Plätschern der Wellen am Bootsrumpf. »Jemand füttert seine Barracuda-Zucht in unserem See?«

Daisler zuckte die Achseln. »Wahrscheinlich. Wir können von Glück sagen, dass bislang nichts weiter vorgefallen ist.«

»Die Jinxe sind scheu. Daran wird's liegen.«

Lufft sah zwischen der Zoologin und seinem Kumpel hin und her. Das Boot schaukelte immer heftiger in den abendlichen Wellen.

*

»Ob Sigbert das weiß?« Annekäthi klappte ihr Buch zu und schleuderte es ins Gras.

»Was denn?« Gerd nahm die fertigen Bratwürste vom Grill. Sie setzten sich an den gedeckten Tisch. »Schade, dass er weg musste.«

»Die Autorin von diesem Roman da«, Annekäthi zeigte auf den Rasen, »behauptet allen Ernstes, dass ein Mordkomplott geplant ist, das zum Weißenburger Krimifestival eine berühmte Schriftstellerin zum Opfer haben wird.«

»Das ist doch nur ein Roman!«

»Das weiß ich selbst. Aber es liest sich ... einfach zu real für meinen Geschmack.«

Gerd drückte Senf auf seinen Teller. »Motiv? Tatwaffe?«

Annekäthi schnappte sich eine Bratwurst. »Neid. Und die Tatwaffe ist ein Raubfisch.«

»Ein ...«

»Ein Raubfisch in diesem See, für den Sigbert verantwortlich ist.«

*

Daisler hatte an Kaffee gedacht. Er goss das duftende Gebräu in drei Becher. »Machen wir uns auf eine lange Nacht gefasst.«

Lufft seufzte. Nichts gegen Kaffee, aber sein Magen knurrte, nachdem er die Bratwürste auf dem Rost hatte zurücklassen müssen. Das Boot bäumte sich immer heftiger gegen die Wellen auf.

»Es wird Herbst«, bemerkte Sina Tegeler.

Die Männer nickten schweigend, während sie die Blicke über den See schweifen ließen. Daisler hatte ein Nacht-Fernglas mit elffacher Vergrößerung dabei, das er auspackte, als das letzte Licht des Tages am westlichen Horizont versickerte.

*

Nur noch dieses eine Mal! Während Quentin den Außenborder anließ und lostuckerte, stellte er fest, wie sehr er die nächtlichen Ausflüge auf den See genoss. Hätte er nicht diese

Verpflichtung übernommen, er hätte nie den tiefen Frieden kennengelernt, der ihn auf dem dunklen Wasser erfüllte. Er schaltete die Lampe an, die er nachlässig am Holm für die Ruder festgemacht hatte. Der Kahn war nicht hergerichtet, der Motor schwach auf der Brust. Für einen Sommer reichte es. Die 5 PS brachten ihn zwar hinaus auf den See, aber langsam, immer langsamer, denn je weiter er vom Ufer wegkam, desto höher bäumten sich die Wellen auf. So stark war die Strömung noch nie gewesen. Kein Wunder, es wurde Herbst. Und mit dem Herbst kamen die Stürme.

Neben ihm auf dem Boden lag ein Plastiksack mit Thunfisch und Schnapper. Zwölf Kilo. Das Projekt ging enorm ins Geld, aber sobald Caren McFeather skelettiert am Grund des Sees liegen würde, konnte Quentin damit rechnen, dass seine Einnahmen sich verdreifachten. Mindestens.

Er war kein erfahrener Skipper, deswegen fiel ihm nicht sofort auf, dass der Wind sich drehte und die Wellen jetzt von der Seite anrollten. Die Pinne glitt ihm aus der Hand. Quentins Boot kippte binnen Sekunden um, als hätte Neptun persönlich eingegriffen. Lautlos sank der hoffnungsvolle Autor in die finsteren Fluten des Brombachsees.

*

»Was war das?« Lufft hob den Kopf.
»Hm?« Daisler trank die dritte Tasse Kaffee.
»Dieses Platschen ...«
Daisler richtete das Nachtglas aus.
»Da treibt etwas im Wasser.«
»Schalte mal die große Leuchte an.«
Ein Halogenstrahler erhellte die schwarze Wasseroberfläche.

»Da schwimmt was Weißes!«

Daisler ließ den Motor an. »Das sehen wir uns an.« Sie tuckerten auf die weiße Blase zu; die Wellen hoben sie an und ließen sie wieder in die Wellentäler hinab, in einem tänzerischen, beinahe behutsamen Rhythmus.

»Das ist ein Plastiksack!«

»Harpune!«, kommandierte Daisler.

Sie hievten das Ding an Bord.

»Der Geruch sagt ja schon alles«, murmelte Sina Tegeler und rümpfte die Nase.

»Tote Fische!«

»Nicht mehr ganz frisch, würde ich sagen. Was ist das für ein Getier, Frau Doktor?« Der Halogenstrahler richtete sich auf die Beute.

»Thunfisch und Schnapper, denke ich.« Sie hielt sich die Nase zu.

»Fütterung der Barschartigen?« Daisler zwinkerte. »Dann sehen wir mal, was sich machen lässt.«

Sie warfen den Fisch ins Wasser und hielten die Netze bereit.

Ein Schwarm silberner Fischleiber zeigte sich im Strahl der Lampe. Das Licht schien sie nicht zu stören. Sie stießen auf ihre Appetithappen zu, packten sie mit ihren riesigen Mäulern und vertilgten sie in Minutenschnelle.

Daisler war ein gewiefter Angler und konnte auch mit dem Netz umgehen.

In weniger als 20 Minuten hatten sie das Netz voll und kippten die silberne Fracht in eine mit Wasser gefüllte Plastikbox.

»Barracudas.« Die Tegeler näherte sich dem Fund respektvoll. »Schade, wir kriegen nicht alle in dem Behältnis unter. Da werden einige verenden.«

Sie einigten sich, dass die Zoologin die lebenden Fische in der Box nehmen würde, während Lufft und Daisler die restlichen einpackten. Sie waren ja sozusagen fangfrisch. Im allgemeinen Eifer bemerkte niemand die Leiche mit den handtellergroßen Fleischwunden, die wenige Meter an ihrem Boot vorbeitrieb.

*

An jenem Abend, als Quentin Plaus Leiche am Ostufer des Sees antrieb, aber noch lange nicht gefunden wurde, war es knapp 24 Stunden her, dass Caren McFeather auch als Schauspielerin den ganz großen Applaus eingeheimst hatte. Im Klostergarten in Weißenburg trug jetzt sie gerade einen Abschnitt aus ihrem neuesten Krimi vor. Ein Autor war ausgefallen, sodass Caren McFeather auf Vorschlag des Moderationsteams vom Bayerischen Rundfunk sogleich dessen Programmzeit mit eigenen Texten füllte. Das Publikum saß zahlreich auf den Bänken, reichte Rotweinflaschen herum und genoss sowohl den Schauder des Gruselns als auch die Wärme einer der letzten Spätsommernächte des Jahres.

Daisler zog es vor, an diesem lauen Abend im Segelhafen den Vergaser des Daycruisers zu überholen.

Zur selben Zeit stand Dr. Sina Tegeler vor dem Hightech-Aquarium in ihrem Labor an der Universität in Erlangen und verfasste im Geist bereits einen Antrag auf Forschungsgelder.

Wenige Stunden zuvor hatte Sigbert Lufft seinen Anteil an Barracudas aus der Tiefkühltruhe geholt und aufgetaut. Gemeinsam mit seinem Freund Gerd nahm er die Fische aus. Er bezeichnete sie einfach als Barsche und erläuterte dem Schweizer, es handelte sich um eine besondere Delikatesse des Brombachsees. Ein Alleinstellungsmerkmal. Sie rieben die Fische mit Knoblauch und Salz ein und legten sie auf den Grill. Morgen würden sie in die St.-Gallus-Kirche nach Pappenheim 125 fahren, eine der ältesten Kirchen Frankens. Lufft war überzeugt, die beiden Schweizer fänden Gefallen daran. Annekäthi las bereits ein neues Buch und hatte das Mobbingkomplott aus dem Bestseller von Caren McFeather völlig vergessen. Lufft erhaschte einen Blick auf den Titel. Quentin Plau: Fränkische Wunden.

FREIZEITTIPPS:

[115] Wolframs-Eschenbach; Heimat des Minnesängers und Parzival-Dichters Wolfram von Eschenbach. Das kleine mittelalterliche Städtchen bezaubert mit seinem unberührten Stadtbild. Die Stadtmauer (1,5 km lang) ist vollständig erhalten.

[116] Gunzenhausen; im Zentrum des Fränkischen Seenlandes gelegenes 17.000-Einwohner-Städtchen. Gunzenhausen hat einige sehr ansprechende Museen zu bieten, u.a. das Museum für Vor- und Frühgeschichte und das Fossilien- und Steindruck-Museum.

[117] Brombachsee; der Große Brombachsee (mit einer Wasserfläche von 8,7 km²) ist der größte See des Fränkischen Seenlandes. Der Stauseekomplex ist Resultat einer in den 1970ern geplanten Wasserwirtschaftsmaßnahme. Mittlerweile ist das Fränkische Seenland ein Zentrum des Tourismus geworden.

[118] Fränkisches Krimifestival Weißenburg; 2012 erstmals durchgeführtes mehrtägiges Festival mit Krimilesungen, Krimitheaterstücken und viel Flair rund um den Krimi. Das Festival soll alle zwei Jahre stattfinden.

[119] Vogelinsel im Altmühlsee; nordwestlich von Gunzenhausen wird die Altmühl zum Altmühlsee aufgestaut. Im nördlichen Teil befindet sich die Vogelinsel, ein Biotop, wo seltene Libellen und andere Tiere beheimatet sind.

120 Badehalbinsel Absberg; Landzunge im Kleinen Brombachsee, die bestens für Freizeitaktivitäten und besonders Schwimmen und Wassersport ausgestattet ist.

121 Klostergarten des Karmeliterklosters, Weißenburg; das Kloster geht auf eine Gründung im 14. Jahrhundert zurück. Das Gebäude wird heute als Kulturzentrum genutzt, ebenso der schön hergerichtete Garten dahinter.

122 MS Brombachsee; das Dreirumpfschiff ist laut Betreibergesellschaft der momentan größte Fahrgasttrimaran und auch der erste auf einem Binnengewässer. Er verfügt über drei Decks, die mit einem gläsernen Panorama-Lift zu erreichen sind. Eine Rundfahrt über den Großen Brombachsee dauert ca. 90 Minuten.

123 Römerthermen, Weißenburg; die massiven Grundmauern wurden Ende der 1970er im Westen der Stadt entdeckt. Es handelt sich um die bedeutendste Römertherme in Deutschland, die seit Langem restauriert ist und besichtigt werden kann.

124 Limes; rund 550 km langer Grenzwall an der Nordgrenze des Römischen Reiches, zu Zeiten von Kaiser Trajan (98–117) errichtet. Zu seiner Sicherung entstanden Straßen und Kastelle, eines davon auf dem Gebiet des heutigen Weißenburg. Etliche Wachtürme und andere Anlagen wurden restauriert oder nachgebaut. Der Limes ist seit 2006 Weltkulturerbe. Der Limes-Radweg von Bad Hönningen bis Regensburg führt auch durch Gunzenhausen und Weißenburg.

125 St.-Gallus-Kirche, Pappenheim; ein ›Papinheim‹ fiel im 9. Jahrhundert dem Kloster Sankt Gallen zu. Zu dieser Zeit wurde vermutlich auch die St.-Gallus-Kirche gegründet. Das heutige Pappenheim liegt beschaulich in der Altmühlschleife. Das Grafengeschlecht der Pappenheimer ist immer noch in aller Munde, nämlich in dem auf Schiller zurückgehenden geflügelten Wort: »Daran erkenn' ich meine Pappenheimer.«